本书由2013年国家社会科学基金一般项目《旅游市场失范行为的法律调控机制研究》（13BGL090）资助

旅游市场失范行为的法律调控机制研究

孟凡哲 / 著

中国法制出版社
CHINA LEGAL PUBLISHING HOUSE

序言

中国旅游市场的“失乐园”

“海客谈瀛洲，烟涛微茫信难求。越人语天姥，云霞明灭或可睹。”自古以来，追求徜徉于梦幻般的“乐园”的人生体验就反映出人类对美好生活的渴望和向往。纵观人类肇始至今的百万年历程，人们通过自己生生不息的劳动改造了自然，同时也书写着这个世界和自己的历史。在人与自然的关系中，自然孕育了人类，生命的本质来自自然，亲近自然是人的本性使然，追索历史的足迹是人的内心对自己过去的探究，也是人类自身成长过程中亘古不变的叙事。因此，对自然状态的感知和对生命轨迹的探寻是每个人的基本权利。13 世纪，马可·波罗沿丝绸之路远游东方古国；15 世纪，郑和率船队远涉重洋；17 世纪，徐霞客的足迹踏遍大江南北；19 世纪，最早的旅行社在英伦岛国应运而生；21 世纪，全球化的旅游浪潮滚滚而来，随着人们物质文化生活水平的不断提高，旅游这一“旧时王谢堂前燕”的奢侈品，最终逐步“飞入寻常百姓家”。

在现代社会，旅游是一种生活方式，是寻求精神愉悦的基本诉求，以必要的物质保障为基础，旅游已经成为人的一项重要权利，即从事旅游活动的法律权利，这在不同范围的法律文件中体现出来。在很多国际法规范中，都提出了与之相关的休假权利的概念，如 1948 年联合国《世界人权宣言》第二十四条就规定：“人人有享有休息和闲暇的权利，包括工作时间有合理限制和定期给薪休假的权利。”[①]1966 年联合国《经济、社会及文

① 联合国官方网站：http://www.un.org/zh/universal-declaration-human-rights/index.html，最后访问日期：2020 年 7 月 22 日。

化权利国际公约》第七条也规定：“本公约缔约各国承认人人有权享受公正和良好的工作条件，特别要保证：……（丁）休息、闲暇和工作时间的合理限制，定期给薪休假以及公共假日报酬。”[①]这里的休假权利也包含了旅游度假的含义。在我国，1982年颁布的《中华人民共和国宪法》虽然没有明确规定旅游权，但是该法的第四十三条也规定：“中华人民共和国劳动者有休息的权利。国家发展劳动者休息和休养的设施，规定职工的工作时间和休假制度。”有关休假制度的规定也在一定程度上赋予了公民从事旅游活动的权利。不过稍有遗憾的是，2013年我国历史上第一部《旅游法》并没有对这一基本权利做更进一步的宣示，好在该法的第二章“旅游者”部分，对旅游者在旅游活动中的具体权利和义务做了较为充分的界定，从而为旅游权利的行使和实现提供了基本的法律依据。

改革开放四十多年来，伴随着经济的迅猛增长，人们的物质生活水平显著提高；伴随着旅游业的蓬勃发展，民众休闲度假和出游旅行成为一种新的生活愿景。在当下中国，旅游已经从过去少数富人的专利转变为大众化的群众性活动，工作之余尝试一下“采菊东篱下，悠然见南山”的生活，体验一下“久在樊笼里，复得返自然”的感受成为时尚生活的一部分。毋庸讳言，旅游也是一种生活态度，这种态度表现为人对自然和人文景观的本能亲近，对不同文化的摄取。纵观旅游发展的历史，在早期人类社会，这种亲近自然的机会处于自发状态。在近代社会，经济的社会形态使得人们尽可能将一切都转化成商品，这种体验也被顺理成章地打包成商品，出售给需要的人们，从而形成一个新的交易领域——旅游市场。作为专门商事组织的旅行社、旅游景区等运营机构也应运而生，它们的宗旨就是在自身获利的同时为人们营造一个体会别样感受的精神乐园。同时，旅游也是一种社会活动，从多方的视角人们对旅游之意义也有更深入的认识，对此有学者从人类学、社会学、心理学、史学、哲学等角度进行了分析。[②]在

---

① 中国人大网：http://www.npc.gov.cn/wxzl/wxzl/2001-06/01/content_136875.htm，最后访问日期：2020年7月22日。

② 参见曹国新：《我国旅游商品市场的问题及症结》，载《商业时代·理论》2005年第26期，第78页。

当下的中国，旅游对于国家和国民的意义可以说是兼容并蓄，但是无论我们站在哪个视角去看待旅游，我们都不得不承认的一个基本事实是，经济越发展，生活越富足，人们对这一活动就越情有独钟。这也促使我们要从更多的维度去研究旅游，以拓展其意义，发掘其功能，协调其关系，谋求其发展。可以说，旅游活动的发达催生了对旅游研究的发展和进步。

早在西方进入现代工商社会后不久，旅游就成为一项专业性的社会经济活动。1845 年，英国商人托马斯·库克（Thomas Cook）率先创办了世界上第一家旅行社，启动了现代旅游业开始奔腾的马车。此后在 19 世纪下半叶，欧洲陆续成立了一些类似于旅行社的组织。中国近现代旅游业的发展肇始于民国时期，至今也经历了近百年的历程。1923 年，上海商业储蓄银行设立了“旅行部”（1927 年更名为“中国旅行社”），其营业范围涉及代售车船票、预定舱位、旅馆、导游和旅行支票等多种业务，这可以看作近现代中国旅游业的发端之笔。中华人民共和国成立后，为保护华侨和侨眷的正当权益，1949 年 12 月厦门市军管会侨务组改建成立了中华人民共和国第一家华侨服务社。此后，在 1954 年 4 月我国成立了中国国际旅行社总社和它的 14 家分社。1964 年 7 月，国家旅游行政主管部门中国旅行游览事业管理局成立。需要说明的是，当时的旅游服务其实只是外交的手段之一，旅游接待的对象主要是友好国家的团体和友好人士，旅行社也是国家事业单位，旅游活动还不是市场行为。可见，从中华人民共和国成立到 1978 年，我国还不存在独立的旅游市场，旅游业也还不能被称之为产业，中国旅游业市场化乃是近 40 年的事情。党的十一届三中全会是中国现代旅游产业发展的起点，此后中国旅游业便进入持续、快速发展的新阶段，直到今天中国旅游业跃进到一个几乎全民参与的大众化旅游时代。

40 多年来，中国旅游业的蓬勃发展令世人瞩目，旅游业在中国经济发展中的贡献更是举足轻重。根据文化和旅游部的统计，2018 年“全年国内旅游人数 55.39 亿人次，比上年同期增长 10.8%；入境旅游人数 14120 万人次，比上年同期增长 1.2%；出境旅游人数 14972 万人次，比上年同期增长 14.7%；全年实现旅游总收入 5.97 万亿元，同比增长 10.5%。年末全国共有 A 级景区 11924 个，全年接待总人数 60.24 亿人次，比上年末增长

10.5%，实现旅游收入 4707.54 亿元，比上年末增长 7.8%。”[①] 可以说，近年来我国旅游产业的各项数据年年都是涨势喜人。上述数字足以说明，旅游产业已经成为中国经济生活中不可或缺的重要一环。不过，在看到这样令人欣喜的成绩之余，我们还不得不正视另一个事实，那就是虽然我国的旅游业有了“量”上的急剧增长，但是旅游业的“质”却仍在低端徘徊。改革开放以来，我国的市场从无到有，但我们期待的规范化的健康的旅游市场却一直难成其就。40 年前，我国旅游业开始了市场化运作进程，当初虽然“小荷才露尖尖角”，紧随着却“伴有污泥立上头”；40 年来，中国的旅游市场经过屡次整治，但在个别领域巧取豪夺、坑蒙拐骗的现象却时有发生。40 年间，商场如战场，中国的旅游从业者群雄逐鹿，却难分伯仲，循规蹈矩的企业也不得不面对与狼共舞的局面，其中滋味，怎一个“乱”字了得。可以说，虽然我们付出了巨大的努力，至今中国旅游市场的无序混乱局面仍没有得到根本扭转。2012 年，原国家旅游局副局长杜江在全国旅游局长研讨班上的讲话中中肯地指出：“高回扣、挂靠承包、恶性价格竞争等旅游市场秩序混乱现象表现突出，成为与许多热点旅游目的地相伴而生并严重影响游客满意度、扰乱市场秩序的行业痼疾。”[②] 可以说，旅游行业中存在的种种乱象，有的已经是公开的秘密，让人见怪不怪。如关于旅游景区门票问题，2013 年 4 月湖南凤凰古城因为 148 元进城门票问题就曾闹得沸沸扬扬，同年 10 月，庐山景区“通票不通”的问题又让人大跌眼镜；再如关于低价揽客问题，2009 年《旅行社条例》关于旅行社不得以低于旅游成本的报价招徕旅游者的规定，很明确地规定了行为的尺度及处罚标准，而相关内容在 1996 年和 2001 年的《旅行社管理条例》中都有所体现。但是，无论从《旅行社管理条例》还是《旅行社条例》的实效来看，10 多年来相关的问题不但没有得到有效制止，还有愈演愈烈的趋

---

① 中华人民共和国文化和旅游部《2018 年文化和旅游发展统计公报》，http://zwgk.mct.gov.cn/auto255/201905/t20190530_844003.html，最后访问日期：2020 年 7 月 22 日。

② 杜江：《当前旅游市场存在的主要问题、成因与对策研究》，载《中国旅游报》2012 年 7 月 13 日，第 3 版。

势。可以说，中国的旅游业从走向市场化之初就存在可谓先天发育不足、后天营养不良的尴尬。从计划经济时代的规范，到市场化运作之时的不规范，再到现在的大范围失范，中国的旅游市场秩序状况不容乐观。40年来，我们一直在探究原因，可是至今仍不得其解，我们所期待的诚信旅游市场去哪了？中国旅游市场的规范之路又在何方？

鲁迅先生曾说：“其实地上本没有路，走的人多了，也便成了路。”有一点是可以肯定的，40年来中国的旅游市场走上的是一条快速发展却偏离了健康轨道之路，如果我们再无所作为，我们也许会在这条路上越走越远。偏离的路之所以仍被走下去，原因不外有二：其一，利益的驱动使得人们愿意去走它；其二，走了偏路没有人去纠正它。反之，如果在这条路上再无利可图，在这条路上行走危机四伏，则想走偏路的人们就不愿再铤而走险，从而返回到正本清源之路。在现代市场经济社会，逐利的动机使得“人为财死，鸟为食亡”的生存法则在各个领域都不同程度地上演，但是综观某些市场秩序良好的国家，人人为财富而奋斗却能够在有序的市场中相安无事，其内在的规范力量令人深思，细究其原因也不外有二：即千百年来能够真正约束人们的行为并实现止恶扬善的力量——道德和法律无时无刻不在发生作用。尤其在一个不规范的社会，当道德被沦丧到一定的程度，不能对社会成员起到强有力的约束的时候，社会治理就只剩下最后一道防线，那就是法律。

2014年10月，党的十八届四中全会第一次将法治建设作为全会的主题。全会通过有关依法治国的纲领性文件《中共中央关于全面推进依法治国若干重大问题的决定》（以下简称《决定》）。《决定》指出：“全面建成小康社会、实现中华民族伟大复兴的中国梦，全面深化改革、完善和发展中国特色社会主义制度，提高党的执政能力和执政水平，必须全面推进依法治国。”为了实现建设法治中国的宏伟目标，《决定》提出：必须坚持依法治国、依法执政、依法行政共同推进，坚持法治国家、法治政府、法治社会一体建设。《决定》为我们以法律手段解决社会问题奠定了更加坚实的基础。2019年党的十九届四中全会提出的关于国家治理体系和治理能力现代化的要求，也决定了通过法律的社会治理成为规范中国旅游业发展的基本方式，可以说我们已经在路上。2013 年 10 月 1 日，中国历史上第一部《旅游法》开始正式实施，并在十一“黄金周”期间初试牛刀。《旅游法》的施行确实收到了较好的社会效果，它使得相当一部分旅游企业开始按照《旅游法》的要求逐渐规范自己的行为，如取消旅游中的购物环节、遏制以往的某些强制性消费等，旅游市场秩序也开始有所转变。与此同时，人们对这一立法的实效也寄予厚望，期待着放心、快乐旅游的时代早日到来。不过，我们还应该看到，当年的“黄金周”期间，各地的旅游乱象仍时有发生，尤其像发生在云南香格里拉的导游因游客拒绝自费项目，执法人员接到投诉后竟然让游客滚出香格里拉这样的极端事件，更是挑战了人们对《旅游法》实施的信心。可见，在中国的旅游市场上，一个以唯利是图、不择手段为表征的幽灵仍在徘徊，故从根本上讲对旅游市场失范行为的遏制和对旅游市场秩序的维护，其实是一场除魅的社会化运动，我们必须彻底除掉旅游市场上这一毒瘤。

旅游业的存在为人们营造了一座新的乐园，可是当我们尝试在这样的乐园里享受快乐时光时，却遭遇了无可奈何的“失乐园”。墨子曰：“天下从事者，不可以无法仪；无法仪而其事能成者，无有也。虽至士之为将相者，皆有法。虽至百工从事者，亦皆有法。”① 在当下中国，旅游业俨然成为举足轻重的百工之一，无规矩难成方圆，旅游业之法仪在于制定良法、严格执法、公正司法并以此形塑法治精神。当下，我们生活在一个奔向法治的时代，生活在一个人们为着自己的福祉而不断努力的时代。就旅游市场来说，我们的理想是让蔚蓝的天空下洋溢着文明、和谐的气息。我们期待有那么一天，所有民众能够无所顾虑地、轻松自在地徜徉于山水之间，永远抛去内心的失意！

① 《墨子·法仪》。

目　录
CONTENTS

上篇　规范与失范——中国旅游市场秩序之现状分析

中篇　身份与契约——旅游市场失范行为之内在机理

上篇

规范与失范
——中国旅游市场秩序之现状分析

“分工就像所有社会事实一样，或者像更加普遍的生物事实一样，表现出了很多病态的形式……”

——［法］埃米尔·涂尔干：《社会分工论》

在现代工商社会，市场是交易完成的基本场所，市场发育程度的高低和市场秩序的好坏直接关系到交易的成本和收益。40年来，中国的旅游市场从无到有，并且随着社会的发展发生了一系列的转变：从产业类型上，经历了从“事业型”到“产业型”的转变；从产业规模上，经历了从旅游小国到旅游大国的转变；从旅游方式上，正在经历从观光旅游向休闲度假的转变；从经济类型上，正在经历从“假日经济”到“体验经济”“休闲经济”的转变。[①]可以说，中国旅游市场的变化是巨大而深刻的，直到今天旅游业成为中国社会经济增长的重要一环。旅游产业的飞速发展不可小视，但是在其发展中出现的各种问题亦不容忽视。40年来，中国市场规模和结构不断发展变化，但是我们也不无遗憾地发现，我国的旅游市场有一点却一直没变，那就是由于诚实守信的经营文化没有形成，使得旅游市场在很多方面的无序状况一直没能改变。时至今日，各种不规范的经营行为交织在一起，构成了中国旅游市场的独特一隅：为了追逐利益的最大化，一些人千方百计地试图从这块市场上分上一杯羹，这在一定程度上造成旅游市场的失范。

① 参见潘立勇：《中国旅游走过30年》，载《风景名胜》2008年第3期，第67—79页。

第一章　旅游市场失范行为界定

本书的主题在于探讨旅游市场的失范问题，“失范”反映了中国旅游市场经营的特定状况及各种具体行为表象。对旅游市场失范问题研究的理论前提在于对“失范”本身的认识，这需要对“失范”一词进行语义分析。只有搞清楚什么是“失范”，才能进一步研究旅游市场的“失范”。

一、有关失范的理论分析

（一）社会中的规范与失范

“失范（anomie）”一词来自法文，最早由法国社会学家涂尔干（又译迪尔凯姆、杜尔凯姆）提出，他在 1893 年发表的《社会分工论》一书中提出了社会失范问题，用来分析由于社会分工造成的社会病态。1897 年，在《自杀论》一书中，涂尔干分析了自杀的三种情形，虽然他并没有明确使用“失范”一词，但是很多学者将涂尔干提到的由于社会变迁引起的自杀称为失范性自杀，由此开启了人们对社会失范问题进行研究的先河。美国学者道格拉斯和瓦克斯勒认为，自杀“是从社会规范缺乏、含混或社会规范变化多端以致不能向社会成员提供指导的社会情境中产生的”[①]。二人同时认为，失范这一观念已成为社会学中的一个重要概念，当一个社会不

---

① ［美］杰克·D. 道格拉斯、弗兰西斯·C. 瓦克斯勒著：《越轨社会学概论》，张宁、朱欣民译，河北人民出版社 1987 年版，第 53 页。

具有社会成员为寻求指导而依据的规范、期待或准则时，失范性自杀就会出现。可见，失范最初是用来描述由于规范的缺失或含混而造成的不良的社会状态。现今，人们在不同的场合使用这一概念，由于研究所处的语境不同，对失范含义的认识也有所区别。从本源上，失范最初是一个社会学意义上的概念，也就是说失范首先指的是一种社会状态，这样无论我们从哪个角度来界定这一概念，都离不开两个要素：一是社会规范的存在；二是社会中的个人与社会的联结性。

1. 社会结构安排的重要性

自从告别茹毛饮血的蛮荒状态，人类就进入在不断完善的结构化社会系统中生活的时代，人们不可能完全超越而只能在很大程度上归属于当下的社会。现代社会区别于史前时代的重要特征在于社会结构越来越复杂化，因此人在社会中的角色也越来越多元化，人的行为构成社会行为的一部分。按照结构功能主义社会学的观点，整个社会犹如一台机器，是各部分互相独立又互相依存的系统整合。在常态的社会中，各部分之间存在动态平衡，但是这种平衡并非绝对固定，在某个时刻某个部分会发生局部变化，这是社会结构中的内在动力使然。

从远古社会至今，人类社会发展的历史从来不是风平浪静的，而是在平静和波澜中交错而行。这期间，社会系统要存在下去，就需要维持某种平衡，保持社会基本结构的稳定性，否则人类就会在混乱中走向毁灭。社会发展阶段的某个时候，有的变动是必须的，因为有变动才有发展，但是当某个部分发生较为激烈的变化，就会影响到整个系统的平衡和稳定，这时候就需要在系统内部进行调整，使社会回归到新的平衡，这是社会结构变化的基本规律。应该说，理想的社会形态是结构安排相对合理的社会，即社会内部的结构安排具有契合本民族特点的合理性：在政治结构方面，建立更能体现人民意志的政体，使得各项国家权力的安排各得其所；在经济结构方面，遵循市场经济规律，为市场竞争创造良好的制度环境，兼以注重私权的保护，为个人财产权利提供有效保障；在文化结构方面，推行文明友善的意识形态，人民的精神状态乐观和谐。相反，如果社会基本结构安排有问题，就会衍生出各种社会问题，如有学者所说："如果一个社会的结构本身是有缺憾的，那么，这个社会必然会出现由于这种缺憾而引发的混乱无序状态，这种状态的根本性克服，只有通过社会结构本身缺憾的克服才能实现。”[①] 例如，社会贫富差距悬殊、市场垄断严重、平等自由被任意地限制，都是社会结构安排存在不稳定性的表现。涂尔干认为：“最发达的社会的根本任务就是去完成建立公正的使命。”[②] 罗尔斯在其不朽的伦理学著作《正义论》中也重点探讨了社会基本结构的功能问题，在他看来社会基本结构分配最基本的善，是每个有理性的人获得他们想要的东西，按照社会契约论的观点，“如果某些财富和权力的不平等将使每个人在这一假设的开始状态中更好，那么它们就符合我们的一般观念”[③]。罗尔斯认为，社会基本结构的正义是首要正义，因为社会基本结构对个人的行为起着自始至终的影响。我们对社会生活中各类问题的解释和解决，都离不开对社会结构进行制度性安排的合理性的探讨。

2. 作为个体的人与社会的联结性

马克思认为，人的本质是社会关系的总和。也就是说，“人的本质规定性不是‘经济’，而是社会。换言之，‘人是社会的动物’”[④]。社会结构的固化效应决定了人只能是处于某种社会结构状态中的人，而反过来说社会又是人组成的社会，或者说是人本身塑造了社会。在社会生活中，人和人之间存在各种类型的结合形式，这种结合形式的状态又决定了社会形态的不同。在涂尔干那里，这种结合形式被表述为社会分工，根据不同的社会历史发展阶段，涂尔干将社会分为机械团结社会和有机团结社会。两种不同的社会形态维系社会结构稳定的方式有根本不同，在机械团结的社会，

---

① 高兆明：《社会结构视域中的社会失范——一种系统自组织理论方法的分析》，载《井冈山师范学院学报（哲学社会科学）》2003 年第 2 期，第 12 页。

② ［法］埃米尔·涂尔干著：《社会分工论》，渠东译，生活·读书·新知三联书店2000年版，第 345 页。

③ ［美］约翰·罗尔斯著：《正义论》，何怀宏、何包钢、廖申白译，中国社会科学出版社 1988 年版，第 62—63 页。

④ 孙帅：《神圣社会下的现代人——论涂尔干思想中个体与社会的关系》，载《社会学研究》2008 年第 4 期，第 80 页。

如奴隶制社会、封建制社会，社会结构建立在较为简单的联结关系之上，社会意识形式具有高度的同质性，社会成员的个体意识被淹没在强大的集体意识之下，社会对个体有很强的控制力，个人被塑造成具有同质性的个体。在有机团结的社会，社会结构空前复杂，社会成员之间存在广泛的社会分工，社会是一个在分工的基础上有机组织起来的系统。在这种社会形态下，个体意识充分彰显，个体差异非常明显，集体意识相对淡漠，社会的控制力被削弱。不过，社会中个体之间的关系变得更加微妙，因为彼此间的依赖性显著增强。在人类社会发展的历史上，很多国家都经过这两种社会类型的转变。在转变的过程中，还有一个过渡的阶段，即社会转型时期的社会团结，在这一时期机械团结面临解组，有机团结尚未建构。就近代中国社会发展变迁的历史来看，中华人民共和国的成立是社会结构的激变，改革开放是系统内部的自我更新，社会结构理论也为解释中国当下面临的各种社会问题提供了一个理论视角。在当下社会，以激情的行动乃至革命来实现社会整合的时代已经过去，国家的使命在于建立有机团结的社会结构关系，并通过若干机制实现个体和社会的一致性，这是社会的要求，也是个体生活的追求，"任何社会文化都有自身的规范和秩序，都会要求个体和群体之间有一定制约和协调"①。在当下中国社会转型时期，我们的目标也是建立起一个协调发展的有机团结社会。

3. 社会结构中的社会规范

在厘清社会结构对个体行为选择的影响基础上，我们来分析影响社会结构控制力的手段。在任何一个社会，社会结构的塑造都需要某些准则，从原始社会的部落长老意志、奴隶制社会和封建制社会的君王言出法随，到资本主义社会的资产阶级公意和社会主义社会的全体人民意志，它们都以不同形态的规范形式发挥着社会调控作用。可以说，稳定有序的社会来自社会结构和相应社会规范的互相匹配。这里我们需要进一步分析，规范由什么组成？它又从何而来？

关于规范，英文一般翻译为 norm，《元照英美法词典》将其解释为：

---

① 黎汉基：《社会失范与道德实践：吴宓与吴芳吉》，巴蜀书社 2006 年版，第 329 页。

"指为社会团体所普遍接受的行为准则……规范本质上具有社会性，在社会中产生，并表明社会对某种行为的认可或谴责。规范可由个人自愿接受，或由外在强制力保障实施。"[①] 通过上述表述，我们可以看出规范有这样几个特征：首先，规范是社会意志的凝结，它代表群体性的观念和要求；其次，规范是社会中人的行为尺度，规定了人的行为的基本模式；再次，规范具有一定的社会压力，具有需要社会成员服从的内在要求；最后，规范以一定的秩序为目标，其在功能上具有实现社会稳定的作用。规范的形式是多种多样的，从属性上来讲，包括社会规范和技术规范，前者是基于社会属性的行为准则，后者是基于自然属性的社会规律要求；从类别上来讲，可分为社会的道德规范、宗教规范和法律规范等社会规范，以及社会团体的纪律规范等内部规范。实践中，大多数人认为规范是介乎价值和法律规则之间的准则，这是对规范狭义上的解读。关于规范的形成与功能，有学者认为，"规范是一种集体理性的凝聚，是集体利益的协调结果。规范一旦形成便成为超越个人之上的外部强制力量对个体加以限制，以保证群体互动的有序性"[②]。可以说，任何一个社会都离不开规范。社会结构不是一成不变的，而是相对稳定的动态系统，在社会结构变化的过程中规范与社会结构应该相辅相成，否则就会造成社会结构的震荡乃至瓦解。同时，在社会剧烈变化的过程中，规范也对常态的恢复起到了至关重要的作用，如我国历史上曾有"约法三章"的典故：据《史记·高祖本纪》记载，公元前 206 年，刘邦率军进入咸阳，为安定民心，废除秦朝旧法，并与百姓约定规则。刘邦提出："与父老约，法三章耳：杀人者死，伤人及盗抵罪。"其结果是："秦人大喜，争持牛羊酒食献飨军士。"这里，刘邦通过简单但明晰的规范来抑制战争带来的秦都咸阳的无序状态，实际上是为了避免以革命暴力的无序来取代固有的秩序，这也为后来西汉王朝的建立和施政打下制度基础。一般来说，在众多的规范中，法律规范和道德规范作为具有普遍性和一般性的社会规范，对社会结构的塑造影响重大。

---

① 薛波主编：《元照英美法词典》，法律出版社 2003 年版，第 979 页。

② 朱力：《关于失范的类型探讨》，载《公共管理高层论坛》2006 年第三辑，第 68—69 页。

社会结构与社会规范之间的逻辑关系是这样的：首先，随着社会结构的日趋复杂化，调整这种结构的规范也越来越精细化；其次，社会结构存在与发展的基本趋势是尽可能维系其稳定性，而规范是保持这种稳定的有力保障；最后，社会发展的进程对社会结构不断提出变动的要求，促使社会结构发展局部或根本性的改变。因此，结构和规范的互动构成了社会运动的主要形式，一方面社会基本结构需要相应的规范来维系；另一方面社会基本结构的变迁也推动规范的发展。拉兹洛认为，“由人组成的社会是一动态实体，即使处于稳定状态时，它也围绕一定的规范波动——这些规范是由法律、常规、社会成员的行为以及他们同其他社会和环境的关系决定的”[①]。因此，从一定意义上说，社会规范是社会结构的稳定剂，当二者互相匹配时，社会就会稳步发展；当社会规范不够完整或者社会规范普遍地不被遵循的时候，社会结构就会出现问题，并对规范本身及其调整作用产生新的要求。

需要指出的是，从社会结构的角度强调社会规范的意义并不意味着个性的差异和个体化的选择对规范的形成与变化无能为力，有时这种影响也是巨大的。在精英政治时代和领袖国家的场合，英雄人物对社会规范的掌控力也是强大的。但在现代法治社会，法律是主要的社会规范，也是其他社会规范的重要来源。同时，法律也是民意的充分体现，具有较为广泛的社会基础，法律规范和道德规范、宗教规范等其他社会规范一道发挥着社会调整作用。在社会发展的某个阶段，社会规范和社会结构之间会产生某种程度的分离，使本来有效的社会规范难以发挥预期的调整作用，就会衍生出“失范”的问题。

（二）失范的理论阐释

在不同的社会，社会系统结构由于社会规范得以实施的状态不同而呈现出不同的图景，相关社会形态也被深深地打上时代烙印。例如，中国的

---

① 高兆明：《社会结构视域中的社会失范——一种系统自组织理论方法的分析》，载《井冈山师范学院学报（哲学社会科学）》2003 年第 2 期，第 12 页。

“改革开放”、美国的南北战争、日本的“明治维新”等社会历史事件都对国家的社会结构变迁产生了巨大影响。中华人民共和国成立70年来的社会主义建设实践表明，“文革”以后我们党充分认识到拨乱反正使中国走上正常社会运转轨道的必要性，并提出经济上建立社会主义市场经济、政治上实行依法治国、文化上提倡社会主义精神文明建设等重大举措，这些正确的抉择最终使得中国的社会面貌焕然一新。当然，在社会生活的局部领域我们也存在一定的误区，人们的思想意识的偏差和行为的脱轨造成一系列的社会问题，如生态环境较大范围恶化、局部市场秩序混乱、公共权力特定领域贪污腐败等问题。这些成绩说明，安定有序是中国社会状况的主流；这些矛盾说明，中国的社会结构也存在有序中的无序，乃至个别领域的失范现象。

1.“失范”语义分析

继涂尔干之后，很多学者对“失范”这一问题进行了较为全面的研究，其中较有影响力的研究者是美国学者默顿。1938年，默顿在《美国社会学评论》上发表了《社会结构与失范》一文，该文和其随后发表的《社会结构与失范的连续性》一文，都被收录到他的专著《社会理论与社会结构》中。默顿认为，一个常态的、协调的社会需要保持社会结构和文化结构之间的平衡，“文化结构是指普遍适用于某一特定社会或群体之成员的指导行为的规范性价值目标。社会结构是指一整套把这一社会或群体之成员以各种各样的方式联系在一起的社会关系”[①]。因为每个社会都有体现其文化规定性的目标，同时也提供实现目标的手段，目标与手段之间也会出现不协调，如果手段实现不了目标，就会产生一种压力，从而导致失范。因此，由失范导致的越轨（犯罪）行为是社会结构的产物。失范有简单失范和剧烈失范之别，“简单失范指一个因各种价值体系之间的冲突而引起的群体或社会的混乱状态，导致一定程度的不安和产生与群体的分离感。剧烈失范指价值体系的衰颓，走到极端时，就是价值体系的解体，并引发明显的

① ［美］罗伯特·K.默顿著：《社会理论和社会结构》，唐少杰、齐心等译，译林出版社2008年版，第260页。

焦虑”[①]。

此外，还有学者将失范行为与越轨行为和偏差行为做了区分，并认为失范其实是一个中性概念。有学者提出，“行为越轨是指行为被社会成员判定为违反其社会准则或价值观念的状况。而行为偏差则是指行为与社会规范相违背或相偏差的非规则状态”[②]。道格拉斯和瓦克斯勒认为，越轨是“被社会集团成员们判断为违反他们的价值观念或社会准则的任何思想、感情或行为”[③]。可见，越轨行为是在社会规范清晰的情况下，可以被明确判定为违背规范的非正当行为。关于越轨与失范的关系，有学者认为越轨现象是严重的社会失范。[④]有学者将失范分为宏观和微观两个层面，认为："微观层面的失范主要是指社会团体或社会成员的失范行为，它与越轨行为是同义语，指社会团体或个体偏离或违反现行社会规范的行为。”[⑤]可见，学界关于“失范”一词的认识并非一致。默顿有这样的表述：“人们所接受的规范与受社会鼓励的遵从这种规范的机会之间的背离‘促成’了越轨行为并产生失范。”[⑥]在默顿看来，越轨是失范的条件之一。按照上面的理解，失范是由于制度供给不足造成的，社会成员的个人选择并不是造成失范的原因。

综合上述观点，笔者认为，失范与越轨是两个互相依存又有所不同的概念。越轨往往是个体的、偶然的行为，当这种个体行为出现了传染性的泛滥，成为一种普遍社会现象时就会产生社会失范，这时越轨行为其实也是失范行为。在对“失范”界定的问题上，承认规范的社会调整作用是讨

---

① ［美］罗伯特·K. 默顿著：《社会理论和社会结构》，唐少杰、齐心等译，译林出版社2008年版，第260页。

② 章若龙、刘少荣：《行为失范及其法律调控》，载《法商研究》1995年第4期，第1页。

③ ［美］杰克·D. 道格拉斯、弗兰西斯·C. 瓦克斯勒著：《越轨社会学概论》，张宁、朱欣民译，河北人民出版社1987年版，第445页。

④ 参见陈程：《当前我国社会失范的类型分析》，载《社会》2002年第12期，第12页。

⑤ 朱力：《关于社会失范机制的探讨》，载《社会科学研究》2006年第5期，第111页。

⑥ ［美］罗伯特·K. 默顿著：《社会理论和社会结构》，唐少杰、齐心等译，译林出版社2008年版，第274页。

论失范这一论题的理论前提。在现代社会，法律是主要的社会规范，从法学的角度研究失范问题也是理论法学的使命之一，失范也同时是法学意义上的概念。我国权威的法律词典《元照英美法词典》对“失范”一词做了这样的解释：“涂尔干所提出的一个术语，用以指在个人或社会结构中行为规范或准则缺少、失效或不一致的情况。对于个人来说，当目的重于手段，不法的或反社会的手段被运用时，就出现了失范，这将导致道德沦丧、犯罪和自杀等。对于社会而言，在通常的价值观与准则不再被理解或接受，且仍未被其他价值或标准取代，以至于缺少用以调整人们行为的社会准则或社会准则出现断层时，就会出现社会失范的现象。”① 这一概念提出了个人选择在社会规范状态中的意义，失范包含了个体行为的非规范性。例如，有学者认为，“所谓社会失范，一般的理解是指一定社会中规范的缺失，或者虽有规范却失去了（或尚不具备）应有的约束力，从而使得社会成员的行为呈现出这样那样的无序状态”②。可见，如果将社会主体的行为选择也纳入其中，失范的含义就会变得更为丰富。

2.“失范”的类型

对于“失范”的认识不同决定了我们可以从不同的角度对“失范”进行分类，从社会的角度，人们往往更倾向于描述失范状态下的社会状况，无序是其基本的特征；从行为的角度，失范反映出由于规范的缺乏造成人们的行为上的无所适从，或者由于现行规范与某些社会群体的基本价值观不一致，造成人们对规范的集体漠视或不服从，从而使社会秩序出现较大的混乱。还有学者从类型的角度对“失范”进行了分析，认为失范既可能是规范或目标的完全缺席，也可能是规范或目标的不确定性，抑或不再强调规范或目标的特性。由此，失范可归纳为四种理想类型：制度规范的总体缺失，如霍布斯在《利维坦》一书中提到的“自然状态”；激进的宗教失范及随之而来的终极道德价值的缺失，即马克斯·韦伯所持的观点；社会秩序紊乱和道德规范失衡状态，即涂尔干在《自杀论》中所讨论的一种

---

① 薛波主编：《元照英美法词典》，法律出版社2003年版，第77页。

② 贾高建：《社会转型中的失范问题》，载《理论前沿》2003年第15期，第17页。

欲望不受节制、社会规范失去控制的一种状态；目标和制度化手段断裂所出现的一种状态，即默顿在《社会结构与失范》一文中所持的观点。[①] 我国也有学者对经济领域的失范行为进行分类，认为其主要包括三类：缺乏规范的行为、规范冲突的行为和难以规范的行为。[②]

笔者认为，按照通说对失范行为可采用较为广义的理解，它是一种缺乏规范或与规范不一致的行为。由于造成这种不一致的原因不同，失范可以表现为三种形态：第一种是由于现行规范对当下行为调整的不足而产生的失范，可被称为客观失范；第二种是现行的规范供给并无问题，但是基于个人强烈的需求，人们普遍采用规范认可外的方式去实施行为所造成的失范，可被称为主观失范；第三种是规范本身就存在问题，而人们也倾向于采取规范外的方式去达到自己目的所造成的失范，这可以被称为综合性失范。

（1）规范缺失——客观失范

在一个常态的社会中，社会结构和社会规范之间存在一定的对应关系，即社会结构的复杂性决定了社会规范的多样性。但是社会并非自然科学意义上的有形物体，规范也不能对各种社会关系面面俱到地调整，尤其当社会发展进程中出现突变的话，规范就更有可能缺失。实践中，其表现为两种情形：其一是规范缺乏，其二是规范冲突。所谓规范缺乏，是指现实生活中出现的新问题没有可用的规范进行调整，如此前曾受争议的“余额宝”的问题，对于这种新的网络融资形式，最初的立法并无规定，按照金融业的伦理规范，商业银行认为余额宝干扰了正常的金融秩序，支付宝则认为“余额宝”不过是“零花钱理财”服务产品，本质上是货币基金。民众更认为“余额宝”是一种很方便的理财产品，与存款利益相比较高的收益使他们对此情有独钟。央行也并未就余额宝的问题给出一个明确的说

---

① 参见张义烈：《论韦伯的失范思想及其理论意义》，载《哈尔滨工业大学学报（社会科学版）》2009 年第 1 期，第 90 页。

② 参见陈兴良、刘华：《经济领域中失范行为的评判及其法律规制》，载《中外法学》1993 年第 3 期，第 15—17 页。

法，因此可以说此前类似“余额宝”的融资形式一度处于失范的状态；所谓规范冲突，是指对有关问题虽然存在调整的规范，但是不同规范之间存在冲突，造成人们在规范的遵循问题上无所适从，使得该问题在事实上处于无规范状态。例如，1997 年我国修订的《刑法》第二百九十四条规定了黑社会性质组织犯罪形式，关于如何界定这一犯罪概念，2000 年最高人民法院颁布了《关于审理黑社会性质组织犯罪的案件具体应用法律若干问题的解释》，提出构成“黑社会性质的组织”的一个特征是必须有国家工作人员充当“保护伞”，但是刑法本身并未涉及此内容，由于最高人民法院司法解释在各级法院具有极高权威性，因此在法院系统被普遍遵循，最后造成不同地方的法院在审理“黑社会组织”犯罪案件中，所依据的标准极不统一。在这种情况下，2002 年全国人大常委会不得不做出立法解释，进一步规定了黑社会性质组织是否存在国家工作人员充当“保护伞”，不影响黑社会性质组织的认定，这样这一问题才得到解决。由此可见，规范冲突也是失范的重要原因之一。无论是规范缺失还是冲突，都决定了规范不能提供有效的供给，使得对某些行为无法定性和进一步调整，从而增加了社会秩序的不稳定性。

（2）规范失效——主观失范

按照前面对于失范行为的界定，失范行为也可包括越轨行为，但是失范行为与越轨行为的主要区别在于，越轨是社会成员个别的违规行为，其前提是规范是有效的，拘束力也是事实存在的，失范则是规范本身被所涉群体普遍性地不遵守，使规范失去了社会调整功能，在约束人们的行为的问题上力不从心，因而事实上处于失效的状态。在实践中，规范的失效主要包括三种情形：规范无知、规范抗拒和规范规避。规范无知是指某些社会群体对规范不知晓，用自行选择的行为方式代替规范要求的方式，使得规范不被适用。规范抗拒是指人们对规范的内容是知晓的，但是由于规范的要求和自己的内心意愿有很大差距，就拒不执行规范。例如，在社会矛盾比较激烈的情况下出现的群体性事件、暴力抗法等行为。规范规避是指人们对规范是知晓的，但意识到规范的实施会给自己的利益造成影响，从而想方设法规避规范的要求，逃避规范的约束。例如，我国《旅游法》第三十八条第一款规定："旅行社应当与其聘用的导游依法订立劳动合同，支付劳动报酬，缴纳社会保险费用。"实践中，一些旅行社为了降低用人成本，并未与导游建立实质性的劳动关系，但为了不违背法律的明示规范，往往名义上与导游签订了劳动合同，但不实际支付劳动报酬，以此来规避法律。主观失范了反映出某种普遍性的个体意志与规范要求的内在冲突，对现行秩序造成很大挑战。

（3）规范缺失与失效——综合失范

在社会变革时期，常常会出现制度供给不足和行为无序交织在一起的情形。在这种情况下，一方面对社会行为缺乏相应的调整规范，另一方面人们普遍漠视本来可借用的其他社会规范，从而造成在相关社会生活领域，人的行为充满了不确定性和可评价性，随之产生较为严重的社会动荡和无序。例如，后文我们专门论述的境外游学问题：近年来很多机构都竞相从事获利较高的组织游学活动。从合同法的角度来看，游学组织者和参加者之间是合同关系，但是我国《旅游法》中"旅游服务合同"一章、《民法典》合同编第二分编"典型合同"，都未对游学合同做出规定，我国其他的法律、法规或行政规章等各层级立法也没有调整相关法律关系的具体规范。实践中，很多游学组织者在组织活动中的行为极不规范，导致很多问题出现。需要指出的是，虽然对相关问题具体立法制度供给不足，但是组织游学活动也是一种合同行为，《民法典》合同编第一分编"通则"对组织游学合同其实是完全可以适用的。一些游学参与者在出现问题后，往往不懂得通过合同法律关系寻求救济，而是通过其他的方式来进行维权。这样，游学活动就处于综合失范的状态。实践中，对于综合失范行为单纯通过增加规范供给或强化规范本身的效力是不够的，它需要我们站在多个维度进行综合调控。

3. 失范的特征

（1）行为与规范脱离

失范的基本特征是行为与规范的不一致，即人们的行为尺度突破了规范的约束或者放弃对规范义务的承担，造成规范的调整作用难以实现。当然，我们不能说与规范不一致的行为就是负价值的行为，但是至少这种不一致造成现有社会秩序在一定程度上被打破。在客观失范的情况下，由于规范存在较大的瑕疵，人们在行为选择上会不知所措；在主观失范的情况下，由于规范本身并无问题，但是人的行为普遍反常，倾向于选择规范设定标准之外的另一套模式来达到个体目的；在综合失范的情况下，由于规范和行为选择都存在问题，因此情形变得更为复杂。不过，尽管失范产生的原因不同，但是都表现为按照特定标准去衡量，行为均为异常。这决定了失范不是常态，在很多时候是我们需要避免的社会状态。当然，有时尽管失范具有一定的合理性，如具有进步性的社会革命，但是社会不可能永远处于革命的状态，相反如果革命后预期的社会制度形态能够尽快达成，或者不通过革命而通过改良就能够达成，那么革命就不是最好的手段，因为以革命为基本形式的失范需要付出巨大的个体成本和社会成本，这并不符合人类社会的共同福祉。当然，如果失范本身就是一种不合理的反社会行为，那么失范不发生才是社会的正当选择。规范与行为之间的错位决定了它们之间的关系迟早要做出一定的改变，并最终完成相对的契合。

（2）社会普遍无序

失范的另一个基本特征就是社会无序状态的产生。在社会系统结构中，秩序反映出社会历史发展中的恒常性、稳定性和一致性，秩序是社会正常存在所需要的基本价值之一。在秩序的状态下，人们对生活充满预期，每个人都知道自己该如何行为和如何对待他人的行为。而无序则是一种混乱无规则的状态，无序既可以被看成失范的基本特征，也可以被看成失范的必然结果，如中国当下的食品安全在很大程度上就处于一种无序的状态：一方面，我们仍停留在头痛医头、脚痛医脚的状态，科学有效的食品安全监管体系尚未建立；另一方面，一大批食品生产者和经营者全然不顾底线，此前发生的“三鹿奶粉”“双汇瘦肉精”“肯德基苏丹红”等类似事件仍未完全杜绝，一些所谓的明星企业在食品安全问题上也屡屡被曝光，有关食品安全的法律制度沦为摆设，种种失范行为叠加在一起，塑造了存在安全隐患的食品市场。可见，社会的无序至少具备以下几个特征：一是规范意识在人们的头脑中所剩无几，人们对违反规范行为本身及其后果全然不顾或者心存侥幸；二是人们对行为后果缺乏预期，不能充分掌握他人行为对自己造成的后果，人和人之间存在普遍的不信任；三是社会矫正机制启动滞后或软弱无力，无法对不利后果起到事先预防和事后救济的作用。这样的无序社会是一个人们的生活缺乏条理和生存危险逐步增大的社会。

4. 失范的本质

失范行为是按照当下的主流意识来评判的社会反常行为，我们只有透过它表现出来的诸多现象来认识其本质，才能针对失范问题提出有针对性的解决方案。

（1）集体的无意识

社会层面，失范往往体现为人与人交往中形成不正常的关系，有时更进一步表现为对他人的自由和权利的漠视、干涉乃至肆意侵犯。人与人相互依存的社会，为了保持这种关系的和谐与稳定也有其通行的规范，在一个法治国家，法律是社会的基本游戏规则，通过法律的治理也是社会治理的基本形式。社会的基本结构表现为通过法律建立起来的权利体系结构。在健全的社会生活中，人的行动是自由的，通行的规则也使平等、协商、尊重等基本价值得到充分体现，人人互爱成为人际交往的基本准则。但是，实际上的社会生活并非完全如此，当社会成员的价值观发生变化，行为出现扭曲，把本来应该平静的市民生活看成一部分人对另一部分人的战争时，社会的和谐就会被打破，人人互爱就变成了人人自危，失范由此产生。失范之所以产生的另一个因素还在于国家权力没有有效运作，因为“离开国家，独立自由的法权人格就不可能得以保证，社会可能重新回到‘家’或前文明状态；即无政府主义的野蛮状态；市场经济若没有国家的合理干预，就会出现混乱和危机”①。这种情况一旦出现，法律对私人行为的介入就成为必要。基于上述理解，失范行为是平等权利得不到维护的根源之一，而社会生活的基本逻辑是，每个人其实都是另一个自我，对他人权利的侵蚀也是在创造自我利益受损的风险。但是，很多人并没有意识到这样一点，这样齐人攫金似的贪婪做法就发展成为一种集体的无意识，它违背了社会

① 张君平：《黑格尔法权理论探析》，载《前沿》2010 年第 13 期，第 46 页。

的基本法则，每个人把他人看成外在的、无关自我的行为客体，而不是在他人身上体现出的自我，这样就在无意间缔造了一个充满敌意的社会，失范的结果是社会基本价值的集体性损耗。

（2）文化的断裂

任何意义上的失范都是群体性行为。在社会生活中，不同群体都存在相对稳定的价值观念即群体意识，群体意识产生于社会分工。个体生活是社会生活的组成部分，集体又是构成社会的另一结构。在社会结构变化的过程中，往往不是个体的零散变迁，而是不同的群体蜕变，甚至死亡和再生的过程。如在中国的土地改革时期，农民群体是社会变革的中间力量，是形塑新中国的生力军。经过几十年的社会变革，这一群体发生了很大的变化，随着中国社会由传统的农业社会向现代工商社会演进，这一群体的人员数量和观念发生很大改变，一部分伴随城市化的进程迁入城市，或成为新的城市居民或加入被称为“农民工”的新的社会群体；一部分在原地从事工商业经营，转化为乡镇企业主；还有一部分则继续从事原来的农业生产活动。这种结构分化既造成原有群体文化的消解，又造成新的群体文化的诞生。文化的分化是社会分工的结果之一，群体文化具有整合功能，“在职业群体里，我们尤其能够看到一种道德力量，它遏制了个人利己主义的膨胀，培植了劳动者对团结互助的极大热情，防止了工业和商业关系中强权法则的肆意横行”①。当新的群体文化和固有的文化发生较大冲突时，就会出现行为方式的走样，也正是在这个意义上，莫顿认为失范也是文化结构的断裂。具体说来，就是中国几千年来延续下来的以诚实守信为代表的传统社会规范面临严重挑战，优秀传统文化在不知不觉间被消解，新的工商社会先进文化却没有形成，从而造成当下中国社会生活某些领域本原性文化的缺失。

（3）个人集合体与社会的冲突

按照涂尔干的观点，有机团结的社会是集体人格和个体人格同步发展

① ［法］埃米尔·涂尔干著：《社会分工论》，渠东译，生活·读书·新知三联书店 2000 年版第二版序言，第 22 页。

的社会。在有机团结的社会中，社会为个体提供更多机会使之获得恰当的个性解脱。但是在社会失范的状态下，个体面对其他个体的非理性行为却无能为力，失范是一种反社会行为，是个体与社会的冲突。

失范既是一种集体性的无意识，也是某一群体的特殊意识。从社会结构的角度来看，它是个体对社会提出的新要求，从而与现存社会结构产生冲突。从本质上来讲，群体意识其实是具有同质性的诸个体意识的综合，它与社会的普遍性共同意识相冲突并面临后者的压力，在互相抗衡的过程中，如果当下社会的异质性意识占了上风，就会产生变革现有社会结构的要求。因此，社会稳定性的获得在于对构成失范要素的个体意识的瓦解，以同质性的主流意识取代导致失范的个体意识，也就是说要将主流意识渗透到人们的头脑中，以指引其行为。相反，“如果社会事实仅仅对个体形成‘外在’‘制约’，而没有内化于个人意识，并进而形成个体的自我反思和自我治理，社会就不可能稳固……失范作为一种历史性现象，不仅牵涉到集体意识的衰弱，以及分化社会中个体与个人意识对社会和集体意识的挑战，还将成为现代性‘致死的疾病’，成为最大的‘虚无’。失范就是社会之死”①。在当下的中国社会，有个别问题变得积重难返，其深层次的原因也在于此。

需要指出的是，失范行为发展为群体性的行动还在于个体行为的复制效应。作为一种普遍性的社会现象，失范最初表现为个体性的反社会行为，是孤立的个人行动，但随着有相同欲求的个体不断加入进来，他们之间也形成强大的心理暗示并且不断强化这一观念，从而导致类似的行为被反复复制，最终演化为一种新的普遍性的行为模式。在姜文导演拍摄的电影《让子弹飞》中就有这样一个生动的例证：开始鹅城的街坊四邻因为惧怕恶霸黄四郎的淫威，即使刀枪在手也不敢越雷池一步，但是随着有个别人挑头，他们开始一步步克服自己的畏惧心理，最后组成浩浩荡荡的队伍，直捣了黄四郎的老巢。可见，一旦某种失范行为逐渐定型化，就具有强大

---

① 孙帅：《神圣社会下的现代人——论涂尔干思想中个体与社会的关系》，载《社会学研究》2008 年第 4 期，第 84—85 页。

的虹吸效应，会吸引更多的人加入进来，重复实施类似的行为，从而固定为此类行为的惯常模式。

（4）社会转型的必然

纵然社会失范可能贯穿于社会生活的各个领域，但是在现代工商社会，经济领域的失范更为典型和普遍。中国当下的社会发展状态与当年涂尔干描述的欧洲社会现实有几分相似。经济现象在人类社会生活中的地位日显突出决定了经济性也成为现代社会人的本质特征之一，我们也正处于这样一个历史阶段。关于人类社会历史发展的阶段性问题，马克思曾提出著名的“跨越卡夫丁峡谷”理论，认为对于封建制的落后国家，也可以跨越资本主义的充分发展阶段而直接建成社会主义社会，事实证明中国就是走了这样一条道路。70 多年来，中国一直进行着把一个原来的半殖民地半封建社会建设成富强、民主、文明的社会主义社会的伟大实践，我们跨越了资本主义发展阶段的峡谷，但是我们不能跨越市场经济的峡谷，没有市场对资源配置基础性作用的发挥，就没有高效、稳健、持续的经济增长。市场经济使人的潜能被释放出来，造成了社会生产力的极大提高，同时人的逐利本性也造成了利益至上的价值取向，进而衍生出一系列不端行为，甚至产生局部经济生活领域的行为失范。时至今日，我们仍未完全完成从过去的经济形态到完全意义上的市场经济的华丽转身，因此转型中的阵痛在一定时间内仍会存续。

5. 失范的表征

关于失范的成因，有学者认为主要包括三个方面：物质诱惑力的增强、社会整合力的减弱和规范内在化的阻滞。[①] 自中国提出建立社会主义市场经济体制，近 30 年来中国的经济总量取得了突飞猛进的成绩，但是经济领域的失范行为仍然存在。不规范的个体行为和整个经济生态环境交织在一起，造成了局部经济生活领域的行为失范。这主要表现在以下几个方面：

① 参见陈兴良、刘华：《经济领域中失范行为的评判及其法律规制》，载《中外法学》1993 年第 3 期，第 17—18 页。

（1）个体行为

第一，唯利是图。追求利益是人的本性，正所谓“天下熙熙，皆为利来，天下攘攘，皆为利往”。但是利益不应该成为人生活的唯一目标，在追求利益的路途中人们不能迷失自己，失去生活的根本意义。作为社会性动物，人的自我实现应该是人的全面发展，外在的物质利益并不足以构成个体价值的全部内容和生活的全部需要。但是，由于在当下社会中利益成为衡量个体价值的重要尺度，人的社会尊严需要借助利益的油彩来为自己勾勒出更绚丽的光环。人们试图通过拥有利益来改变自己，来证明自己，利益已经超出维持人的存在的基础性价值而转变为生活的主要目标。在这样一个环境下，唯利是图成为某类群体的基本处世哲学，很多时候一些人不惜飞蛾投火，不吝饮鸩止渴。

第二，不讲规则。“君子爱财，取之有道”，追求利益的目的无可厚非，问题的关键是谋利手段的合理性与合法性。在任何一个社会，宗教、法律、道德等规范一道形塑着人们的行为，也制约着人们获取利益的手段。在常态社会，个别性的越轨行为时有发生，但是各种手段不合法行为因其反社会性而得不到支持。在当下的中国社会，由于传统的道德约束力逐渐淡出，法律的信仰没有建立，这样人们在获利行为的手段选择上，就存在过度忽视规范的倾向，任由自己的欲求滋长。规则的效用在于其对社会成员的实际约束力，但如果对规则的忽略也没有招致严重的社会后果，此类情形就会愈演愈烈，最后造成规则捍卫的领地全面失守。

（2）社会形态

第一，社会评价体系扭曲。在社会基本结构中，人获得的认可在很大程度上来自某方面的社会评价，社会评价一方面确认了个人在社会中的地位，另一方面又发挥了对特定文化目标的引领作用。在几千年的传统中国社会中，受儒家“仁义礼智信”观念的影响，社会对个人的认可在于其是否是有识之“士”，士大夫阶层的价值观念成为社会主流的价值观和评价尺度；在西方社会，贵族精神与绅士风度塑造了社会中受崇尚的人格特征，评价一个人的标准也是精神的高贵和行为的高雅。在当下中国社会，财富的多少往往成为衡量个人社会成就的首要标准，为了追求个人财富账簿上那个不断增大的数字，人们往往不遗余力，知识、品德等其他价值被不断忽略。在社会生活某些领域，人们在价值观念上曾坚守的传统“道义”被以个人私利获得为目标的“功利心”所取代。更麻烦的是，这种转变竟为更多人的所接受和认可，从而形塑出畸形的社会评价体系。

第二，社会信仰缺乏。在任何社会群体中，一般都存在普遍的集体意识，如法治精神、道德情操等。在西方社会，宗教信仰是人的生存价值的源泉和精神寄托，尽管对宗教的看法不同，但是宗教的社会效用不容忽视。宗教在人们头脑中形成的信念直接制约着人们的行为，如基督教《圣经》中的“摩西十诫”不仅与西方法律制度的基础性内容互相匹配，也与西方社会的法治精神相得益彰，这使得在西方国家建立法治更加轻车熟路。在现代中国社会，由于传统的礼治观念被打破，现代的法治观念又没有形成，国人的精神家园领域出现了大量真空，使得一些人的生活蜕化到生物本能状态，本应具有有序结构的社会生活简化为一个个逐利者的简单行为叠加，此时传统的普适性精神难以发挥作用，具有合理性的公共生活理念和目标难以形成。

第三，个别领域公共权力运作无序。按照社会契约论的假设，公共权力来自民众权利的让渡并在国家层面的整合，公共权力是人民权利的派生物，这样为人民服务就不再是一句口号而是一种契约义务。但是，在当下的中国社会人民公仆的观念还没有被普遍接受，仍有些人认为自己拥有的公共权力是一种了不起的个人成就，是个体价值实现的重要内容。这样，由于抽取出了契约精神的内核，公共权力被过度用于个人目的就顺理成章。可以说，中国当下的各种社会问题，如环境污染、食品安全等问题，一方面来自市场主体自身的道德沦丧，另一方面也与相关领域的监管不力有关。就像对一个病人膏肓的患者，无疑病情严重有其自身免疫力低下的原因，但是如果他遇到的是不善医治的大夫，最终的结果可能会殊途同归。因此，我们还需要从公共权力界定和运用的角度去研究对失范行为的治理。

二、中国旅游市场的失范

按照涂尔干的社会分工理论，“社会分工不仅具有表层的经济属性，还具有深层的道德属性；分工不仅建构了市场；还建构了市场背后的社会。进一步说，现代社会中的市场机制，以及其背后一整套抽象的程序技术，都建立在社会团结和道德规范的基础上”①。按照这样的观点，在经济社会中必须存在调整经济的规范，运行良好的市场经济也必须有一定的制度环境作为依托。

（一）市场有序的基础条件

1. 主体身份清晰

在市场经济条件下，如果说市场是一个广阔的舞台，那么市场经营者是舞台上的演员，而政府则是这出戏的导演，一个不适格的演员被推上舞台，演出的失败就不足为怪。因此，我们要做的是选择优秀的演员进入舞台，并能够将演技低劣的演员及时清除出场，在市场上对主体身份的界定至关重要。我国相关民商事立法都有关于市场主体身份界定的标准，如《保险法》《商业银行法》等立法关于保险、商业银行等特定公司成立条件的规定。我们强调主体身份界定的清晰并不意味着对市场准入条件的苛刻要求和对其行为方式的过度监管。相反，在现代社会，放松管制是基本趋势，如我国 2014 年 3 月修改的《公司法》普遍取消了关于一般性公司最低注册资本的要求。此处，我们提出市场主体身份的清晰要求的意义在于使经营者能够明确自己的市场地位，并以合法稳健的方式进行经营。

---

① 孙帅：《神圣社会下的现代人——论涂尔干思想中个体与社会的关系》，载《社会学研究》2008 年第 4 期，第 79 页。

2. 同业合作良好

在市场经济条件下，市场主体间是一种竞争与合作的关系。没有竞争会造成市场的萎缩或垄断，没有合作则会造成市场的混乱。尤其在现代社会，广泛而深入的社会分工决定了一件看似简单的产品，往往是多个经营者互相合作的结果，很多行业的发展需要不同领域的企业密切配合，在合作中实现共赢。在旅游产品的供应中这点体现得更为明显，如对包价旅游合同的履行，旅行社往往需要交通、宾馆、饭店、景区、商店等辅助人的密切配合，正是旅行社和履行辅助人之间建立起常态的合作机制，才对旅游产品的营销成功起到了至关重要的作用。

3. 市场经营自由

无论在哪个国家，都不存在绝对自由的市场，都需要对市场行为进行自由与管制的合理界分。只有通过市场我们才能完成资源的合理配置，建立对市场主体的优胜劣汰机制，但是如果没有市场自由，这一目标就无从谈起。自由是实现效率的基本方式，而管制是维持秩序的基本要求。在社会发展的不同阶段，政府对经济生活的干预程度有所不同，但是总的趋势是建立起真正意义的市场机制，更多地放松管制，并在更大程度上依赖市场的自发调节。同时，政府要承担好游戏规则维护者的角色，以稳定的市场监管机制担负起维护市场秩序的任务。

4. 市场规则明确

在市场的舞台上，演出的顺利进行还在于能够按照导演的要求完成好预期的角色安排。在市场机制成熟的社会，市场组织规范发挥了极其重要的调整作用，因此市场经济也被称为法治经济，市场经济中的各种规则最终都要通过公司法、消费者权益保护法等法律明晰地体现出来，通过法律形式表现出来的游戏规则成为市场主体实施经营行为的基础，也是判定其行为效力的主要标准。近年来，一提到中国市场经济运行中出现的各种问题，人们往往将其原因归结为法制不健全。其实，随着社会主义市场经济法律体系的建立，还将问题出现的原因归结为我国的市场经济法制不健全是不符合实际的，我们现在要做的是如何树立法律的权威，如何形成契合市场经济内在要求的法治文化。

（二）中国旅游市场行为的表征

1. 主体资质良莠不齐

我国旅游市场主体的变迁与旅游业的市场化进程一直相依相伴。在计划经济时代，作为旅游业营销主体的旅行社的身份简单，如最早的总部设在北京的国旅和中旅两大社均为国有企业，其他旅游经营者如旅游景区最初也大都定位为国有事业单位。但 40 多年来，这种身份不断演化。以旅行社为例，1978 年国旅总社开始作为事业单位实行企业化管理，从而开启了全国旅游业微观主体市场化的改革历程。1984 年 9 月，国务院批准国旅总社由事业单位改为企业单位。次年 1 月，原国家旅游局《关于当前旅游体制改革几个问题的报告》得到国务院批转，该报告提出建立以国营旅游企业为主导的多种经济形式、多渠道、少环节的旅游经营体制。1985 年 5 月，国务院颁布了《旅行社管理暂行条例》，在对该条例的解答中明确旅行社必须是实行独立核算、自负盈亏的企业。对于尚属于事业单位性质的，应当在 6 个月内改为企业。在这一时期，改革的主要目标是旅行社要政企分开。当时，按照条例的规定旅行社还被分成三类，并需要有 3 万—50 万元的最低注册资本的要求。1987 年 3 月，在全国旅游局长会议后，各省、自治区、直辖市的旅游管理体制改革工作有了新的进展。江苏、陕西等省、市的旅游局率先对所属旅游企业实行了承包经营责任制试点，北京市还成立了一大批旅游集团公司。到了 1992 年，党的十四大提出了建立社会主义市场经济体制的目标，全国的旅游企业由此开始了全面重新洗牌，总的来说就是不断调整设立旅行社的门槛，最终使旅游企业的设立变得更为容易。1996 年国务院颁布了《旅行社管理条例》，仍将旅行社分为国内社与国际社，并设定了最低 30 万—150 万元最低注册资本的要求；2001 年国务院对该条例进行了修改，主要增加了关于外商投资旅行社的要求，并且对外商投资旅行社设定了很高的门槛，其最低注册资本为人民币 400 万元；2009 年国务院颁布《旅行社条例》，规定设立旅行社要有不少于 30 万元的注册资本，但取消了对外商投资旅行社过高的注册资本的要求。2013 年颁布的《中华人民共和国旅游法》并没有明确规定设立旅行社的最低注册资本要求，但是2016年3月国务院发布的《关于修改部分行政法规的决定》，将《旅行社条例》第六条关于旅游业务准入资格修订为："申请经营国内旅游业务和入境旅游业务的，应当取得企业法人资格，并且注册资本不少于30万元。"

随着旅行社业的不断发展，全国纳入统计范围的旅行社不断增长，资产总额不断增加。值得一提的是，在表面繁荣的背后也暴露出诸多问题：我国的各旅行社规模大小不一，内部的管理模式和运营方式也多种多样，现代公司制的企业法人治理结构没有普遍建立，小弱差的旅游市场经营者仍普遍存在，旅行社经营效益各异，具有统一的品牌形象、在业界具有较高的知名度和美誉度的旅游企业为数不多。可以说，在当下中国的旅游市场上，国有大社一统天下的局面已经一去不复返，但是群雄逐鹿的合理竞争局面尚在形成过程中，浑水摸鱼者仍大有人在。

2. 竞争行为混乱无序

经济的发展不可避免地造成社会竞争，如涂尔干所言："随着社会容量和社会密度的增加，劳动逐渐产生了分化，这并不是因为外界环境发生了更多的变化，而是因为人类的生存竞争变得更加残酷了……换言之，竞争的人数越多，对匮乏资源的欲望越强，战争就会越激烈。"[①]在市场经济条件下，企业之间必然存在广泛的竞争，旅游行业更是如此。旅游行业属于准入门槛较低的行业，同时较高的利益回报使更多的人对这一行业趋之若鹜。在这样的背景下，竞争的结果就是旅游者利益的受损和对市场秩序的破坏。以北京市为例，根据北京市文化和旅游局的统计，"2019年第三季度旅游投诉情况公示1018件，同比去年（768件）增加32.6%，其中涉及旅行社投诉863件，同比去年（510件）增加69.2%；涉及景区投诉130件，同比去年（117件）增加11.1%；涉及四、五星级饭店投诉16件，同比去年（21件）减少23.8%；涉及社会旅馆及民俗村户投诉9件，同比去

① ［法］埃米尔·涂尔干著：《社会分工论》，渠东译，生活·读书·新知三联书店2000年版，第223页。

年（31件）减少71%；投诉数量总体上呈上升趋势”[①]。投诉反映的主要问题多种多样又似曾相识，不外乎降低质量标准、出境领队和国内导游服务不到位、擅自增加自费项目和购物次数、行前解约退费等问题。此外，旅游市场的无序竞争还表现为市场潜规则泛滥，最终造成劣币驱逐良币的恶果。以北京市的“一日游”为例，首都的旅游资源丰富，“一日游”本来是很多来京短期出差旅行人士游览京城高效经济的旅游形式，但是近年来各种非法“一日游”充斥市场，一些机构和个人没有经营资质，但是打着正牌大社的幌子低价揽客，然后带游客进行强制或欺诈消费，最终竟使得很多正规旅行社为了维护自己的名声，无奈退出这一领域。虽然北京市文化和旅游行政主管部门下大力气整治，但是北京“一日游”市场的“劣币”仍大量存在。

3. 监管权力多元乏力

旅游行业涉及的领域的广泛性决定了政府管理的多元性，但是由于我国部分领域的政府管理体制的条块分割，使得很多问题无法形成合力有针对性地加以解决，就旅游行业来讲，涉及公安、工商、物价、质监、交通、城建、林业、宗教、食品药品、劳动保障等多个部门，这些部门在特定时期可进行联合执法，但是对日常经营性行为的管理显得薄弱，仅由文化旅游行政主管部门来处理更是鞭长莫及。我国《旅游法》第八十三条规定：“县级以上人民政府旅游主管部门和有关部门依照本法和有关法律、法规的规定，在各自职责范围内对旅游市场实施监督管理。县级以上人民政府应当组织旅游主管部门、有关主管部门和工商行政管理、产品质量监督、交通等执法部门对相关旅游经营行为实施监督检查。”但是在具体管理的过程中，究竟涉及哪些部门，各个部门的职责是什么，它们之间又是如何来分工的？《旅游法》也没有给出一个明确的说法。

在旅游执法问题上，颇具中国特色的运动式执法也一直被广泛采用，最终造成市场主体的投机心理明显。其实，不仅是旅游执法，在中国的行

---

① 北京市文化和旅游局：《2019年第三季度北京地区旅游服务质量投诉工作情况》，http://whlyj.beijing.gov.cn/zfxxgkpt/zdgk/gzxx/201910/t20191012_1784791.html，最后访问日期：2020年7月30日。

政执法领域，各种通过“专项行动”形式进行的执法仍大量存在。在此，笔者无意否定各类威慑性执法在维护社会稳定方面的速效性及其在顺应国情民意方面的积极意义，但它们毕竟是非常态的执法举措，不能泛化为法治社会执法的基本方式。也许这种做法符合实质正义的要求，但是却传递出法律工具主义倾向，使民众感到法律更多地与暴力、惩罚相联系，而不是与公民权利、社会和谐相匹配。在旅游市场监管的问题上，“运动式”执法的最终效果也并不理想，实践证明尽管一个时期以来各级文化旅游行政主管部门一直没有放松对各类违法行为的处理，但是旅游违法行为仍然是屡禁不止。这不能不说我们在监管的思路上仍存在一定的问题。

4. 规则设计不甚明确

市场规则是塑造旅游市场软环境的主要手段。在中国旅游市场管理上，虽然《旅游法》的颁布使市场规则有了灵魂，但是此前形成的多级、多层次旅游立法格局还需要做进一步的调整完善。

（1）《旅游法》的实效问题

2013 年 10 月，30 年磨一剑的《旅游法》颁布实施。三年来，作为旅游基本法的《旅游法》的具体实效也经历了一个变化的过程：在法律实施之初，有关遏制不合理低价游、旅游购物的规定的确起到一定的震慑作用，很多旅行社在行程中都取消了涉及旅游购物的条款，旅游团费也出现了一定幅度的上涨。此间，一些习惯了以往经营之道的旅行社都在观望，可谓“慉慉然，莫相之”。再后来，它们发现《旅游法》不过“技止此耳”，最后就又回到老路上。这一现象表明，虽然没有《旅游法》是万万不能的，但是《旅游法》也绝对不是万能的，寄希望《旅游法》能够解决中国旅游业发展中的所有问题也是不现实的。一方面，《旅游法》尽管提升了旅游立法的效力层级，但是大部分规定也并非前所未有，我们单纯把法规的效力进行了升级，并不能保证会取得预期的法律实效；另一方面，《旅游法》内容的合理性问题、实施中的执法力度和技术问题，都会对法律实效产生很大影响。2015 年原国家旅游局主办了旅游市场执法专业能力建设高级研修班，来自全国各省、自治区和直辖市旅游委（局）行管、质监执法部门，以及各省会城市、计划单列市旅游执法部门的执法人员，结合自己的一线工作经验，对《旅游法》有关低价揽团、旅游购物、代理招徕等很多方面的规定都提出了一定程度的质疑。总的来说，《旅游法》的规定大都是原则性的规范，还需要相应的诸如实施条例一类的配套规则。

（2）地方性配套法规的出台

虽然在《旅游法》制定的过程中，立法者进行了广泛的立法调研和较为科学的立法论证，但是仍难免出现挂一漏万的情况。由于我国幅员广阔，各地旅游资源的类型和分布不同，风土人情各异，这决定了即便有旅游基本法的规定，各地针对本地区的实际情况，制定地方性法规仍显得必要。很多地方的一些好的做法也确实值得推广，如在我国西藏自治区，政府为了限制旅游车辆超速行驶，在主要道路的各区段实行打卡计时制度，即将从 A 地到 B 地的时间经测算规定为若干个小时，对车辆提前达到的要进行罚款，这样车辆超速行驶就变得没有意义。这一制度是在吸取过去因超速导致交通事故的教训基础上，针对本地交通路况做出的科学管理方案，这种做法很好地遏制了西藏自治区旅游车辆的超速驾驶行为，导致事故的发生率大幅度下降；又如，为了解决作为事业单位的旅游质监部门的行政执法权问题，2002 年的《福建省旅游条例》第四条第二款规定："旅游行政管理部门可以委托旅游质量监督管理机构负责旅游市场秩序的监督检查，受理旅游服务质量投拆。"这样，可以使本地旅游质监部门的执法变得有理有据，从而排除了执法主体身份的障碍，也更符合行政法治精神。可见，我们现有的各层级旅游法规还需要做进一步的修订，这其中包括国务院的旅游行政法规、最高人民法院关于审理旅游纠纷案件的司法解释、文化和旅游部的行政规章以及各省、自治区、直辖市制定的条例，对它们要进行梳理，以契合旅游法的规定。

（三）行为失范的社会背景及维度

1. 社会背景

改革开放 40 多年来，中国用很短的时间走完了西方社会需要上百年走完的路程，虽然我们的经济建设取得了卓越成就，但由此衍生的社会问题也日渐突出，有学者认为其主要体现在如下三个方面："一是组织功能弱化和社会团结的纽带有待加强，社会整合需要借鉴新的路径；二是社会行为规范和道德规范有待进一步明确，并有待社会成员的监督和执行；三是社会转型带来的思想观念混乱以及由此造成的信仰缺失甚至精神上的虚无主义表征。”① 在这样的社会背景下，社会失范问题十分突出，在社会生活中的很多领域，都存在不同程度的失范。旅游市场的行为失范只是社会整体性失范的局部体现，研究旅游市场失范行为不能脱离中国整体的经济环境。目前，随着社会主义市场经济体制逐步完善，社会主义市场经济法律体系也基本建立起来，但是距离全面依法治国的实现还存在很大差距，在政治、经济和社会生活的各个领域，仍会产生一定的失范问题，如政治上的权力寻租，导致的公共权力腐败而造成的失范；经济领域诸如食品卫生、商业贿赂导致经济秩序混乱而形成的失范；社会生活领域的环境污染、医患矛盾等造成的人和自然之间、人和人之间的关系的失范等。这些失范行为都在一定程度上侵蚀着整个社会的机体，使社会规范的要求得不到落实，产生较大范围的社会无序。我们在研究旅游市场失范问题之时，要兼顾中国整个市场经济运行状况的共性和旅游市场的个性，以免只见孤立之树，不见林中之树。

（1）社会结构深刻变迁

如前所述，失范行为有时表现为群体性的越轨行为。早在 20 世纪 20 年代，美国芝加哥学派的社会学家们就认为，社会解组导致越轨行为，也就是说，越轨行为的大量产生并演化为失范，与社会结构的变迁不无关联。在传统的社会中，血缘和乡情等因素将人们紧密连接起来，局部的团体规范对人的行为起到有力的调整作用，也促成了社会关系的稳定性。但是到了近代工商业社会，人们的社会角色的多元化、职业选择的多样化、人口流动的极速化一步步地促进了传统社会结构的解组，整个社会由传统的熟人社会过渡到现代的陌生人社会，“人们越是彼此缺乏联系，隐姓埋名，

① 吴辉：《迪尔凯姆社会事实论研究——基于唯物史观及其思想史视野的考察》，复旦大学 2011 年博士学位论文。

社会解组的程度就越高；社会解组程度越高，越轨行为就越多。”[①] 就中国社会的发展状况来看，正处于由熟人社会向陌生人社会转变的过程中，传统的局部规范难以发挥调整作用，新的制度性规范还没有被完全楔入人们的头脑中，这样就出现了规范的断层期和断层带，这是人类社会发展很难超越的一个阶段，东西方莫不如此。例如，即便当今世界最发达的资本主义国家——美国，在迈向工业化的过程中，也发生过较为典型的解组与失范的情况。经济转型尤其是突如其来的变化是造成社会冲突和越轨的重要诱因。在美国肯塔基州哈兰县，当年由于煤矿工业的迅速发展，使这个小县城人口剧增，人们的工作和生活方式发生改变，恶习泛滥，最终这个宁静的乡村竟变成“血腥的哈兰”。[②] 在当下的中国社会，经济生活的个别领域也有几分相似之处。关于社会解组的原因，芝加哥学派的学者们认为，它包括城市的绝对规模、人口的相对密度、异质性特别是种族异质性等几个方面。[③] 例如，前面谈到的北京市的非法“一日游”问题，其问题之所以如此突出，与北京的城市规模、旅游资源的分布和经济交往方式等因素密切相关。北京旅游集散中心的有关负责人估计，“北京的一日游市场份额在每年 1 亿元至 2 亿元。而集散中心一年的营业额也就是 30 万元到 40 万元”。[④] 可见，北京市庞大的“一日游”市场需求和监管的困难性决定了“一日游”问题如此突出，这方面仅靠政府单方面的“严打”已经难以起到立竿见影的效果，政府可以通过一时的执法行动改变人们的短视行为，但是却难以彻底转变失范的行为方式和思维方式，真正意义的市场经济离不开现代市场经济文化的支撑。

（2）市场越轨亚文化泛滥

失范也具有一定的文化属性，是社会的异质性亚文化。朱力认为：“失

① ［美］杰克·D. 道格拉斯、弗兰西斯·C. 瓦克斯勒著：《越轨社会学概论》，张宁、朱欣民译，河北人民出版社 1987 年版，第 80 页。

② 同上书，第 82 页。

③ 同上书，第 85 页。

④ 《黑车疯狂“抢客”国旅总社正式退出“北京一日游”市场》，http://finance.people.com.cn/n/2013/0820/c70846-22624229.html，最后访问日期：2020 年 7 月 22 日。

范亚文化吸引、凝聚着游离于主流文化之外的各种不良的非主流文化，形成了一套独特的文化结构，影响着失范者的思想，为部分反社会成员提供另一套价值系统和规范系统。”① 这一概括是有道理的。中国传统社会是典型的农业文明社会，当下农耕文化根基尚存，现代工商业文化和交往方式仍缺乏土壤。在社会转型时期，全民对利益的深切渴望以及社会评价机制的扭曲，造成市场经济亚文化产生，旅游市场经营亚文化作为一个分支也逐步形成，这种亚文化的基本特征就是漠视规则，对消费者进行肆意掠夺和欺诈，而任何一种文化都有释放和传递的效应，初始的非规范行为没有得到有效遏制，就会滥觞成为一种群体性通行模式，最后生成为某种积重难返的经营文化。索罗金曾说过：“如果某人与整个连队的步调不一致，那也许是由于它听到的是另一个鼓点。”② 当越来越多的人听到那另一个鼓点时，队伍迟早要走乱。在社会生活中，社会成员的价值观决定了其行为方式，共同的行为方式形成了群体的行为模式，越轨亚文化的驱动力是强大的，“越轨亚文化群都具有独特的、为其成员欣然接受的行为规范，即属于该种亚文化群的成员用以区别是非的准则”③。关于亚文化的社会根源，莫顿认为，越轨行为并非来自人性中原始的无政府主义，而是与社会结构密切相关。群体性的文化价值目标深刻影响个人的价值目标，但却并未规定好实现这些目标的手段，但是社会规范却在限制实现这些目标的手段。“大规模的越轨行为只有在下述情况下才会发生，一个文化价值目标系统将某些人人都有的共同成功目标实际上完全置于其他一切目标之上，而对其中相当一部分人来说，社会结构却严格限制了或完全堵死了达到这些目标的途径。”④ 按照这种解释，旅游市场失范行为的本质也在于实现欲求的手段不合理。

---

① 朱力：《关于社会失范机制的探讨》，载《社会科学研究》2006 年第 5 期，第 115 页。

② ［美］杰克·D. 道格拉斯、弗兰西斯·C. 瓦克斯勒著：《越轨社会学概论》，张宁、朱欣民译，河北人民出版社 1987 年版，第 91 页。

③ 同上书，第 96 页。

④ ［美］罗伯特·K. 默顿著：《社会理论和社会结构》，唐少杰、齐心等译，凤凰出版传媒集团、译林出版社 2008 年版，第 241—242 页。

就中国旅游市场来说，市场亚文化主要表现为商业道德的缺乏和潜规则的泛滥。在传统中国社会，人们基本的生活伦理和商业伦理大都是统治阶层以各种形式灌输给民众的伦常规范，其人性预设是人应该具有“存天理，灭人欲”的道德情操，但这其实是幻想。现实中的人总是利己的，利己本无可厚非，正当的商业伦理是人就应该利己，但绝不能损人。在我国旅游市场上，还存在所谓潜规则文化，作为一种心照不宣的规范，潜规则使行为人通过彼此间的默契建立起行为和利益的共同体，并以他们特有的方式来完成交易，如在团队旅游中的旅游购物环节，导游带领游客去购物商店并在事后取得回扣就是不言而喻的潜规则，实践中他们都采用即时清结的形式，即在购物后导游随即去商店结算一定比例的回扣金额，到如今这已经成为不是秘密的秘密。有关潜规则的运行机制，可以这样描述，“潜规则发生之时，在行为人之中自然地形成了一个‘圈子’，这个‘圈子’实则一张利益链接网，大家的利益息息相关，同荣同损”。[①] 潜规则被有些学者称之为第二种规范，它的产生源于市场化中盛行的隐蔽性交换。[②] 还有学者指出：“在社会转型这一大背景下，这种潜规则文化被看作一种时尚，社会精英和大众根据自己对潜规则文化的理解，在不同维度上共同进行着对社会失范的建构和传播。”[③] 根深蒂固的潜规则文化存在也是旅游市场诸多失范行为难解之惑的深层根源。在我国，旅游市场的潜规则遍布各个环节：在主体身份上，假冒他人商业名称、通过设立所谓的门市部进行挂靠承包；在缔约过程中，通过虚假宣传、低价揽团、揽客后肆意转团；在履约过程中，诱导游客购物收取回扣、安排五花八门的变相消费、偷梁换柱减少景点，等等行为，不一而足。旅游市场失范行为之所以治理难，其深层次的根源也在于撼行为易，撼文化难。

那么，这种另类的规范是如何产生的呢？笔者认为，从生物进化论的

---

① 陈红艳：《论明规则与潜规则之关系》，载《求索》2012 年第 11 期，第 174 页。

② 参见朱力：《关于社会失范机制的探讨》，载《社会科学研究》2006 年第 5 期，第 116 页。

③ 艾旭：《论社会转型时期的社会失范》，载《内蒙古农业大学学报（社会科学版）》2011 年第 1 期，第 297 页。

角度来看，亚文化最初来自事物成长过程中的基因突变，开始也许是一种偶然的因素，但是随着其不断地发展，形成一种转基因的力量，从而从根本上改变了事物发展的趋势。在这一进程中，其他事物的回馈又起到一定的反作用，它或者逐渐遏制另外一种规范的势力使其被压抑，或者漠然处之使对方的继续发展得顺理成章。就两种不同社会规范的抗衡过程来讲，面对规范的摇摆，人们的选择至关重要，“如果规范是临时性的、不稳定的、无效率的，人们遵守了规范而没有得到回报，遵守规范并不能给遵守者带来直接的或间接的收益，反而遵守规范的人比不遵守规范的人要付出更多的代价或成本，我们将之称为规范贴现率。规范贴现率其实就是社会规范的损耗率，与其相对的是失范赢利率，即行动者通过失范可以获益而不会受到惩罚”[①]。就我国的旅游市场来讲，失范之所以产生就在于经营者通过潜规则所获得的贴现远大于通过显规则获得的利润。

（3）公权力配置和运行强弱不适当

公共权力的价值之一在于维护社会的基本秩序。在 1982 年的《大西洋季刊》上，美国学者凯林和威尔逊共同发表了题为《破窗理论》（*Broken Windows*）的文章，文中提到：“如果一栋建筑的一扇窗户破了且无人修理，其他窗户很快也会被破坏……一扇未修补的破窗，代表那里无人在住，打破更多的窗户也无所谓。”[②] 文章以“破窗”来形容在警方维护秩序勤务方面的重要性，但是这一理论涵盖的领域具有普遍性。在社会生活中，类似损害秩序的“破窗”行为常常会发生，政府的责任之一就是及时发现“破窗”的存在并加以修复，以防止楼窗大面积损坏。要做到这点还需要两个重要条件：其一是现行的政府组织体结构中有一双慧眼，能够及时发现“破窗”的存在；其二是政府能够有动力去努力修补“破窗”。在中国的旅游市场上，最初的“破窗”行为的发生是偶然的，但是我们却错过了修复

① 朱力：《我国社会生活中的第二种规范——失范的社会机制》，载《江海学刊》2006 年第 6 期，第 115 页。

② 转引自［美］乔治·凯林、凯瑟琳·科尔斯著：《破窗效应——失序世界的关键影响力》，陈智文译，生活·读书·新知三联书店 2014 年版，第 23 页。

“破窗”的最佳时机，使得欺诈和强迫等“破窗行为”没有被及时有效制止，以至于更多的经营者以儆效尤，造成更多的窗户被打破，旅游市场的失范行为由此产生。我们现在要做的工作就是大面积地亡羊补牢。

在真正的市场经济社会，政府对经济生活的管理建立在对经济规律的充分认识和利用的基础上，并力求把握好公权力干预经济生活的尺度，以避免矫枉过正。在当下的中国，政府对市场行为的调控有时也存在失当的情况，如对于房地产市场，前些年政府一直强调通过限购、限价等直接行政手段的调控，其结果是房价越调越高，房地产领域的投机盛行。政府对经济生活的调控如果脱离经济规律，其结果就会适得其反。综观国外的市场调控立法，重点关注的是对企业实施的恶意欺诈行为的惩治，很多国家的反欺诈立法都规定得详尽具体，并设定了较为严厉的法律责任，政府的职能也在于制定并严格维护市场规则。目前，在对旅游市场监管的过程中，我国各级监管部门在执法手段的力度和方式上都存在一定的不适合新情况、新问题的地方，需要我们认真加以研究改进。

（4）个性差异与行为选择

从法社会学的角度来看，违法行为的直接动因在于社会成员的个体行为选择。在同样的背景条件下，面对同样的事情不同人的选择结果各不相同。在旅游市场领域，我们既看到一些唯利是图的旅游企业和从业人员，但也看到一批勇于承担社会责任的优质企业和一批具有高尚的道德情操、真诚履行职责的从业者，原湖南省湘潭市新天地旅行社导游员文花枝就是其中杰出的代表。2005 年 8 月，文花枝带团的旅游车在陕西洛川发生严重交通事故，她伤势很重却执意要求施救人员先救游客，后来由于延误了宝贵的救治时间，医生不得不为她做了截肢手术。文花枝在生死关头把生的希望让给游客，把死的威胁留给自己的高贵品质使我们感受到旅游从业群体中的榜样的力量。这说明，旅游从业者并不都具有天生的原罪，而是整个行业通行的经营伦理、个别企业的经营文化、个别从业人员的职业道德共同塑造了当下整个行业的经营状态，每个经营者也都是身在江湖——当雪崩发生的时候，没有一片雪花是无辜的。反过来，旅游市场秩序的根本好转也有赖于各方的共同努力。这期间，如果“出于淤泥而不染”成为多数企业自身的主流文化，并将这种文化贯彻到员工的实际行动中去，则会慢慢带动整个行业风气的逐渐好转，最终完成良币对劣币的反向驱逐。

2. 主要维度

关于失范的维度，有学者提出三维度说，认为失范的维度包括价值失范、规范失范和行为失范。[①] 这三者标示的领域不同但又存在紧密联系，行为失范的内因往往是价值失范，而规范失范又往往会导致价值和行为的失范。我国旅游市场的发展阶段和商业环境的复杂性决定了市场失范行为的多元化。目前，我国旅游市场失范的维度也主要表现为以下三个方面：

（1）价值失范

价值失范意味着社会主流价值观被抛弃，公认的具有合理性的伦理准则被错误认识和不被遵循，因此也可以说它是伦理的失范。伦理的重要价值在于它能够指导人的行为，在任何一个社会，不论国家的政治、经济结构有怎样的不同，都需要一些基本的价值维护社会的存在与发展。在商业交往领域，诚信价值是在古今中外都被普遍认同的社会价值，从中国古代的信义文化，到现代民商法的诚实信用原则；从西方古代城邦契约文明到现代法治精神，都对诚信价值极度珍视。在市场经济的条件下，经济的健康发展更离不开企业诚信的保证，失去了诚信，中国的市场经济将最终难以为继。中国旅游市场秩序混乱的内在根源也在于市场主体的价值失范，即市场主体秉承的经济价值观错位，他们普遍漠视诚实守信原则，认为获利是一切市场行为的核心价值，至于手段是否妥当则不做过多考虑，最后形成群体性的价值观，这种价值观一方面强化其拥有者的信念，另一方面也对周边人群产生强大的虹吸效应，吸引他们也加入这一价值共同体中，这样造成新的价值失范在所难免。

旅游市场价值失范最终的结果是双输。最初，旅游消费者会因为欺诈

① 具体论述参见朱力：《关于失范的类型探讨》，载《公共管理高层论坛》2006 年第 1 期，第 59—75 页。

和强迫行为而利益受损，但最终越来越多的消费者会选择“用脚投票”，这将直接导致市场的萎缩，市场经营者的市场份额缩小，最终造成市场经营者将无利可图。现在，越来越多的旅游者选择了自助游而不是跟团游，也能在一定程度上说明问题。旅游行业从业者也要认识到，扭曲的价值会造就扭曲的市场，因为“转型过程中的社会应当且必须被整合有序，新的生活方式需要有新的生活秩序，新的生活方式需要有新的价值精神”。[①]那么，怎样维系正当的核心价值？笔者认为，在价值塑造的问题上，法律规则的作用是至关重要的，一方面它以客观明示的方式向市场主体宣示着国家提倡的是什么，反对的是什么，不当行为的后果又是什么；另一方面法律规则也是一种约束机制，它将社会主流的价值观灌输到社会成员的头脑中去，以确保法律所体现的价值被普遍接受。

（2）规范失范

我们知道，制定良法是法治的基本前提，但法律自身也需要具备合理性，即法律代表并维护某些向善的价值。就像涂尔干所说的，这种约束“只能在服从它的人都认为是公平的时候才有效。如果这种约束只是靠习惯和压力来保持，那么和平与和谐就只能在表面上继续存在；身心的不安和不满是潜在的；表面上得到克制的欲望随时会爆发出来”[②]。就旅游市场来说，亦需要良好的法律制度发挥其预期的调整作用。

我国旅游立法的核心是《旅游法》，2013年《旅游法》的颁布实施固然对旅游法律关系的调整起到了举足轻重的作用，但是《旅游法》并不能够使我国旅游业面临的诸多问题一蹴而就地解决。首先，《旅游法》其实也是各方利益的博弈结果。在立法过程中，旅游行业牵涉的管理部门很多，相关政府主管部门都希望强化自己的管理权限，但是国家和地方的旅游行政主管部门在行业监管中的地位如何界定问题，《旅游法》并没有完全解决。对于旅行社来说，它们更希望放松政府管制，扩充自己作为市场经营者的权利。对于旅游者来说，他们希望《旅游法》能够真正承担起权利保

---

① 高兆明：《社会失范论》，江苏人民出版社2000年版，第43页。

② ［法］埃米尔·涂尔干著：《自杀论》，冯韵文译，商务印书馆1996年版，第268页。

护伞的角色，使自己在旅游活动中能真正体味到做“上帝”的滋味。迄今为止，理论研究者和实务界对《旅游法》制度设计的合理性问题争议也较多，如学者们多年来力主的精神损害赔偿、时间浪费请求权等问题在旅游法中都没有做出相应的规定。这样，旅游基本法本身也存在规范的供给不足的问题，从而为失范的出现提供了空间。其次，《旅游法》功能的发挥还需要一定的配套机制。各国旅游业发展的地域性和不平衡性、旅游法律关系的多元性决定了各国的旅游立法存在较大差异。目前，全世界范围内制定旅游基本法的国家并不是很多，与其他国家相比我国的《旅游法》无论是从体例还是内容上看，都有自己的特色，它对旅游法律关系的诸多要素都加以囊括，既有纲领性的宣誓，又有相对细致的规则，可以说《旅游法》是一部比较地道的旅游基本法。同时，旅游法律关系的复杂性决定了旅游法治体系建设的全方位性，目前我国的旅游法律体系有六个层级：第一层级，国家立法。除了旅游基本法，还应该包括民刑事基本法中调整旅游关系的个别规范。第二层级，国务院的行政法规。主要包括 2009 年《旅行社条例》、1999 年《导游人员管理条例》、2001 年《中国公民出国旅游管理办法》等，《旅游法》颁布后，《旅行社条例》等行政法规也正面临修改问题。第三个层级，国务院各部、委、办、局，主要是文化和旅游部的部门规章。例如，原国家旅游局有关上述两个条例的《实施细则》、2010 年《旅游投诉处理办法》、2002 年《出境旅游领队人员管理办法》等。第四个层级，省、自治区、直辖市国家权力机关、副省级、地级市国家权力机关制定的地方性法规。例如，目前几乎各个省、自治区、直辖市都制定的《旅游条例》或《旅游管理条例》。第五个层级，省、自治区、直辖市政府、副省级、地级市政府制定的地方性行政规章。第六个层级，除上述法律法规外，国务院及其部、委、办、局出台的一些规范性文件。为了保证旅游司法案件的审判，最高人民法院在 2010 年出台了《关于审理旅游纠纷案件适用法律若干问题的规定》司法解释。目前，我们面临主要的问题是，在旅游基本法颁布实施后，如何协调旅游基本法与上述其他法律法规的关系，以更好地发挥各类旅游立法的社会调控功能，尤其是针对旅游行业发展过程中出现的新问题进行有针对性的规制。以旅游代理为例，在

2010 年原国家旅游局发布了旅监管发〔2010〕77 号《关于试行旅行社委托代理招徕旅游者业务有关事项的通知》。按照该通知的规定，旅行社可以委托其他旅行社代理自己的业务。该通知实施五年来，国内的旅游代理大量发生，代理行为在便利旅行社拓展商业机会的同时也暴露出许多问题，尤其是由于对代理人的资质没有限定，导致一些不具备相应资质的机构进入市场，旅游代理招徕网点泛滥，部分旅行社违规与银行、汽车 4S 店、家具经销商等非旅游专业代理商合作，这些代理商在招徕游客的过程中操作极不规范，造成旅游市场秩序混乱，特别在出境游和边境游方面问题较为严重，损害消费者权益的现象频发。关于旅游代理，《旅游法》第六十条规定："旅行社委托其他旅行社代理销售包价旅游产品并与旅游者订立包价旅游合同的，应当在包价旅游合同中载明委托社和代理社的基本信息……"立法明确规定代理商也应该是旅行社。这样，为了进一步规范旅游代理秩序，原国家旅游局决定从 2015 年 6 月 1 日起，停止该通知的实施。但是按照我国《民法典》总则编的有关代理制度的规定，对代理人的资质并没有明确的限定，这样旅游市场监管部门在对待旅游代理问题上，面临限制还是不限制都左右为难的尴尬局面。这就是较为典型的规范失范。

（3）行为失范

行为失范主要表现为人们在物质利益的驱动下对规则的无所顾忌。行为失范是价值失范的必然结果。实践中，即使规范本身没有任何瑕疵，失范行为仍有可能大量发生。行为失范主要体现在按照现有的评价体系，行为的手段不具有合法性和合理性，它既包括大量的违法行为，也包括某些法律规避行为。行为失范是对行为规范的不遵守，是社会秩序混乱的直接体现，而秩序的恢复在于规范的作用的发挥。涂尔干认为，"有了明确的行为规范，各种功能就能合理地和和谐地发挥作用，那么，社会在经历一个打乱平衡、陷入混沌的阶段，就能重新产生出和谐健康的状态来"[①]。因

① 吴辉：《迪尔凯姆社会事实论研究——基于唯物史观及其思想史视野的考察》，复旦大学 2011 年博士学位论文。

此，遏制市场行为失范的关键在于针对不同的失范行为确立不同的、有针对性的规范，而规范的确立前提是我们对当下社会失范行为的深刻洞察。在旅游市场上，失范行为在不同的领域都有所体现，下面我们对此做进一步的论述。

第二章　旅游市场失范行为主要领域

通过前文对失范类型的界定，市场失范行为包括由于规范缺乏或冲突造成的客观失范、由于规范被普遍抛弃造成的主观失范以及二者兼而有之的综合失范。在当下社会，市场规范的类型是多样的，包括伦理规范、纪律规范和法律规范，其中最重要的规范是法律规范和伦理规范。就旅游市场来说，失范也主要包括违反法律的失范和违反商业道德的失范。本书主要研究旅游领域的法律失范，并从市场领域角度对诸多失范行为进行界分。有人认为，我国的旅游市场失范主要表现为三个方面："一是旅游市场主体进出行为失范；二是旅游市场交易行为失范，其中包括旅游企业之间交易行为失范和旅游企业同旅游者之间的交易行为失范；三是旅游市场竞争行为失范。"[①] 这种划分有一定的道理，但是并不全面，从整体上来看，旅游业是一个综合性的行业，从所涉及的基本领域来看，涉及行、游、购、食、宿、娱六个方面的活动。这其中，作为"行"的旅游交通、作为"食"的旅游餐饮、作为"宿"的旅游住宿并非行业所特有，且问题并不具有普遍性，而作为"游"的景区游览、作为"购"的旅游购物和作为"娱"的娱乐项目则是更多地体现旅游活动的特殊性和容易出现问题的环节，因此是本书研究的重点。同时，从市场行为的角度来看，旅游市场行为包括多个方面，涵盖旅游市场规划、旅游市场组织、旅游市场运作三个主要环节，我国旅游市场在这三个领域都存在不同程度的失范行为。

① 参见傅亚洲：《旅游市场失范及其治理研究》，武汉大学 2001 年硕士学位论文。

一、市场规划与开发行为失范

旅游市场规划是完整有序的旅游市场的前提保证，只有通过科学的旅游规划，才能明确旅游产业的发展目标、功能定位，合理分配旅游资源，并与经济发展和环境保护等目标相协调。目前，关于旅游市场规划的失范问题越来越引起重视。一个时期以来，中国旅游市场规划相关立法规制严重不足，为了利益追求涸泽而渔、焚林而猎，向自然过度索取的做法频频出现，失范行为大量存在。2014 年 12 月 22 日，全国人大常委会执法检查组在《关于检查〈中华人民共和国旅游法〉实施情况的报告》中指出："在旅游资源的利用中重开发轻保护、重经济效益轻环境效益的倾向依然存在；一些地方在旅游资源开发利用时缺乏统筹规划，或者有规划不落实，违法用地、过度开发、重复开发的现象仍不同程度存在。有些地方和企业开发利用旅游资源时没有处理好与当地居民的利益关系，居民、旅游者和经营者权益之间存在矛盾。一些景区没有协调好与文物保护、宗教活动等方面关系，个别地方甚至违法擅自拆建、改建文物古迹和历史文化古街等保护性建筑。"在旅游规划领域，失范行为主要是客观失范，很多问题缺乏相应的立法调整，造成旅游规划的无序状态。

旅游是一种文化消费活动，旅游景区的建设和开发不能肆意改变原有的文化格局，否则难以使游客获得原汁原味的审美体验。近年来，我国旅游景区规划与开发过程中出现的问题主要体现在以下几个方面：

（一）市场规划失范

旅游市场合理规划是有序开发的前提。从广义上讲，旅游规划主要指的是《旅游法》中规定的旅游发展规划，《旅游法》第十八条规定："旅游发展规划应当包括旅游业发展的总体要求和发展目标，旅游资源保护和利用的要求和措施，以及旅游产品开发、旅游服务质量提升、旅游文化建设、旅游形象推广、旅游基础设施和公共服务设施建设的要求和促进措施等内容……”从狭义上讲，旅游规划指的是对旅游资源进行开发的目标和具体措施进行预先总体设计的方案。笔者此处分析的是狭义的市场规划。

目前，我国对很多知名的旅游景区都进行了重新的规划，一些规划为承载着厚重的历史文化的景区楔入了过多的现代元素，破坏了景区历史风貌，有的景区甚至推倒重建，以假乱真。例如在1992年，山东省济南市曾不顾各种反对声音，以扩大规模满足客流需求为由拆除了1908年由德国著名建筑师赫尔曼·菲舍尔设计的堪称“远东第一站”的老济南火车站。山东建筑大学教授张润武在《济南老建筑》中评价说：“济南火车站不论是群体的组合，还是建筑个体的造型，乃至精美的细节部分，都不愧为20世纪初世界上优秀的交通建筑，是当时中国可与欧洲著名火车站相媲美的建筑作品。”[①]20多年之后，济南市终于后悔了当年的举措，打算重建原济南火车站，但是同样招致了人们的反对，因为大家怀念的是老车站所承载的历史文化，这是一个仅外形相似的赝品所不具备的；再如北京的前门改造，2001年北京申办奥运会成功后，考虑到前门重要的地理位置和当时商业环境老旧乱差的现状，政府将前门改造列入议题并经过16位专家的32次论证，开展了对前门地区600年来最大规模的、最彻底的修缮改造。按照这一方案，前门将按照清末民初时期的风貌复兴，修缮后的前门大街将成为商业步行街。此后，大批的老字号被暂时迁往别处，大批的历史建筑被拆除重建，终于在2008年的奥运会前夕，改造“大功告成”，整齐干净的前门大街呈现在中外游客的面前。可是，人们在游览的时候，会莫名地感到前门的“魂”没有了，因为它已经脱胎换骨——前门已经不再是过去的前门，不仅前门大街承载的几百年的商业文化没有了，就是新中国成立后经过公私合营所形成的具有那个年代的印记的建筑和文化也没有了。人们看到的仅仅是一堆没有灵魂的崭新的仿古建筑而已，又一条体现老北京风情的原生态街区在“现代文明”

---

① 付晓英：《济南老火车站：决绝拆除与草率复建》，《生活三联周刊》2013年第36期，http://www.lifeweek.com.cn/2013/0905/42313.shtml，最后访问日期：2020年7月30日。

的冲击下彻底沦陷。对此有学者评价道："前门大街的文化价值，早已随着古建筑的拆毁、老字号的消失、原住民文化的消解而无法重见天日。"① 对具有旅游资源价值的济南火车站和作为重要旅游景区的北京前门的改造可以说是中国近年来诸多失败的旅游规划案例的缩影，由于没有相关的制度规范和控制机制，旅游市场规划失范行为在我国很多地方仍大量发生，很多具有传统文化传承价值的旅游资源遭受了或正在遭受着严重的损害。

（二）开发行为失范

旅游资源的开发和生态的保护历来是一对较难协调的矛盾，我国在对旅游景区开发的过程中，忽略生态保护的现象比较严重。在《中华人民共和国旅游法》实施一周年之际，中央民族大学原博物馆馆长宋才发教授曾对贵州民族村寨文化旅游资源进行了实地调研考察。在考察中，宋教授发现我国的村寨文化旅游资源极其丰富，但近年来在开发的过程中存在很多的问题：首先，粗陋的城镇化冲击了村寨文化旅游业的根基，根据民政部的统计，"2002 年—2012 年，我国自然村由 360 万个锐减至 270 万个，10 年间减少了 90 万个自然村，其中包含大量有历史文化价值的传统村落。村落景观的凋落、山水体系的破坏、民居建筑的衰颓，以及大量以'文化'之名的乱搭乱建，都摆在我们面前"②。其次，过度开发和商品化扭曲了村寨文化的本意。以贵州省雷山县的西江苗寨为例，它由 10 余个依山而建的自然村寨连接成片，共有住户 1432 户、5515 人，其中苗族人口占 99.5%，人称"千户苗寨"。西江苗寨本来是一个原始生态保存完好的地方，但由于自 2008 年以来过度开发和缺少标准化的质量管理，硬件设施和经营质量参差不齐、服务随意性大、旅游经营同质化程度较高，因而大多数

---

① 张金起：《北京前门大街开街 5 年调查：前门修缮整治成公认败笔》，http://www.hkwb.net/news/content/2013-10/28/content_1992643.htm，最后访问日期：2020 年 7 月 30 日。

② 参见颜维琦：《古村落，我拿什么留住你》，《光明日报》2014 年 4 月 26 日，第 9 版。

旅客到达西江苗寨后，感受不到深刻的民族文化内涵和个性化的服务。[①] 其实，类似毁灭性的开发在我国的其他旅游景区乃至某些知名的旅游景点也普遍存在。

我国的很多景区都存在过度商业化的问题，一些著名的古城、古镇，如丽江、大理、凤凰等都存在不同程度的过度开发现象。此外，我国的很多旅游景区经营同质化明显。旅游也是一种文化创意传播过程，旅游产品的吸引力在于融入了独特的东西，但目前我国的旅游景点大同小异，旅游景区开发和建设互相模仿乃至抄袭其他景区或简单延续历史设计的做法比较普遍，很多景区没有形成有个性化的景区文化。对此，国外的一些做法值得我们借鉴，如美国的迪士尼乐园，虽然它纯粹是后天人为设计的商业化旅游景区，没有太多的历史积淀，但传递的独树一帜的迪士尼文化却使其具有持久的生命力。

总的来说，目前我国的旅游规划与开发越来越走向市场化，当然市场化并非都是错误的选择，关键是市场化是否契合本地旅游资源，是否开发的同时又在破坏。我国旅游资源千差万别，有的地方适合市场化经营，有的地方则不适合，因此应该针对不同的情况，分门别类地设计规划与开发的具体模式，以避免大量的负外部性问题的出现。实践中，作为公共资源代表的各级政府主管部门往往将旅游资源委托有关企业进行开发，这很容易出现失控的情况，因为“旅游企业没有完全的产权，对旅游资源的开发、经营权是暂时的，因而其经营侧重于短期目标。而代表国家对这些公共财产负责的政府，又因信息不对称、缺乏激励等原因，不能对旅游企业进行有效的监督”[②]。这种情况具有普遍性，也使得我国旅游市场规划与开发领域失范行为很容易发生。

---

① 参见宋才发：《村寨文化旅游业发展创新的法治问题探讨——以贵州民族村寨文化旅游业为例》，《北京市法学会旅游法学研究会2014年年会暨〈旅游法〉实施与完善研讨会论文集》，第44—46页。

② 郑亚章：《旅游市场失灵的原因分析》，《企业经济》2009年第6期，第140页。

二、市场组织行为失范

旅游市场失范的核心问题是旅游市场组织行为和市场运作行为的失范。就市场组织行为失范而言，主要是诸多不适格的主体进入市场领域，造成旅游市场主体鱼龙混杂，一些不法企业成为侵蚀旅游市场机体的害群之马。具体来说，旅游市场组织失范主要包括如下几种情形：

（一）外部组织失范

旅游市场的健康有序经营有赖于市场主体自身组织形式的规范化，按照我国现行立法的规定，旅游市场经营者一般都采用公司制的组织形式。但是在我国的旅游市场上，市场经营者身份不清的问题普遍存在，其中最主要的就是市场经营者的挂靠承包。

1. 挂靠承包的产生

旅行社的挂靠承包是我国旅游市场组织结构中颇具中国特色的问题。挂靠承包是在我国旅游业走向市场化的过程中逐步产生的，最初的企业承包是我国国有企业转换经营机制的有益尝试，对旅游业来讲，承包经营曾对推进旅游行业市场化进程、促进旅游业的发展与繁荣起到积极作用。但时至今日，以出借、出租营业许可为主要形式的挂靠承包经营则成为我国旅游业健康发展的障碍。近年来，旅游市场上的旅行社挂靠承包经营虽然是过街老鼠，人人喊打，但是仍有“野火烧不尽，春风吹又生”之势。2009 年新修订的《旅行社条例》在第十一条和第四十七条对旅行社服务网点的设置及转让、出租、出借旅行社业务经营许可证行为，也就是我们通常说的挂靠承包做了明确的规定，但是实践中这一规定仍常常被规避，很多地方旅行社的服务网点虽在形式上履行了登记手续，但仍存在挂靠承包关系。对于稍有点名气的较大的旅行社来说，存在挂靠承包现象更是公开的秘密。

目前我国旅行社的承包形式有多种，但大致可以分为两种类型，即内部承包与外部承包：所谓内部承包，就是在企业内部建立目标责任制，旅行社和承包人之间存在实质上的劳动合同关系，只不过在分配形式上将分配与收入挂钩，形成激励机制，这是合法的经营形式；而所谓外部承包，就是挂靠承包经营者通过向旅行社支付所谓的管理费，借用旅行社的名义进行经营，对外以旅行社的名义开展业务并独享业务收益，但其与旅行社之间不存在实质上的劳动合同关系，其经营行为完全脱离旅行社的管理，二者之间往往订立“君子协定”，约定挂靠承包经营者自己承担其营业行为责任。由于挂靠承包为现行法律所禁止，因此许多挂靠承包经营者为披上合法的外衣，通常会经旅行社同意采用诸如分社、门市部、经营部等名称，为甄别和管控带来很大麻烦。

2. 挂靠承包的主要形式

目前，在我国的旅游市场上，旅行社挂靠承包经营主要有以下几种方式[①]：

（1）以旅行社的服务网点即门市部形式进行挂靠经营，旅行社为服务网点办理相应的登记手续，取得非法人的营业执照，但是双方的权利义务泾渭分明。挂靠承包经营者与正规旅行社签订正式“挂靠”协议或合同，约定旅行社向挂靠承包经营者每年收取若干万元的“管理费”，同时还要缴纳一定数额的抵押金，挂靠网点税收自负、盈亏自负。这是看上去最“名正言顺”的一种挂靠形式。

（2）挂靠方承包旅行社经登记的服务网点，以该网点的名义进行经营，但是实际经营者非登记经营者，挂靠承包经营者业务自理，盈亏自负。如北京某假期旅游有限公司的“分部”，本身并不从事招徕和咨询服务，而是主要依靠朋友介绍业务。事后他们又作为中介，将客人移交给有经营资格的其他旅行社，并从中收取一定的费用。[②]

（3）租赁旅行社现有服务网点房屋进行挂靠经营，如租赁现有网点的

① 相关论述参见拙文：《旅行社承包挂靠问题的诱因分析与法律规制》，《旅游学刊》2012年第4期，106—107页。

② 参见罗伟、张岩：《旅行社“挂靠”经营引发的问题》，《工商行政管理》2001年第8期，第28页。

一间办公室或使用其电话的一个分机，与网点进行平行经营，双方在具体业务上互不相干。例如，北京市某自称“紫丁香之旅”的旅行社，只持有一张注册地在门头沟区的北京某假日旅游服务有限公司的营业执照复印件，便以该公司的名义开展海外组团旅游及代办出国签证等业务，并在组团中存在伪造公文证件的犯罪行为。①

（4）虚构网点，以经登记的旅行社的门市部名义进行经营。例如，北京市程锦旅行社是一家已被吊销营业资格的旅行社，通过挂靠协议现加入经正式登记的北京明都腾达旅行社进行所谓的“连锁经营”，并以“明都腾达旅行社西城门市部”的名义开展业务，但在“明都腾达旅行社西城门市部”发放的广告中，同时还宣传着自己的前身程锦旅行社。在该“门市部”组织的“八达岭长城＋十三陵”路线的北京“一日游”中，全程出现了虚假宣传景点、无合同、多次购物消费等违规情况。②程锦旅行社与明都腾达旅行社之间的关系，就是后者默许前者以自己并不存在的分支机构的名义挂靠经营。

（5）不依托网点，而是采用打游击的方式，通过事先约定由旅行社按照一定的比例或固定的数额向对方收取所谓的“业务费”，旅行社默许对方以自己的名义开展业务，并为对方开具相应的发票。例如，北京某国际旅行社注册地在朝阳区，其“分部”“大洋假日”设在东城区的一栋写字楼内，“分部”没有营业执照，但以“大洋假日”的名义对外发布广告并直接承揽组团业务，他们每年向挂靠单位上交一定的管理费，所用票据由该国际旅行社提供。③

按照通常的标准，旅行社的服务应该做到“人员、财务、宣传和线路”的“四统一”，但是这种显规则对挂靠承包经营者来说不难做到，他们往

---

① 参见罗伟、张岩：《旅行社“挂靠”经营引发的问题》，《工商行政管理》2001年第8期，第28页。

② 傅沙沙、张伟峰：《北京非法一日游挂靠正规军？》，《新京报》2009年5月3日，第A01版。

③ 参见罗伟、张岩：《旅行社“挂靠”经营引发的问题》，《工商行政管理》2001年第8期，第28页。

往通过相应的“潜规则”来规避显规则。一般来讲，挂靠承包的旅行社主要通过以下几种方式规避法律：从人员上来讲，旅行社可以与挂靠承包经营者签订没有实际履行的聘任合同，也就是说在它们之间存在一个阴阳合同。虽然双方在明示的合同中郑重其事地约定彼此的权利和义务，但私下还另行约定挂靠承包的权利和义务，明示的劳动合同主要用来应付有关政府行业主管部门的检查；从财务上来讲，被挂靠旅行社在很大程度上扮演着为挂靠承包经营者“洗钱”的角色。一般来说，挂靠承包经营者的所有业务往来都由旅行社代为出具正式发票，并由挂靠承包经营者自己承担开展业务的企业所得税，即在不公开的挂靠协议中大都包含代开发票内容的条款，使得旅游者很容易误认挂靠承包经营者就是旅行社的内设机构；从宣传上来讲，挂靠承包经营者或者经旅行社同意以旅行社名义租赁经营场所，或者由旅行社租赁经营场所交由挂靠承包经营者使用，无论哪种情况都是由挂靠承包经营者来缴纳租金。这样，在被“正名”的场所内，挂靠承包经营者可以顺理成章地以旅行社的名义从事招徕、接待活动；从线路上来讲，各大旅行社都会定期推出不同类型的旅游产品，每个旅游产品的服务都有相对固定的服务内容和标准。通过挂靠承包，挂靠承包经营者往往还混在其中推出自己的产品，但为了赚回挂靠的成本和获取更多的利益，其服务范围和质量几乎都要大幅降低。

（二）内部组织失范

1. 合同关系不规范

旅行社与导游、领队之间的关系属于劳动关系，双方通过劳动合同明确具体的用工形式。关于目前我国导游、领队的用工管理问题，有来自旅游实务部门的同志曾专门撰文对此进行了分析，将旅行社实际的用工形式分为三种情况，即“劳动合同”用工、“劳务合同”用工和临时用工。[①]第一种情况下，旅行社与导游、领队按照《劳动法》签订正式的劳动合

---

① 李广：《〈旅游法〉、〈劳动法〉背景下导游领队用工管理问题探讨》，参见《北京市法学会旅游法学研究会2014年年会暨〈旅游法〉实施与完善研讨会论文集》。

同，即他们是旅行社的正式员工，其优点在于保证了旅行社的员工队伍稳定和业务的连续性、导游收入稳定、对旅行社有归属感，其缺点在于旅游产品的供求关系有其特殊性，很多旅游项目并非具有持续性需求和供应的活动，而往往存在季节性、阶段性、周期性特点，这决定了旅行社与导游很多时候难以形成稳定持久的合作关系：一方面，在旅游淡季雇用过多的导游人员会增加旅行社的运营成本；另一方面，最能够持续吸引导游人员的是本次出团获利的多少，他们往往也并不十分情愿将自己固定在一家旅行社。第二种情况下，导游人事档案归属各地的“人才服务中心”，执业资格则由旅游政府主管部门下设的导游服务中心管理，只有在旅行社需要时双方才签订短期的用工合同，此间旅行社负担导游的劳务费和必要的人身意外伤害保险，其优点在于这样做到了导游和旅行社的各取所需，缺点在于难以保证导游活动的稳定性和连续性。这种形式也是《旅游法》颁布前旅游行业普遍存在的一种用工方式。第三种情况下，导游与旅行社之间并没有签订任何形式意义上的合同，只是旅行社在有出团的业务时临时找到导游从事本次导游服务，双方往往在报酬和保险等问题上也没有明确协议，而是靠以往的默契。这种情况下双方实质上是委托合同关系，但由于权利义务界限不清很容易产生纠纷，同时因导游的报酬没有基本保障，这样他们通过带团从旅游者那里谋求不法利益的可能性陡然增加。

下面，我们结合《旅游法》的规定来进一步分析上述导游用工制度的合法性与合理性。《旅游法》强调旅行社要与导游建立劳动合同关系，该法第三十七条规定：“参加导游资格考试成绩合格，与旅行社订立劳动合同或者在相关旅游行业组织注册的人员，可以申请取得导游证。”可见，导游证的取得相对还算宽松，申请人如果在相关旅游行业组织注册，即便没有与旅行社订立劳动合同，也可以取得导游证。关于旅行社的用工形式《旅游法》第三十八条分两种情形分别作出规定：第一种是针对固定的劳动关系，规定旅行社应当与其聘用的导游依法订立劳动合同，支付劳动报酬，缴纳社会保险费用；第二种是针对临时聘用的劳动关系，规定旅行社临时聘用导游为旅游者提供服务的，应当全额向导游支付该法第六十条第三款规定的导游服务费用。旅行社安排导游为团队旅游提供服务的，不得要求导游垫付或者向导游收取任何费用。在法律后果上,《旅游法》也规定了相应的惩罚措施，该法第九十六条规定：旅行社未向临时聘用的导游支付导游服务费用的、要求导游垫付或者向导游收取费用的，由旅游主管部门责令改正，没收违法所得，并处五千元以上五万元以下罚款；情节严重的，责令停业整顿或者吊销旅行社业务经营许可证；对直接负责的主管人员和其他直接责任人员，处二千元以上二万元以下罚款。可见,《旅游法》试图通过明确界定旅行社与导游之间的劳动关系，为导游提供执业保障，从而避免导游以散兵游勇的形式从事导游活动，借此维护团队旅游市场秩序。但是，这样的立法目标在实践中很难实现，旅行社与导游、领队之间的关系问题是一对徘徊在“离”与“合”之间的矛盾，从各自利益的角度，他们都希望自己能够各取所需，对方则可以招之即来挥之即去，签与不签合同让人左右为难。对此问题,《旅游法》的规定立法只是对现存用工制度的认可，并没有提出更切实有效的新措施，实践中《旅游法》第六十条第三款有关导游服务费用的规定也很可能会落空。为了配合《旅游法》的实施，2013 年 9 月 2 日原国家旅游局下发了旅发〔2013〕280 号《关于执行〈旅游法〉有关规定的通知》，对《旅游法》第三十七条导游证的取得，该通知解释为：“‘与旅行社订立劳动合同的人员’是指订立固定期限或者无固定期限劳动合同的人员。导游资格考试成绩合格、并未与旅行社订立劳动合同的人员申请导游证，应当依法在相关旅游行业组织注册。‘相关旅游行业组织’是指设区的市级以上地方依法成立的导游协会、旅游协会成立的导游分会或者内设的相应工作部门。”

2. 薪酬机制不健全

导游的薪酬机制问题，是旅游管理学界多年来一直探讨的问题，也是导游与旅行社合同关系问题的延续，即旅游企业的用工制度决定了导游的薪酬待遇。按照《旅游法》第三十八条的规定，如果旅行社与导游订立了劳动合同，则旅行社应当向导游支付劳动报酬，为导游缴纳社会保险费用；如果旅行社临时聘用导游为旅游者提供服务，应当全额向导游支付本法在包价旅游合同中载明的导游服务费用。实践中，我国导游的薪酬待遇普遍偏低、社会保障措施明显偏差的问题多年来一直未解决。20 世纪 80

年代，我国“国中青”三大旅行社及其在各地的分社，均为全民所有制事业单位，导游人员为国家事业编制单位人员，在工资待遇上与其他事业单位并无二致，虽然在带团接待的过程中，导游人员也存在赚取回扣问题，但是并不十分普遍，对于导游来讲他们是“体制内”的人，明确的外在约束和无形的自我约束都促使他们大都能够按章办事，也不想因为自己的一时违规失去这个“铁饭碗”。但是，从20世纪90年代初期开始，旅游企业普遍改制，旅游行业经营全面市场化后这个铁饭碗就不存在了，导游人员与旅游企业之间的关系变为合同关系，导游的薪酬机制也发生了根本变化。21世纪初期，导游的基本收入已经普遍偏低，2006年对广西南宁市旅游市场的调查显示，当地导游月平均收入在1000元以下的比例高达70.27%，在1000—1500元之间的有21.62%，在1500—2000元的有5.41%，在2000元以上者仅有2.7%。近几年，随着旅游行政部门对导游队伍管理日益规范，有些地方导游人员“隐性收入”也开始减少，从而导致导游人员总收入更为减少。[①]2008年，中国社会科学院旅游研究中心发布的《中国旅游绿皮书》指出，即使在首都北京市，全职导游也面临类似的处境，他们“80%以上的人很少有或者根本没有基本工资，主要收入来源为拿‘回扣’的人所占比例为51%。80%以上的被调查者对现行的导游人员薪酬机制感到不满意或难以接受，只有1%的导游对自己目前的薪酬待遇感到满意。这种机制下，由于没有相应的法律法规来保障导游的收入权益，他们只好拿取不合法的‘回扣’获取收入”[②]。那么，在《旅游法》颁布之后，这种情况是否有所改变呢？2014年，不同的学者分别对江苏省一大一小的两个城市的调查显示，发现这一局面并没有得到太大的改善：在省会城市南京，92%的导游没有基本工资，只是在有团带时才有收入。而且像其他旅游城市一样，南京旅游市场的淡旺季也较为明显，一般每年的4

① 参见李星群、文军：《南宁市旅行社导游现状调查及对策分析》，载《广西大学学报（哲学社会科学版）》2006年第5期，第14页。

② 杨步月：《专家指出：我国导游人员生存状况令人担忧》，http://www.cntour2.com/viewnews/20080501/gov/2008519363412.htm，最后访问日期：2020年7月30日。

月初到10月中旬为旺季，其余时间为淡季，淡季时导游数月的收入甚至为零。在收入结构上，调查对象中83%的导游收入由“购物回扣+加点小费”组成，9%的导游收入由“购物回扣+加点小费+带团补贴”构成，8%的导游收入由“购物回扣+加点小费+带团补贴+基本工资”构成。[①]在作为中小城市的太仓市，专职导游基本工资仅为1200元左右，兼职导游更是无基本工资，只能靠“出团补贴”赚取收入。一般来讲，一名导游出一天团可以获得100—150元的带团费。这样，导游往往只能通过带游客去购物点、自费景区以收取“返点”等不正常方式获得报酬，这一比例一般为10%—30%。[②]

通过上面分析可以看出，旅行社与导游之间松散型的劳资关系决定了导游的薪酬不能像其他全员用工行业那样具有确定性和稳定性，这又进一步造成旅行社对导游在管理上的不到位，在相应的考核、奖惩、培训等方面也往往失去改进的动力，这样导游在带团时各种不规范行为就更层出不穷，旅游市场环境进一步恶化。

三、市场经营行为失范

目前，我国旅游市场问题的重灾区就是各类经营者对旅游者权益的肆意侵害。在比较混乱的市场环境下，违法经营不仅包括具有合法身份的旅游经营者实施的违法行为，同时还包括在规模不小的外部市场上不法经营者的非法经营行为：不法业者一方面通过不正当竞争侵袭着合法经营者的市场份额，破坏了良性的市场格局；另一方面对旅游者权益的侵害使得旅游市场的失范更加严重。

---

① 参见董红艳、卢月霞：《南京市导游人员生存现状研究》，载《学习与思考》2014年第5期，第75页。

② 参见廖燕平：《太仓市导游人员生存现状调查及对策研究》，载《科教文汇》2013年10月（下），第205页。

（一）无资质的非法经营

1. 无证经营

在中国旅游市场上，无证经营行为即旅游市场的“黑市交易”大量存在。无证经营具有一定的隐蔽性，它既逃避税收又使各类侵犯旅游者权益的行为脱离正常监管。当下中国旅游市场上无证经营行为大量产生，有其主观原因和客观原因。

就客观原因来讲，对于那些利润率偏低人们根本不愿意从事的行业，也就谈不上无证经营，无证经营的产生恰恰在于这一行业有丰厚的利润回报，在强烈的逐利动机驱使下人们甘冒风险。在《资本论》中，马克思曾引用托·约·登宁的话：“如果有 10% 的利润，资本就会保证到处被使用；有 20% 的利润，资本就能活跃起来；有 50% 的利润，资本就会铤而走险；为了 100% 的利润，资本就敢践踏一切人间法律；有 300% 以上的利润，资本就敢犯任何罪行，甚至去冒绞首的危险。”[①] 旅游行业恰是如此，它虽不能被称为暴利行业，但是如果经营者会“花心思”的话，获得高额的利润也并非十分困难，如有报道显示在日本接待中国游客的中国籍“黑导游”，一个月下来，“从游客的购物回扣和巧立名目收取游客各种费用的收入，就可以达到 100 万日元（约 8 万元人民币）”[②]。

就主观原因来讲，如果市场监管不力则无证经营行为也会愈演愈烈。按照理性经济人的假设，在权衡利润和风险的情况下，如以较小的风险能够换来较丰厚的利润，哪怕行为不符合规范，我们也不能认为人的选择都是非理性的。实际上，旅游行业就处于这样的状态，目前中国旅游市场无证经营行为的分布有这样几个特点：（1）特定地域。一般来讲，无证经营的行为大量发生的地域都是旅游资源丰富、旅游业比较发达的地区，如北京、上海、广州、青岛、杭州、厦门等主要旅游城市。在主要旅游城市的

---

① 中共中央马克思恩格斯列宁斯大林著作编译局：《马克思恩格斯全集》第 17 卷，第 258 页。

② 《揭开中国游客赴日本三大骗，看完你还想去日本吗？》，https://www.sohu.com/a/136004624_114782，最后访问日期：2020 年 7 月 30 日。

重要地段和主要景点周围，经常遍布着各种散发小广告、诱使游客参加超低价旅游团的揽客人员。例如，在北京的重要交通枢纽和主要地铁站点外，至今仍存在大量散发虚假广告的行为，一些人假冒他人商业名称，虚构合法经营者身份引诱不明真相的旅游者参加旅游活动，在活动中实施欺诈、强制购物等严重损害旅游者利益的行为。（2）特定区域。在很多旅游城市，都有可作为当地名片的明星景区，而这些区域也是无证经营行为泛滥的重灾区。此前，笔者曾走访过国内若干个著名景区，都遭遇不同形式的“特色服务”：在山东曲阜的孔林，自称是景区导游的人会主动为你提供有偿讲解服务；在河北秦皇岛的老龙头景区，身穿志愿者服装的人帮你主动购票，销售的是针对秦皇岛市民的假日免费票；在云南大理景区，身穿民族服装的姑娘拉着游客有偿照相……此外，在很多地方还存在诱使旅游者参与互动娱乐活动的情况，如通过抛绣球、“成亲”等形式向旅游者索要高额费用。（3）特定产品。无证经营是没有经过行政许可从事的经营活动，相关的“旅游服务”游离于市场监督管理和旅游行业管理主管部门的日常监管之外。其中，最为典型的无证经营行为莫过于“非法一日游”，它是各级文化旅游行政主管部门打击的重点。对此也存在监管上的困难，如即使在首都北京，市文化旅游行政主管部门多年来一直致力于打击非法一日游，但是迄今这种行为不仅没有销声匿迹，一度还很猖獗。在浙江杭州，早在 2000 年 12 月 24 日杭州市人民政府就制定了《杭州市“一日游”管理办法》，对“一日游”进行了定义，对政府的管理职能、发展规划、审核条件、违规处罚等都做了相应的规定。由于较早将“一日游”活动纳入法制轨道，杭州市也是成为全国“一日游”市场秩序比较好的城市之一。但是即便如此，原浙江省旅游局的有关领导也承认，“非法一日游”的情况很难治理，省旅游局的办公楼就在西湖边上，自己每天上班的时候都会看到“野导”在西湖边上拉客，旅游部门付出很大的努力却难以杜绝类似行为的发生。（4）特定依托。近年来，在我国东北地区，一些保险公司、保健品销售公司及其工作人员，以组织旅游为由引诱一些中老年人购买其保险产品或保健品的情况屡屡发生，旅游活动的组织者往往并不具备营业资质，旅游活动期间常常出现欺诈消费的行为。由于这种非法组织旅游活动以更为隐蔽的形式出现，对此还更缺乏有效的监管。（5）特定媒介。在信息化时代，网络成为信息传递的主渠道，在我国很多地方利用各种团购网站、“微信群”等形式招徕游客组织旅游活动的情况时有发生，由于通过网络自发组织旅游活动媒介形式多样，相关的财务信息也没有明确凭据，这使得监管部门很难获取定案证据，在处理上也缺乏明确的法律依据，对此类组织旅游活动难以进行有效监管。

对于无证经营的行为，我国《旅游法》第九十五条规定：未经许可经营旅行社业务的，由旅游主管部门或者工商行政管理部门责令改正，没收违法所得，并处一万元以上十万元以下罚款；违法所得十万元以上的，并处违法所得一倍以上五倍以下罚款；对有关责任人员，处二千元以上二万元以下罚款。尽管《旅游法》规定，对于非法经营行为由旅游主管部门或者市场监督管理部门进行处罚，但是旅游主管部门只能对纳入其监管范围内的旅游企业实施的违法行为进行处罚，对于无证经营者却很难进行执法。对于市场监督管理部门来讲，其监管的范围非常广泛，对旅游市场的监管可能会出现因力量分散无暇顾及的情况。同时，《旅游法》就同性质的行为设计了两类执法主体，立法者的本意是认为这样可以加大惩处力度，但是在具体操作环节，可能会出现两类主体都倚靠对方而放弃执法的情况，这反倒削弱了执法力度。因此，如何界定不同执法主体的具体执法权限、建立协同执法的机制，是我们需要解决的问题。

2. 越位经营

从商法的角度来看，商事主体的经营范围是其商事能力的界限，企业如果超越经营范围经营就属于违法。我国旅游立法也分不同情况对旅游企业的经营资质进行了界定，如旅行社的出境游资质、作为分支机构的网点和门市部的资质等，界定的意义在于通过行业监管保障企业在其权利能力和行为能力范围内进行经营，以保障交易安全、维护交易秩序。对于超范围经营的法律责任，有关立法也做了较为明确的规定，我国《旅行社条例》第四十六条规定：对于未取得相应的旅行社业务经营许可，经营国内旅游业务、入境旅游业务、出境旅游业务的，分社的经营范围超出设立分社的旅行社的经营范围的，旅行社服务网点从事招徕、咨询以外的活动的，由旅游行政管理部门或者工商行政管理部门责令改正，没收违法所得，违法所得10万元以上的，并处违法所得1倍以上5倍以下的罚款；违法所得不足10万元或者没有违法所得的，并处10万元以上50万元以下的罚款。《旅行社条例实施细则》第十八条规定：旅行社分社及旅行社服务网点，不具有法人资格，以设立分社、服务网点的旅行社的名义从事《条例》规定的经营活动，其经营活动的责任和后果，由设立社承担。

虽然如此，但是实践中旅游经营者超范围经营的情况早已屡见不鲜。例如，2013年原国家旅游局旅办发〔2013〕207号《国家旅游局办公室关于典型案例的通报》发布的“上海华夏国际旅行社虹桥营业部超范围经营被处罚案”的案例：上海华夏国际旅行社虹桥营业部于2013年10月22日在新民晚报刊登“韩国好客山东–A车、客轮串线游日照、韩国首尔豪华客轮6日游1980元/人”广告。经原国家旅游局暗访组会同原上海市旅游局、上海市文化执法总队于10月24日对该营业部进行了突击检查，现场发现了6份已签订的旅游合同和要求游客签字表示自愿前往韩国当地5家购物场所的补充合同。据调查，该营业部在未取得总部授权的情况下以上海华夏国际旅行社有限公司名义与山东海峡国际旅行社有限公司签订委托接待协议。上海华夏国际旅行社虹桥营业部从事招徕咨询以外的活动，违反《旅行社条例》第十一条第二款，根据《旅行社条例实施细则》第十八条和《旅行社条例》第四十六条的规定，上海市文化执法总队对其处以责令改正，罚款十万元。在利益的驱动下，旅游企业类似的“出格”行为并非个案。

（二）有资质的违法经营

1. 双方商行为——市场恶性竞争

（1）不合理低价游

我国《旅游法》第三十五条第一款规定：“旅行社不得以不合理的低价组织旅游活动，诱骗旅游者，并通过安排购物或者另行付费旅游项目获取回扣等不正当利益。”其中“以不合理的低价组织旅游活动”就是我们此前常说的“零负团费”。“零负团费”是我国旅游市场经营中一种颇具中国特色的怪现象，其积习已久。所谓“零负团费”，指的是在旅游经营活动中，旅行社向旅游者收取的旅游服务费用价格等于或低于组织旅游的运营成本费用。为了进一步明确《旅游法》的规定，原国家旅游局发布了旅发〔2013〕362 号《关于严格执行旅游法第三十五条有关规定的通知》对此进行了解释：“旅行社以低于接待和服务费用的价格或者行业公认的合理价格提供旅游服务，且无正当理由和充分证据证明的，应认定为‘以不合理的低价组织旅游活动’。”在当下的中国旅游市场，这一违背市场规律的做法已经逐渐发展成为一种“常态”的经营模式。

从形式上看，“零负团费”首先反映的是旅行社的定价机制问题，对此我们可以从经济法的角度来进行分析。在市场经济条件下，旅行社是独立的市场经营者，其市场行为应该拥有很大的自主权。按照营业自由的商法原则和我国《价格法》第十八条的规定，除非与国民经济发展和人民生活关系重大的极少数商品价格、资源稀缺的少数商品价格、自然垄断经营的商品价格、重要的公用事业、公益性服务价格在必要时实行政府指导价或者政府定价外，其余的商品或服务实行市场调节价，由经营者依照自主制定。可见，按照《价格法》的规定，旅行社在旅游经营活动中收取的团费的价格并不属于政府指导价或者政府定价的服务价格，而属于该法第十一条规定的经营者有权自主制定的市场调节价格。这样来讲，从《价格法》的角度来看“零负团费”本身并不具有违法性。不过，按照《价格法》第十四条第四项的规定，经营者“利用虚假的或者使人误解的价格手段，诱骗消费者或者其他经营者与其进行交易”的行为属于不正当价格行为。对此，原国家计委在 2008 年 8 月还发布了《关于认真贯彻〈价格法〉严格规范市场价格竞争秩序的通知》，该通知第一条第二项规定：“严格禁止低价倾销。低价倾销行为主要是一些企业为排挤竞争对手，以降价促销为名，用低于成本的价格销售，挤占市场份额。低价倾销行为会导致市场价格信号失真，扰乱正常的市场竞争秩序，阻碍企业之间开展公平竞争，造成国有资产的流失和国家税收的减少，误导社会投资和消费趋向，影响扩大内需政策的实施效果，违反了《价格法》的基本精神，应当予以禁止和规范。”基于上述认识，根据产生的原因和表现形式，旅行社的“零负团费”

行为具体包括以下几种情形：

第一，正常促销低价模式。市场经济广泛的自由度决定了经营者的经营方式多种多样，促销手段也往往花样翻新，如各个商场在年终的商品打折季，淘宝网、京东商城等电商在店庆日和“双十一”等特定日子进行的打折促销活动。从理论上看，旅行社的经营活动与此并无本质不同，如有的旅行社为了做广告推出数量有限的“1 元钱游香港”“1 元钱游台湾”的活动，就是为了达到广告效应而推出的“零负团费”活动。另外，由于旅游活动的季节性明显，很多旅行社往往会在旅游淡季进行一系列的促销活动，推出部分“零负团费”产品。以海南旅游为例，本线路就具有明显的季节性，春节期间是不折不扣的旺季，而暑期对海南旅游则是典型的淡季，这样在旺季报价 4500 元的线路，在淡季可能只要 2300 元。旅行社基于促销的考虑，偶尔零散地推出特价的产品，类似于一种广告投资，如果基于这样的出发点，“零负团费”跟旅游服务质量的降低之间就不存在必然联系。

第二，扭曲成本低价模式。在现实中，更多的旅行社采用“零负团费”的方式推出旅游产品，实际上是为了引诱旅游者参加自己的组团活动，从而为自己获取利益提供可能性。在这一可能性下，就会衍生出各种进一步的可能性，如欺骗消费、收取回扣、强制购物、改变行程、降低服务标准等。从这个角度来看，旅游市场监管者大都将“零负团费”视为万恶之源，希望能够通过从杜绝“零负团费”入手规范旅游服务中的各种不规范行为。在这一模式下，旅行社推出的众多旅游产品具有普遍、明显低价的特点，当然“零负团费”也是明示的，让人一目了然。旅行社推出低价产品的初衷也是能以此取得额外的预期收益，也就是说通过“零负团费”能够获得客源，然后通过后续的不规范行为获取利润。

第三，降低成本低价模式。在旅游市场经营活动中，不同经营者的经营能力和经营方式存在很大的差异，同样的旅游线路不同旅行社的运营成本也各不相同，究竟什么算是不合理低价有时确实难以确定，因此很多人质疑《旅游法》第三十五条关于“不合理的低价”的规定的可执行性。不过，《旅游法》没有沿用《旅行社条例》中的“低于旅游成本的报价”的提法，否则成本的计算更是一个难题。实践中，有个别旅行社的团队游报价看上去的确像“不合理的低价”，但是如果我们深入地分析其市场运作中的各个环节独特的方法，就会发现不合理低价的底线并不容易确定。例如，此前北京旅游界出现的“海涛假期”经营模式，使我们对旅游企业的定价机制问题有了重新的认识，其主要做法体现在以下两个方面：一是以极低的价格吸引客源，在达到聚拢大量游客资源的效果后，便开始和酒店、航空公司、车队等履行辅助人谈判，从对方那里获得更低的报价；二是海涛国际旅行社买下了日本祥和国际旅行社、日本祥和汽车公司和当地一个酒店，在日本游线路上实现从境内组团到境外接待全程由自己把控等。① 虽然后来该企业面临资金链断裂的窘境，也存在一定的违规行为，但是它的一些经营理念仍有进一步探讨的价值。

通过上述分析可以看出，对“不合理低价”问题需要科学的界定，我们绝不能简单地因“低价”就认定行为违法并加以否定，这其中存在各种深层次的原因，需要我们在厘清其内在机理的基础上做出客观评价。

（2）虚假宣传

在旅游市场经营活动中，通过各类媒体发布广告本是旅行社招徕游客的重要手段，但是在我国的旅游市场上，旅行社进行虚假宣传的情况大量存在。通过虚假宣传，旅行社一方面可以通过各种“优惠条件”吸引消费者，扩大市场份额，排挤竞争对手；另一方面可以引诱旅游者与自己订立合同以谋取不正当利益。我们通过调研，发现旅游企业的虚假宣传主要包括以下几种形式：

第一，虚假宣传经营资质。a. 虚构经营资质，即谎称自己具有某方面旅游业从业资格。例如，在北京曾有一家名为“北京市金水桥旅行社”的单位利用外地游客对北京旅游经营的接待资质不熟悉的情况，在位于人民大会堂南侧的办公场所门前，用大喇叭打广告宣传自己的长城“一日游”产品，言称自己是北京市唯一的国营“一日游”单位。在游览完返程的路

---

① 参见陈杰：《海涛旅游：行业公敌的金融“把戏”》，载《北京商报》2014 年 7 月 29 日，第 5 版。

上，他们会经停一个购物点，但也对游客宣传这个购物点是“北京市旅游局”规定必须去的，不过不会强制购物。[①]但实际上，北京市并不存在什么唯一的国营“一日游”单位，原北京市旅游委更不可能指定任何购物场所。实践中，很多旅行社就是采用类似的做法，虚构或片面夸大自己具有某些看似诱人的条件，使游客上当受骗。b. 虚构经营范围，即虽具有从业资格，但进行超越经营范围的宣传。在原国家旅游局 2011 年公布的十大恶性旅游案例中，有两件都是旅行社虚构自己的经营范围，如深圳市旅游企业违规经营赴台旅游案：深圳市的两家旅行社和某会议会展策划有限公司，未取得出境旅游业务经营许可，也不具备经营赴台湾旅游业务的资质，却分别以未经合法注册的“××商旅台湾游全国集散中心”“台湾两岸情假期”和“台旅假日”名义发布虚假宣传广告进行旅游招徕业务，并以“商务考察”为名，用游客个人因私护照为其办理赴台手续，违规组织旅游者赴台旅游活动。深圳市文体旅游局依据《旅行社条例》第四十六条的规定，对上述违规企业处以责令立即改正，并分别处人民币 20 万元、10 万元和没收违法所得人民币 7500 元，并处罚款 10 万元的行政处罚。[②]

第二，虚假宣传线路特征。a. 虚假宣传报价。例如，重庆某旅行社有限公司秀山门市部于 2012 年 10 月 25 日与重庆亿商广告有限公司秀山分公司签订《广告发布协议》，约定在某广告期刊刊登虚假文字内容进行广告宣传。2013 年，重庆某旅行社有限公司秀山门市部在某广告期刊刊登“昆明大理丽江双飞 6 日 830 元”的广告，但后来实际收取价格与广告宣传不符。有关主管部门认为，当事人的行为涉嫌违反《重庆市反不正当竞争条例》第十三条的规定，并根据《重庆市反不正当竞争条例》第四十一条第一款的规定，对当事人做出责令改正违法行为和罚款5000元的决定。[③]

---

① 胡永平：《京旅游委：唯一国营“一日游”旅行社是虚假宣传》，http://www.china.com.cn/travel/txt/2013-07/10/content_29382438.htm，最后访问日期：2020 年 7 月 30 日。

② 参见国家旅游局公布的 2011 年 10 大恶性旅游案例，http://topics.gmw.cn/node_25709.htm，最后访问日期：2020 年 7 月 30 日。

③ 张玉莲、杨再新：《旅行社虚假宣传被查处》，载《武陵都市报》2013 年 10 月 17 日版。

b. 虚假宣传服务标准。2014 年，蔡先生参加 ×× 旅游网组织的“西班牙、葡萄牙两国 12 日游”活动，17200 元的团费虽然较其他旅行社高出几千元，但是由于比较看中行程中的几个亮点：乘坐空客 A380 大型客机、入住四星级酒店、行程中有一段路程乘坐高铁、到当地米其林一星餐厅用餐，所以还是报名参团了。但是后来他发现，×× 旅游网的很多宣传是不真实的：旅行社改变行程导致游览时间紧张，最后漏掉两个景点；参观重要的景点阿尔罕布拉宫所用时间由行程上说的两个小时变成一个小时；没有到真正的米其林一星餐厅用餐。① 为此，蔡先生向中央人民广播电台经济之声《天天 315》节目投诉了 ×× 旅游网。

《旅游法》第九十七条规定，对于旅行社进行虚假宣传，误导旅游者的行为，由旅游主管部门或者有关部门责令改正，没收违法所得，并处五千元以上五万元以下罚款；违法所得五万元以上的，并处违法所得一倍以上五倍以下罚款；情节严重的，责令停业整顿或者吊销旅行社业务经营许可证；对直接负责的主管人员和其他直接责任人员，处二千元以上二万元以下罚款。虽然立法规定了较为严格的惩罚措施，但是实践中旅行社虚假宣传仍多种多样且屡禁不止。

2. 单方商行为——市场无序交易

在我国旅游业的活动中，由于旅游经营者与旅游者之间存在严重的信息不对称，经营者往往利用其垄断或强势地位侵害旅游者权益。

（1）滥用垄断地位

旅游活动的核心在于“游”，这决定了作为旅游资源提供者的旅游景区在旅游市场上的地位举足轻重。不同类型的旅游景区在旅游市场上的影响力不同，很多利用公共资源建设的旅游景区，或因其深厚的人文历史文化底蕴，或因其独特的自然景观风貌受到广大旅游者的青睐。但是，由于旅游资源又是不可复制的，这决定了旅游景区经营的垄断性，这样某些公共旅游资源很容易被不当利用。近年来，国内越来越多的旅游景区开始画

① 《途牛网欧洲高端旅行涉嫌虚假宣传　用户称服务缩水》，http://it.people.com.cn/n/2014/1209/c1009-26172433.html，最后访问日期：2020 年 7 月 22 日。

地为牢，谋取垄断利益，独占对某些旅游资源收益的权利，其中最常用、最简单和最直接的获利方式就是肆意抬高景区门票价格，从而造成我国旅游景区门票价格失范。

首先，我国多数旅游景区门票绝对价格偏高。在此，笔者选取了境外某些国家和地区的若干著名旅游景区和我国内地31个省、自治区和直辖市各一家5A级景区，对它们的门票价格和居民人均月收入的比例进行对比研究（见表一、表二）。

表一：2013年世界有关国家和地区著名景区门票价格与居民收入

所在国家	景区名称	人均国民收入（美元）	门票价格（美元）	门票价格占月收入比例
美国	黄石国家公园	53470	25	0.56%
法国	卢浮宫	43520	16	0.44%
泰国	大皇宫	5340	15	3.37%
英国	大英博物馆	41680	0	0%
印度	泰姬陵	1570	12（外国人）	11.34%
			0.31/1.73（本国人不同时段）	0.23%/1.32%
韩国	济州岛	25920	45	2.08%
希腊	雅典卫城	22690	13	0.68%
意大利	罗马斗兽场	35690	13	0.44%
日本	富士山	46330	10	0.26%
埃及	金字塔	3140	5	1.91%

表二：2014年我国主要景区门票价格与居民收入

（当年人均可支配收入为20167元）

序号	省份	景区名称	门票价格（元）	景区门票价格占全国人均月收入比例
1	北京	故宫博物院	60	3.57%

续表

序号	省份	景区名称	门票价格（元）	景区门票价格占全国人均月收入比例
2	天津	蓟县盘山风景名胜区	130	7.73%
3	河北	承德避暑山庄及周围寺庙景区	280	16.66%
4	山西	大同云冈石窟	120	7.14%
5	内蒙古	鄂尔多斯响沙湾旅游景区	120	7.14%
6	辽宁	大连金石滩景区（联票）	100	5.95%
7	吉林	长白山景区：北、西景区	125	7.44%
8	黑龙江	牡丹江镜泊湖景区	80	4.76%
9	上海	东方明珠广播电视塔	160	9.52%
10	江苏	苏州园林：拙政园	90	5.36%
11	浙江	杭州千岛湖风景区（联票）	215	12.79%
12	安徽	黄山市黄山风景区（联票）	230	13.69%
13	福建	厦门鼓浪屿风景名胜区（联票）	100	5.95%
14	江西	九江庐山风景名胜区（联票）	180	10.71%
15	山东	泰安泰山景区（联票）	127	7.56%
16	河南	洛阳龙门石窟景区（联票）	120	7.14%
17	湖北	神农架生态旅游区（联票）	319	18.98%
18	湖南	张家界武陵源—天门山旅游区（联票）	248	14.76%
19	广东	广州韶关丹霞景区	200	11.90%
20	广西	桂林漓江风景区（漂流）	210	10.41%
21	海南	三亚南山文化旅游区（天涯海角）	85	5.05%
22	重庆	大足石刻景区（联票）	170	10.11%
23	四川	阿坝州黄龙风景名胜区	200	11.90%
24	贵州	安顺黄果树瀑布景区	180	10.71%
25	云南	丽江玉龙雪山景区	105	6.24%
26	西藏	拉萨布达拉宫景区	200	13.11%
27	陕西	西安秦始皇兵马俑博物馆（学生免费）	150	8.92%

续表

序号	省份	景区名称	门票价格（元）	景区门票价格占全国人均月收入比例
28	甘肃	嘉峪关文物景区：莫高窟	160	9.52%
29	宁夏	石嘴山沙湖旅游景区	60	3.57%
30	青海	青海湖风景区	100	5.95%
31	新疆	昌吉州天山天池风景名胜区	100	5.95%
全国平均			147	9.04%

通过上述表格可以看出，在我国内地列入统计范围的景区门票价格与国民月收入之比最低的为3.57%，最高的达到18.98%，平均为9.04%，而在境外同样的比例大都不超过1%，最高的仅为3.37%，最低的则为免费。由此可见，我国景区门票绝对价格高是不争的事实。一般认为，景区门票价格与国民月收入之比为1%是比较合适的，在境外发达国家和地区这一比例几乎均不到1%，如果按照这一标准，我国景区的门票平均价格应该为16.9元，但是这样的价格在我国内地的5A级景区中已难觅踪影。

其次，我国旅游景区门票价格的调整（几乎都是涨价）在很大程度上处于失控的状态。虽然现行规范性文件对旅游景区门票涨价已经有比较明确的规定，但是近年来国内众多知名旅游景区却置若罔闻，门票价格几乎每隔一段时间就翻新，可谓扶摇直上。以江苏扬州瘦西湖景区为例，从20世纪90年代开始，瘦西湖的门票价格就先后由最初的几角钱上涨到20多元；到了2002年，景区门票价格涨至40元，2005年又涨至60元；2007年9月，按照《扬州市旅游参观点门票加价格管理实施细则》的规定，旅游景区门票可实行淡旺季价格，这样景区将其门票价格调整为淡季60元，旺季90元；2012年10月10日起，景区又开始实行120元的基准票价；但是不到半年，瘦西湖景区又再次决定从2013年3月1日起执行旺季150元的票价，后来又调回到旺季100元。对此前频繁地涨价，当地物价管理部门竟认为这不是调价，而是执行旺季票价，因此连听证会都不需要召开。这样在10年多的时间里，瘦西湖景区的门票翻了近两番。再如新疆某些一线景点的门票价格近年来也是一路上扬，天池风景区的门票2001年为45元，2004年为60元，现在旺季为125元；喀纳斯风景名胜区门票价格在2000年仅为20元，2004年达到100元，现在旺季为160元。上述情况并非个案，关于当下中国知名景区的门票价格，中国社会科学院旅游研究中心发布的《2013年我国4A、5A级旅游景区门票价格分析报告》指出，“目前我国5A景区门票价格在100—200元的占半数之多，11家景区旺季门票价格超过200元在所有5A级景区中，门票价格在100—200元的占多半（共有81家，占52.9%），其次为50—99元（共39家，占25.49%），门票价格在20—49元和在200元以上的分别为12家和11家，各占7.84%和7.19%，价格在1—19元的有2家，占1.31%，另有8家5A景区实行免票政策……2013年，中国所有5A级景区平均票价为109元”。[①] 报告还指出，“2008年1月到2013年4月这5年多时间里，我国153家5A级景区中先后进行了门票价格调整的为32家，占比20.26%。其中，有5家景区先后进行了2次调整，分别是池州市九华山风景区、泉州市清源山景区、宁夏银川镇北堡西部影视城、大同市云冈石窟、上海野生动物园。32家进行调价的景区，2013年的平均门票价格（133元）较2008年的平均门票价格（94元）增加了39元。分析价格上涨情况可见，涨价16—30元的最多，共有14家；涨价31—60元的，共计11家；涨价61—90元的3家”[②]。可见，景区门票价格上涨是当下中国旅游业界的一个新常态，最终使得旅游景区的门票价格猛于虎也。就目前来讲，“全国门票低于60元的5A级景区不到30%，门票高于200元的景区越来越多。有的省会城市所有景区看完，门票需要2000多元钱，仅门票花费就已经相当于到东南亚或韩国旅游的费用”[③]。不久前，根据民意调查机构北京美兰德信息公司对842位受访者的调查，也显示有45.21%的受访者认为5A

① 中国社会科学院旅游研究中心：《2013年我国4A、5A级旅游景区门票价格分析报告》，https://lxs.cncn.com/74601/n268595，最后访问日期：2020年7月23日。

② 同上。

③ 徐硙：《更大力度规范旅游市场秩序》，http://www.npc.gov.cn/zgrdw/npc/cwhhy/12jcwh/2014-12/28/content_1891803.htm，最后访问日期：2020年7月23日。

级旅游景区的门票价格“比较高”，有25.41%的人更认为价格是“非常高”。[①]2014年，全国人大常委会在执法检查中也提出，《旅游法》颁布实施后门票价格问题仍十分突出：“一些地方过分依赖‘门票经济’，门票价格偏高；一些景区通过增加另行付费项目、捆绑销售等方式变相涨价，部分景区门票频繁调价，越调越高，门票支出在旅游消费中占比过高，引起群众不满。一些利用公共资源建设的游览场所价格形成机制不合理，没有很好地体现公益性。”除了直接的门票价格上涨，实践中还有些景区通过“打包加价”等方式变相涨价。例如，根据甘肃省发改委的批复，“从2015年7月21日开始，莫高窟的旺季门票价格将从160元上涨到200元。但是从5月8日起，莫高窟景区将原本游客可以自行选择的价格为60元的‘数字展示中心’游览项目‘打包’进莫高窟统一门票”[②]，这样莫高窟门票价格将进一步提升到260元的高位。这种做法已经严重违反了《旅游法》的相关规定。

（2）滥用强势地位

在旅游服务法律关系中，旅游经营者和旅游者的法律地位是完全平等的，但是双方实际上的地位是不对等的，由于旅行社在信息的获取和利用上较旅游者存在较大优势，它们很可能利用这一优势地位，故意实施包括利用暴力或威胁的强迫、虚构事实或隐瞒真相的欺诈等手段损害旅游者利益的行为。另外，在尽职不够的情况下，旅行社还可能出现各类疏忽行为。

第一，强迫交易行为。它包括强迫购物或参加自费项目消费、硬行改变合同约定的行程、降低服务标准等。首先，在我国团队旅游活动中，旅行社进行强迫消费的事例屡见不鲜，有时甚至造成极其严重的社会影响，如2013年国庆“黄金周”期间，中央电视台披露云南香格里拉旅游乱象：在云南如果参加香格里拉的团队游，很多旅行社都要求旅游者参加了一个

① 参见程迪、周蕊：《淡化门票经济，招徕境外客，拉回“往外跑”》，载《新华每日电讯》2015年4月1日，第7版。

② 参见罗政、周蕊、张紫赟：《透视多地景区新一轮门票涨价的背后》，http://news.xinhuanet.com/local/2015-06/22/c_1115684596.htm，最后访问日期：2020年7月23日。

280 元至 380 元的叫作“藏民家访”的自费项目。有的游客不交钱，竟被导游威胁要把刀架在其脖子上。调查的记者也经历了类似的遭遇，在记者报名参团后，乘坐大巴车的旅游途中也遇到导游向游客强索“藏民家访”费用的情况。该导游声称自己没有得到一分钱的团款，因此游客来玩不能不花钱，在场的很多游客不得不交钱。在记者提出拒绝参加这一项目时，导游被激怒，他不仅谩骂记者，还要求记者把签订的旅行合同交出并当众撕毁，随后将记者赶下车。而在路边，记者还遇到几位同样因未交费被赶下车的游客。① 其次，旅行社硬行改变合同约定的行程，如改变线路、减少景点等。典型的如 2014 年海南三家旅行社改变行程案：海南中职国际旅行社有限公司、海南海世界旅行社有限公司、海南拍拍手旅行社有限公司组织团队游览天涯海角景区，其间，未经游客同意擅自将原定的在陆地上游览天涯海角变更为坐船游览，同时导游收取了高额的带团回扣。事件发生后，海南省旅游委对导游郭玉某等三人分别作出吊销导游证的行政处罚，对上述三家旅行社分别作出罚款 10 万元的行政处罚。② 最后，旅行社任意降低服务标准，迫使旅游者接受不合理的安排，如将住宿条件由星级酒店降为普通旅馆、将进入景区改为路过景区等。

我国《旅游法》第三十五条第二款规定，除非经双方协商一致或者旅游者要求，且不影响其他旅游者行程安排，旅行社组织、接待旅游者，不得指定具体购物场所，不得安排另行付费旅游项目，否则旅游者有权在旅游行程结束后三十日内，要求旅行社为其办理退货并先行垫付退货货款，或者退还另行付费旅游项目的费用。纵然有法律的明文规定，但是仍有一些旅游从业者置立法于罔闻、置旅游者权利于不顾，为获取利益铤而走险。

第二，欺诈交易行为。导游薪酬机制和“不合理低价组团”造成的市

---

① 参见《香格里拉旅游乱象调查：强迫消费加恐吓导游生财很“生猛”》，http://tv.cctv.com/2013/10/06/VIDE1381014115537825.shtml，最后访问日期：2020 年 7 月 22 日。

② 参见《海南查处一批违规旅行社和导游扼制“零负团费”》，http://www.chinanews.com/sh/2012/08-05/4084102.shtml，最后访问日期：2020 年 7 月 22 日。

场格局，决定了在从事旅游服务的过程中，处在利益分配食物链末端的导游更容易通过欺诈行为和强迫行为获取额外利益。实践中，欺诈主要表现为引诱旅游者进行额外消费赚取回扣利益。关于旅游欺诈行为，我国《旅游法》第三十五条规定："旅行社不得以不合理的低价组织旅游活动，诱骗旅游者，并通过安排购物或者另行付费旅游项目获取回扣等不正当利益……"关于对欺诈行为的具体认定，国家旅游局旅发〔2013〕362号《关于严格执行旅游法第三十五条有关规定的通知》做了相关的解释，其中关于"诱骗旅游者"，解释为："旅行社或者其从业人员通过虚假宣传，隐瞒旅游行程、具体购物场所及商品或者另行付费旅游项目等真实情况的手段，诱使旅游者参加旅游活动或者购买相关产品和服务的，应认定为'诱骗旅游者'。"关于"回扣等不正当利益"，解释为："旅行社或者其从业人员违反反不正当竞争的有关规定，或者通过诱骗、强迫、变相强迫旅游者消费，收受的旅游经营者以回扣、佣金、人头费或者奖励费等各种名义给予的财物或者其他利益，应认定为'回扣等不正当利益'。"现实中，欺诈交易的各种手段让人防不胜防，如2015年原国家旅游局在广东深圳督办的一起扰乱旅游市场秩序典型案件：当年11月10日，游客李某某在深圳深旅国际旅行社罗湖大酒店营业点报名参加团费680元每人的"港澳五天四晚游"，该社提供的收据所盖公章假冒"深圳市罗湖大酒店商务中心"，同时向游客提供假冒其他旅行社名义的"出境旅游团队名单表"。游客进入香港后，当地导游擅自改变行程，强行增加自费项目，擅自增加5个购物点，并欺骗诱导游客进行消费。根据有关立法，深圳市文体旅游局给予深圳深旅国际旅行社停业整顿6个月、处66万元罚款的行政处罚。[①] 现行立法对旅游欺诈行为的处理有明确规定，但是旅游欺诈行为仍屡禁不止。

（3）怠慢与疏忽履职行为

团队旅游活动是相对精细化的组织活动，确保旅游活动中的各个环节不出现问题是旅行社的合同义务。近年来，过度的利益驱使和旅行社忽视

① 参见《深圳一旅行社强制购物　被令停业整顿半年罚款66万》，http://www.chinanews.com/cj/2015/11-24/7638878.shtml，最后访问时间：2020年7月22日。

对导游人员职业素养的培训，使得导游越来越将更多的精力放在带领旅游者购物和参加自费项目上，这样在为旅游者提供服务问题上就容易出现偏差。实践中，由于旅行社的差错给旅游者造成不良影响的情况也时有发生，如旅行社没有按期接送旅游者造成旅游者掉队、错误提供旅游者的护照和机票信息导致旅游者无法登机或出境、缺乏必要的提示造成旅游者出现安全事故或错误的提示造成旅游者不必要的人身损害或财产损失等。尤其在境外游活动中，旅游经营者的怠慢或疏忽往往会给旅游者造成难以挽回的严重影响，如2006年孙某参加了某假期国际旅行社组织的“新马泰7日游”活动，由于旅行社疏忽导致入境签证存在瑕疵，使孙某在马来西亚被拒绝入境而不得不返回国，这样孙某在2天飞行了几千公里，不仅身体劳顿而且旅游的计划彻底落空。此后，孙某向法院提起了诉讼，法院判决旅行社承担了相应的责任。由于旅游活动是关乎人身的活动，任何的疏忽或怠慢都有可能对他人的生命健康和财产安全造成直接影响，因此尽善的管理人的职责也是旅游组织者的重要义务。

（三）新业态的无序经营

近年来，随着人类生活方式的不断更新和生活空间的不断拓展，旅游的形态也越来越多样化：在组织形式上，呈现出从早期的团队游为主导，发展到私人定制的半自助游和“驴友”们自发组织的自助游等多种形态并存的局面；在举办主体上，从传统的实体旅行社为主体，发展到旅游电商开始占据越来越大的市场份额，以及某些原来不具有组织旅游活动能力的主体，如游学组织机构、“夫妻店”等齐头并进的态势。对于这些新的业态，很多领域都还缺乏明确制度规范的调整，使相应的经营活动处于客观失范的状态。

1. 游学

我们首先来看一则案例：2013年7月6日，韩亚航空214号班机在美国旧金山国际机场降落过程中发生事故后起火，共有3名中国学生在本次空难中不幸遇难。本航班乘客和机组人员共有307人，其中141名中国公民乘客中有70人为教师和学生（包括教师10人、学生60人），他们属于两个假期游学团，分别来自浙江的一所学校和山西的两所学校。据悉，此次来自浙江江山中学的游学团已经组织了7年，每年学校都会按照自愿的原则组织高一学生出国游学。本次游学活动经江山市教育局批准并与江山市外事办、省教育厅外事机构对接，每名学生学校收费29300元，是学校的传统国际交流项目夏令营活动而并非旅行社组织的游玩活动。另一批山西太原师生赴美夏令营则是由一家名为“新西兰英姿教育集团”的中介公司安排的游学活动，该公司自称是从事国际教育交流与合作的专业机构，但事后“英姿教育”太原分部已经无从查找。此次事件发生后，山西省教育厅亡羊补牢地出台了《关于进一步加强中小学出国参加夏（冬）令营、游学等有关活动管理的通知》，该通知提出将对开展出国夏（冬）令营、游学等活动的情况进行排查，摸清底数，及时发现问题，排除和解决隐患。

近年来，游学作为一种新的旅游形态在全国各地发展迅速，游学亦游亦学、寓教于乐带来的双重收获使其越来越赢得众多学生和家长的青睐。例如，国内较早开展游学项目的新东方国际游学机构，在2014年7月曾推出亚洲线、澳新线、欧洲线等6条线路，其中每一条线路包含“留学生活体验系列”“名校交流考察系列”“全真课堂体验系列”等多项内容，其涵盖的100多个主题线路产品，价格从1.5万元每人到5万元每人不等，覆盖各年龄段的中小学学生，且绝大部分线路都报满。[①] 据该机构推广管理中心主任刘婷粗略估算，近几年来中国每年约有20万名到30万名学生出国参加海外游学，而其中约80%由教育行政主管部门或学生所在的学校组织的，其余的约20%是散客市场，由留学中介、培训学校和出境旅行机构等主办。[②] 可见，游学已经逐渐发展成为旅游市场上一个不容忽视的新兴领域。需要指出的是，在组织游学活动的过程中存在错综复杂的利益关系，但目前我国立法对组织游学活动并没有明确的规定，实践中游学活动也问题频发。某网站曾针对游学问题做过网上调查，数据显

① 参见汪名立：《境外游学“只游不学”被叫停》，《国际商报》2014年7月18日，第A06版。

② 参见李斌、吴晶：《海外“游学热”乱象调查》，《团结报》2013年8月20日，第4版。

示 49% 的人认为游学“方式很商业化”，42% 的人表示“很多游学只游不学”，24% 的人认为“游学价格高昂”，19% 的人认为“带队老师没有边游边教”。[①] 可以说游学是新态旅游中失范行为较为突出的领域，这主要体现在以下几个方面：

（1）法律无基本管理规范

由于游学并非我们通常所说的旅游活动，而是将异地学习和旅游糅合在一起的综合性体验活动，因此难以完全为现行的旅游立法所覆盖，不仅我国《旅游法》对此没有做任何规定，在行政立法的层面，国务院的行政法规和各部门的行政规章也都没有涉及这一问题。目前，调整游学活动的规范性文件有教育部、外交部、公安部、国家旅游局 2012 年 4 月发布的《关于进一步加强对中小学生出国参加夏（冬）令营等有关活动管理的通知》(以下简称《夏令营通知》)、教育部 2014 年 7 月发布的《中小学学生赴境外研学旅行活动指南（试行）》(以下简称《研学指南》) 和教育部、国家发改委、公安部、财政部、交通运输部、文化部、食品药品监管总局、国家旅游局、保监会、共青团中央、中国铁路总公司 11 个部门在 2016 年 11 月 30 日联合发布的《关于推进中小学生研学旅行的意见》(以下简称《研学意见》)。

《夏令营通知》主要针对在寒、暑假期间有组织地组织在校中小学生以团体形式出国参加夏（冬）令营、校园考察、文化体验、语言培训等交流活动做出规定。《夏令营通知》要求：“主办单位应是中小学校、教育行政部门所属的对外教育交流机构或者共青团、少先队与妇联组织，它们可以委托国家旅游局许可经营出境旅游业务的旅行社具体承办游学业务。对于凡涉及与国际（或目的国）非政府组织开展交流的，应向上级外事主管部门请示报批和备案。主办单位不得以营利为目的组织出国夏（冬）令营等有关活动，与相关机构合作组织出国夏（冬）令营等有关活动要认真审查合作的境内外组团机构的资质，签署合作协议，细化活动安排，并指

① 参见张文、付文、祝大伟、郑轶、莫梓芫：《假期游学有些乱》，《人民日报》2013 年 2 月 25 日，第 12 版。

派专人随团负责团组工作”，并要求原则上不组织低年级学生出国参加夏（冬）令营等有关活动。承接出国夏（冬）令营等活动的旅行社要加强对领队和导游的培训，提高他们处理突发事件的能力以及遵守外事纪律和注意安全事项。

《研学指南》将中小学学生赴境外研学旅行活动（简称境外研学旅行）界定为：“根据中小学学生的特点和教育教学需要，在学期中或者假期以集体旅行和集中住宿方式，组织中小学学生到境外学习语言和其他短期课程、开展文艺演出和交流比赛、访问友好学校、参加夏（冬）令营等开拓学生视野、有益学生成长的活动。”《研学指南》就游学活动还做了一些具体量化规定：如游学期间教育教学内容和学习时长所占比例有一定的要求，一般来说不能少于在境外全部行程计划的 1/2；整个游学活动时间一般小学生不宜超过 3 周，中学生不宜超过 6 周；每次活动安排不宜超过 2 个国家，每个国家的参访城市不宜超过 4 个；指定 1 名带队教师为领队，带队教师与学生的比例一般不低于 1∶10。此外，还对带队教师的责任感、处理突发事件能力、语言沟通和组织协调能力做了原则性的要求。在办理游学活动的程序上，《研学指南》要求举办者要向学生和家长详细说明费用构成并不得牟利，要与学生家长订立合同，重要事项要告知主管教育行政部门。可见，《研学指南》对学校组织的游学活动规定得还是很详细的。但是由于该文件的规范层级不高，涵盖的游学范围不全面，主要以安全保障为主，因此对游学失范问题难以起到全面调控作用。

《研学意见》以党的十八大和历届全会精神为指导，为了深入落实“五大发展理念”，提出了研学旅行需要坚持四项原则，即教育性原则、实践性原则、安全性原则和公益性原则。《研学意见》提出要坚持安全第一，建立安全保障机制，明确安全保障责任，落实安全保障措施，确保学生安全，如提出推动将研学旅行纳入校方责任险范围，鼓励保险企业开发有针对性的产品等，并规定研学旅行不得开展以营利为目的的经营性创收，对游学中的深层次矛盾有所触及并做了一定的规定。但是由于本规范性文件仍是以“意见”的形式下发的，其层级不高，且各部门之间在管理职责的协调上还存在一定的问题。

（2）政府无明确部门主管

由于游学是介于旅游和学习之间的一种新兴活动，目前对此的相关监管缺乏。国家留学基金委东方国际教育交流中心修游学事务办公室副主任张建真女士提出："游学市场之所以如此混乱，最根本的原因就是缺乏专业管理部门的资质认证和监管。目前，并没有一个政府部门专门对游学市场把关，因而也缺乏一个法律法规层面对游学的定义，最终导致市场参与主体概念模糊，组织者鱼龙混杂，家长孩子则盲目跟风。"[①] 的确，目前教育行政主管部门对游学的介入主要从维护学生安全问题考虑，而各级旅游政府主管部门对于游学问题几乎没有关注。可见，游学市场目前仍是一个"三不管"的市场，监管责任主体的不明确使得失范行为的出现在所难免：一方面各类组织游学机构开展的各类经营活动会因无人监管而无所顾忌，另一方面游学活动的参与者在权利受到损害的情况下难以获得有效的救济。实践中，在游学过程中出现问题后，很多家长找到教育主管部门进行投诉，却被告知这是旅游行政主管部门管理的事项。但是，对于旅游行政主管部门来说，由于很多游学机构并不具备旅行社的资质，旅游行政主管部门也很难介入监管。《研学意见》的进步在于规定了各地要成立由教育部门牵头，其他相关部门、组织共同参加的中小学生研学旅行工作协调小组，小组的办事机构可设在地方校外教育联席会议办公室，以加大对研学旅行工作的统筹规划和管理指导。但是，这个机构仍属于协调管理机构而不是专门的监管机构，故对其职能的能否充分有效发挥尚存疑问

（3）组织无基础资质条件

关于游学的组织者，在实践中有几种情况：其一，是由学校自己组织本校学生游学；其二，由学校组织本校学生游学，委托旅行社或其他机构承办具体事宜；其三，学生参加旅行社或其他机构举办的游学。这其中，只有旅

① 张晨：《北京游学乱象大起底》，载《科学新生活》2013 年第 26 期，第 17 页。

行社组织游学活动具有合法的资质，其余的组织者都在不同程度上涉嫌非法经营，尤其很多中小学校背离了自己的宗旨，利用假期组织学生去异地尤其是境外进行游学，并收取较高的费用的情况比较普遍。目前，我国的公办学校仍属于非营利性事业单位，赚取额外利益的行为与学校承担的主要职能并不匹配。另外，在学校选择合作伙伴组织学生游学的过程中，常常出现由于学校对对方的实际情况不了解导致选择的实际组织者不具备接待能力，或明知对方资信不佳，但因存在长期合作关系和内在的利益驱动而仍宁愿选择不适格的接待者等情况。游学社会组织者主要包括两类：一类是各教育培训学校，它们以提供校外教育服务为主，同时因为和国外有关机构存在一定的联系，故往往可以将自己的培训对象扩展为游学参与者，因此它们的组织活动在国内游学市场占有很大份额；另一类是各种名目的留学中介机构、文化传播公司、旅游代办机构等，它们也依靠各自的资源与国外展开合作，通过向境外输送学生赚取利益。实践中，这类机构的组织能力和安全保障能力参差不齐，因此在各方面都存在很大隐患。目前，外包已经成为国内游学市场常见组织模式，即机构组织学生参加游学，然后由旅行社具体承办，在获利后双方分成。游学组织过程中的层层外包带来的后果就是服务过程的不可控，有不少游学团竟然设置了购物环节。[①]

关于境外游学的领队问题，《研学指南》对带队老师做了一定的要求，但是对于其他机构的组织者则没有明确的规定，由于游学并非单纯的旅游，带队人员应该具有超出一般导游的针对学生群体的服务经验，能够对学生的学习起到积极的教育和引导作用，培养学生的学习兴趣，使孩子从见闻当中学有所获。然而，就目前的情况来讲，学校组织的游学活动领队大都由本校老师轮流担任，其他机构的领队更是什么情况都有，很多时候学生最终既没游好也没学好。

（4）收费无边际限制要求

与单纯的组团游相比，游学还有一个突出的特点就是价格偏高，而

① 参见韩晓蓉：《海外游学调查：孩子常被层层转包》，载《东方早报》2013 年 5 月 23 日，第 A10 版。

且近年来呈不断上涨趋势。2012 年暑期赴美国为期两周的游学团的价格一般是 2.8 万—3.4 万元，在 2013 年则涨到 4 万元左右；2012 年赴英国的两周游学团的价格大都为 2.4 万—2.6 万元，在 2013 年就超过了 3 万元。2012 年新东方学校组织的游学共接待客户 1.3 万人次，全年销售额达到了 4 亿元。[①] 到目前，在北京新东方学校推出的国际夏令营线路中，欧美和澳新的线路起价都在 3 万元以上，时间为 10—18 天不等，而各大旅行社同期的团队游报价一般不超过 2.5 万元。"以某游学组织机构报价 48900 元的某国东西海岸游学计划为例，游学历时不过 7 天，住宿条件为寄宿家庭、学生公寓，其中'游学'景点竟然包括购物中心等商业项目。"[②] 游学市场类似的情况比比皆是，很多机构组织的游学并非真正的游和学，而实质上是旅行社经过包装的高价旅游产品。可见，为"游"加了个"学"字的游学市场，已经越来越成为不法经营者谋取高额利益的富矿。

（5）行为无必要管制约束

为了吸引学生，很多游学机构在宣传材料中将其组织的游学活动描述得绘声绘色，但是在后来的实际履行中很多承诺都没有兑现。与境外团队旅游不同，目前我国游学活动举办者和参与者之间往往并不签订明确的有关游学中的具体权利义务的合同，因此在实际的游学活动中很多情况下是既不游又不学，境外游学往往成了随心所欲的活动，有些组织者甚至放任孩子参加不适宜的活动，损害了孩子的身心健康。

（6）服务无标准保障措施

《研学指南》对于学校组织的游学活动，虽然规定了一些具体的量化要求，但是其涵盖范围仅仅是学校组织的游学活动，上述规定的依据是什么，在实践中执行的力度究竟有多大都是问题。实践中，很多办理游学活动的机构并不具备相应的接待能力，并且往往通过压缩食宿和交通等费用

---

① 参见李立勋、杨春雨、赵娜：《中国式游学想象空间有多大》，载《北京商报》2013 年 5 月 15 日，第 5 版。

② 参见杜放、贾远琨：《海外游学：噱头多无内容，定价高无规则》，载《新华每日电讯》2013 年 7 月 10 日，第 6 版。

缩减成本，如前面提到的韩亚航空 214 航班即为廉价航班，许多前往美国和加拿大城市的中国旅客都在首尔中转，许多中国赴美乘客从经济角度考虑，会选择韩亚航空航班。虽然在安全系数上廉价航班与其他航班相比是否偏低尚无定论，但是廉价航班为了压缩成本使旅客至少在舒适度体验上欠佳。

由于没有明确的行业规范，游学从招徕组织到活动开展都缺乏具体的标准。游学组织对利益过分关注而忽视对服务过程的管理，决定了在对参加游学学生的安全保障上往往存在较大的隐患。有业内人士指出，游学公司在整个行程中通常只负责两件事：第一，把学生从国内带上飞机，然后从国外机场把学生交给校方负责人；第二，从国外机场把学生带回国内。而在国外期间，学生的监护权一般都与游学机构无关。游学团在国外所谓的校方法定监护人通常为校方领导，但一位监护人在这个时期通常会成为几十位到一百多位甚至更多的学生法定监护人。因此，在游学过程中发生各类意外的情况也屡见不鲜。①

2. 营利性自助游

近年来，除了旅行社组织的跟团游之外，各种形式的自助游也不断涌现并开始越来越成为旅游者主要的出游方式。据携程网近年来发布的有关《国内旅游者意愿调查报告》显示，有 70%—80% 的游客倾向选择自助游和自由行出游，选择跟团出游的比例略呈现下降的趋势，这也反映出当下旅游市场人们在出游方式选择上的新态势。自助游的迅猛发展，一方面在于人们对于旅游活动开始越来越重视个性化需求，越来越注重个人的独到体验；另一方面也与团队游市场混乱，很多旅游者对此开始用脚投票不无关联，自助游开辟出一个新的旅游领域。不过由于目前人们对自助游活动的认识不够全面，相关的立法监管也是一个盲区。近年来自助游活动中问题频发，尤其是旅游者的人身财产安全保障方面的问题尤为突出。

总的来说，自助游从形态上可分为旅游者自发组织自助游和第三方组

---

① 参见应琛、范子萌、陈香如：《游学市场红得发黑》，载《新民周刊》2013 年第 28 期，第 47 页。

织的自助游。前者是指“驴友”们通过网络发帖子等形式自发组织非营利性的探险旅游等活动，后者主要是指购买旅行社推出的自由行产品参加的旅游活动。其中，旅游者自发组织的自助游活动大都实行 AA 制而不具有营利性，因此不属于市场行为。旅行社推出的自由行产品，主要体现为由旅行社为旅游者提供交通、住宿和门票等方面的预订服务，旅行社并不参与具体的导游服务工作。这两种形式都并非本书关注的重点，这里我们重点讨论的是一类基本上游离于监管之外的自助游活动，即近年来在各地涌现的各类户外俱乐部，尤其是商业化经营的俱乐部组织的具有旅游性质的活动，以及某些经营户外用品机构组织的诸如户外拓展等项目的活动。目前，对于俱乐部的组织性质还存在不同认识。对于体育俱乐部，1999 年 6 月国家体育总局发布的《关于加快体育俱乐部发展和加强体育俱乐部管理的意见》(以下简称《俱乐部管理意见》) 将其分为社团型俱乐部、企业型俱乐部、民办非企业型俱乐部等形式。无论哪种形式，俱乐部组织的户外活动一般都兼具旅游属性。实践中，具有旅游属性的俱乐部形态主要有以下几类：第一类是各种非营利性的俱乐部。俱乐部主要通过提供一个平台，把一些有共同爱好的人聚合到一起，通过网上的论坛或实体场所建立联系，组织特定的活动，在活动中实行 AA 制，俱乐部至多只收取必要的管理费。第二类是在企业、学校等单位内部设立的各种社团俱乐部，如北京大学的山鹰社。类似的俱乐部不具有营利性，有的能够获取赞助，有的只收取俱乐部成员必要的活动费。第三类是经过工商登记的各种户外用品经营店及其为营销产品而组织的俱乐部。这些机构以营销户外产品为主，同时为了推介产品也会不定期地组织一些户外活动。例如，三夫户外俱乐部，该俱乐部有 5 个分站、超过 10 万多名正式会员和更广泛的境内外户外爱好者，俱乐部会组织会员开展徒步、野营等 14 类旅行活动。虽然在活动中收取费用，但是从其报价来看活动并不具有营利性，收取的仅是必要的组织活动成本费用。第四类是各类开展营利性活动的俱乐部，这些俱乐部在民政部门经过社团登记注册，通过组织会员活动为会员提供服务并获取对应的利益。

这里，我们主要研究后两类俱乐部组织的具有旅游性质的活动。目前，我国对俱乐部组织的营利性（包括间接的营利）活动并无专门立法调整，规范性文件主要就是前述的《俱乐部管理意见》。2004年，国家体育总局发布了《社区体育健身俱乐部试点工作方案》，但其调整范围是社区健身活动，与旅游基本无关。2011年，中国登山协会发布了《登山户外运动俱乐部管理办法（试行）》，但因中国登山协会并非政府主管机构，故该文件只能算是一个行业规范，不具有法律的属性。目前，我国的各类俱乐部鱼龙混杂，它们开展的具有旅游性质的活动实质上也处于失范状态。这主要体现在以下几个方面：

（1）监管主体不明

按照我国相关立法，文化旅游行政主管部门主要负责对旅行社和旅游景区的监管。按照《俱乐部管理意见》规定，对于依照国务院《社会团体登记管理条例》和《民办非企业单位登记管理暂行条例》成立的俱乐部，体育行政主管部门为其监管单位，但是营利性俱乐部组织旅游活动则仍处于无人监管状态。目前，对于俱乐部开展的主要活动——户外运动，其归口管理单位为国家体育总局登山运动管理中心。由于全国涉及户外运动的俱乐部众多，登山管理中心根本无法实现对所有这类俱乐部的有效监管，旅游行政主管部门对此更是鲜有问津。这样，到目前为止我国对于户外运动旅游的监管主体仍不甚明确。

（2）准入标准不清

由于立法的缺失，目前我国对旅游类俱乐部的资质无明确的要求。各俱乐部大都实行会员制，但是对会员的准入资质和在俱乐部中的权利和义务、会员费收取的标准等问题，旅游、物价等部门也没有明确标准，俱乐部的主要收入来自户外用品的销售所得和组织会员进行拓展训练的收费。这其中对于收费的拓展训练业务，具有组织旅游活动的属性，组织者应该有基本的资质要求，但是现有立法对此并无规定。

（3）保障机制不全

自助游属于风险较大的旅游类型，由于很多情况下没有专业的导游领队带领，游历的地方又大都是偏僻险远之地，因此事故发生的概率偏高。自助游活动中面临的风险主要来自三个方面：自然灾害或人为灾害、第三人侵害和成员间的互相侵害，而且以第一种情况居多。根据中国登山协会发布的《2013 年中国大陆山难事故报告》显示，2013 年大陆山难中遇难的人数为 48 人，2012 年这一数字为 45 人。在类似的高危旅游活动中，安全保障措施的落实应该是第一要务，但是在目前的俱乐部旅游活动中，由于没有相应的技术规范标准，各类组织者的操作规程不一，大多数俱乐部缺乏相关领域的专业人员，也没有专业的机构对其进行资质认证，在很多户外探险活动中，组织者并没有配备经验丰富的领队，参加者也很少经过专门的安全培训，往往也没有购买意外伤害保险，因此户外活动存在较大的安全隐患。

第三章　旅游市场失范行为影响评价

随着市场经济观念日益深入人心，个体在很大程度上都在无形中朝着“经济人”的方向转化，对物质利益的追逐成为很多人生活的重要目标和体现人生价值的重要方式。按照默顿对失范行为的解释，在追求利益的过程中，存在目的和手段的协调问题，失范行为的基本特征就是实现目的的手段的不合理性和不合法性。在任何情况下，人的社会行为都存在成本问题，成本是利益获取过程中的必要损耗，把损耗控制在更小的范围内意味着能够在更大的程度上获取利益。从经济学的角度来看，任何不规范或违法的经济行为实际上都是一种成本漂移的行为，即社会主体将本应该自己承担的成本转移到他人身上，从而回避了必要的个人成本，并将这部分成本转化为自己的利益。例如，商业贿赂行为就是通过付出少量的贿赂成本控制自己的经营投入，从而赚取更多的不法利益；商业欺诈行为则通过捏造事实或隐瞒真相不付出或少付出经营成本来获取额外利益。在正常的社会状态下，都存在遏制成本漂移的社会调控机制，如法律机制、道德机制，通过它们的交互作用促使人们行为的规范化。但是，在社会失范的状态下某类行为具有的普遍不合规性，往往造成法律的调控能力减弱，道德的约束机制失效。可以说，失范行为改变了经济生活某个领域的成本分担机制，造成经济成本分配的严重漂移，使社会经济秩序出现混乱，旅游市场失范行为的经济根源也在于此。

一、内部交易成本

（一）交易成本增加

交易成本（Transaction Costs）问题最初由美国著名经济学家科斯提出，是经济学界一个耳熟能详的话题。科斯在1937年发表的《企业的性质》一文，通过对传统的“价格机制”左右生产要素流动的“契约化”生产模式与企业下的生产要素组合的对比，指出企业的市场组织模式在于能够达成优于契约模式的成本付出机制，但是市场的运行需要成本，如谈判、签约、定价机制等，这是企业组织生产必须考虑的因素，因此在企业化市场组织下，交易成本不是有没有而是高与低的问题。在市场交易活动中，交易成本是人们在经济交往过程中不得不产生的必要损耗，它是个综合性概念，一般来讲包括信息收集成本、信息获得成本、交易议价成本、交易决策成本、交易监督成本、交易违约成本。从发生的阶段上来讲，又可分为事前成本、事中成本和事后成本。在完备的市场环境下，信息的通畅性和确切性决定了人们在交易的过程中可以尽可能做到减少交易成本。但在扭曲的市场环境下，市场行为的失范决定了无论对信息的获取和利用，还是对决策的采纳和监督，都存在普遍的不确定性，这会使交易成本显著增加。当下的中国旅游市场就是存在这样的问题。

对旅游者来讲，由于旅游企业诚信缺失普遍存在，使得作为其交易对象的他们越来越难以获得每笔交易的真实信息，也就是说对未来契约履行情况的认识存在很大的不确定性。就事前成本来讲，旅游者在对交易主体的选择上要付出更多的成本，他们需要收集尽可能多的信息，需要不断地货比三家，利用现有的信息进行综合判断。以团队游为例，由于导游与旅行社之间“潜规则”关系的存在，使得对某个旅行社的评判信息也会存在不确定性，参加同一家旅行社的不同活动，不同的旅游者可能会因为导游的不同表现而给出不同的评价。目前，旅游者对于旅游企业存在普遍的不信任感，这会大大增加其缔约的交易成本。就事中成本来说，在参团旅游的过程中，虽然旅行社在缔约过程中提供的信息也许是明确的，但是由于市场经营失范行为大量发生，旅游者无法获得明示信息背后没有披露的信息，从而产生非理性的消费行为，如果旅游者需要获得那部分信息，则需要额外付出一定的交易成本。例如，在团队游中，价格是旅游者最为关注的信息之一，但是由于“不合理低价”的普遍存在，旅游者对于低价参团后可能发生的问题的信息难以掌握，这样他很可能在旅游活动中付出这部分额外的成本。就事后成本来说，旅游企业的欺诈或强迫行为可能会导致旅游者的事后维权，但是旅游活动的跨地域性和旅游监管的不力都会为旅游者的维权增加成本。例如，前文提到的旅游者参加云南香格里拉旅游被赶下车的事件发生后，旅游者前往迪庆州旅游质监部门投诉，竟发生导游不但没有被追究责任，旅游者反被有关工作人员谩骂的情况。在本事件中如果没有记者的披露，旅游者事后维权的成本会很高，甚至可能会告状无门。

对于旅行社来讲，违规操作也需要付出一定的成本。就事前成本来讲，成本漂移的经营方式使其信息获得的角度发生变化，也就是说它需要获得更多的原本不需要知道的信息。例如，笔者在 2013 年曾参加北京某旅行社组织的新马泰东南亚十日游的团队游，通过跟领队的交谈了解到，该领队在拿到出团任务后，曾反复研究了本团旅游者的护照以了解他们的出国旅游经历，区分出其来自哪个报名门市部，根据其居住的区域来推测其购买力，从而对整个团队所有人员的消费能力尤其是参加自费项目和购物的可能性做出一个初步判断。这样，领队、导游人员就可以事先估算好诱导旅游者进行消费的策略，并在旅游者出境后实施预定计划。在这一事例中，扭曲的信息利用机制使得旅行社一方需要获得额外的信息，无论从信息的获得还是信息的评判上，它们都要付出更多的成本。另外，旅行社提供的旅游服务也是一种产品，对于经营者来说某种产品具有相对稳定的客户群可为其提供持续的收益。在客源上，目前各旅行社的主要营销渠道来自自身的销售网络，即便在部分地区设立了营业网点，客户群体仍具有一定的零散性和偶然性。现在比较麻烦的是，由于旅行社的失范行为大量发生，旅游者在参加旅游活动后即“用脚投票”的情况比以往更普遍，这一方面造成旅行社难以获得相对稳定的客户群，另一方面旅行社更难以掌握有关旅游者消费需求的真实信息。这样，旅行社推出的旅游产品的特色显得不足，难以用优势产品来获得更多的市场份额。就事中成本来讲，在具体开展的组织旅游活动中，旅行社的收益具有很大的不确定性，尤其是一些导游要付出“额外的努力”，如如何设计圈套让旅游者消费、如何减少必要的景点并能够搪塞过去，等等，这些违规行为的固有风险在某种意义上也是一种成本。就事后成本来讲，由于市场失范行为基本上均为违法行为，这样必然涉及违法成本问题，违法成本既包括旅游企业违约对旅游者承担的违约金、赔偿金、旅游者提起诉讼的应诉费用等，也包括因违法行为受到行政主管部门处罚的罚款、因停业整顿而造成的营业收入损失等。

（二）交易机会减少

失范行为的普遍存在在一定程度上会导致旅游者对旅游经营者失去信任，一些旅游者开始选择“用脚投票”，同时近年来我国传统旅游业态模式正在逐步变迁，团队游比例有所下降，搭团自由行和价格稳定的出境游报名人数明显上升。这样，如果旅行社因循守旧的经营方式不加以改善，其获利空间就有可能会缩小。例如，在 2013 年国庆“黄金周”期间，重庆往年团队和散客的比例是 6：4，今年反过来，散客比例达到了 60% 以上[①]；厦门的胡里山炮台接待的团队游客与散客的比例为 3：7，而去年同期则为各占一半，鼓浪屿、万石植物园等其他热门景点也是以散客为主，旅游团队大幅减少。[②] 在桂林，2014 年“五一”期间进入桂林的散客与团队人数比例已经从过去的 3：7，变为 8：2。[③] 当然，我们不能仅凭上述数据就认为自助游的增加与团队游市场的失范行为存在必然的联系，并简单地得出今后团队游的市场会趋于衰落的结论。但我们至少可以得出的结论是，团队游如果再在失范之路上越走越远，则其市场份额的进一步萎缩应该不言而喻。

---

① 陈希：《自由行来了你准备好了吗？》，载《重庆晚报》2013 年 10 月 16 日，第 28 版。

② 吴君宁：《购物点郁闷：人太少》，载《厦门日报》2013 年 10 月 4 日，第 5 版。

③ 庄盈：《数据变化透露旅游升级信号》，载《桂林晚报》2014 年 5 月 7 日，第 5 版。

旅游市场份额的萎缩会带来旅行社利润的进一步降低，根据原国家旅游局前些年发布的《全国旅行社统计调查情况的公报》，有学者曾进行过统计："旅行社业利润率从 1992 的 13.02% 下降到 1995 年的 8.96%，1996 年更是降至 2.73%。1996 年至 1998 年，利润率呈现缓慢下降趋势。1999 年到 2009 年利润率围绕 0—2% 波动，2003 年为 -0.03%，2009 年利润率亦只有 0.64%。"[①]（见表三）

表三：2004—2013 年 10 年间我国旅行社业主要经济指标（%）[②]

年份	企业数量	从业人员	利润率
2004	14927	246219	0.3
2005	16245	248919	0.11
2006	17957	285917	0.41
2007	18943	307977	0.66
2008	20110	321665	0.51
2009	20399	308978	0.64
2010	22691	276751	0.05
2011	23690	299755	2.1
2012	24944	318223	0.73
2013	26054	339993	4.51

从统计数字来看，2013 年全国旅游企业的平均利润率为 2.79%，旅行社平均利润率为 4.51%，旅游景区为 7.08%。[③] 在微利甚至亏损的状况下，我国旅行社数目却仍在快速增加，根据原国家旅游局和文化和旅游部的统计，我国旅行社的数量在 2001 年为 10532 家，截至 2019 年第三季度全国旅行社总数为 38433 家。有学者提出，"根据国际经验，发达国家每

① 翟向坤、黄绍梅、李连宇：《中国旅行社业市场绩效及其影响因素分析》，载《企业经济》2012 年第 3 期，第 137 页。

② 本表根据国家旅游局出版的历年《中国旅游统计年鉴》汇总。

③ 原国家旅游局：《2014 中国旅游统计年鉴（副本）》，中国旅游出版社 2014 年版，第 4—5 页。

10000名居民拥有一家旅行社，美国每6000名居民拥有一家旅行社”[①]，根据国家统计局2019年2月28日公布的《中华人民共和国2018年国民经济和社会发展统计公报》，2018年年末全国内地总人口139538万人，这样我国大约每36297人中才有一家旅行社，这样看来按照发达国家的标准，我国旅行社的数量才不到发达国家的四分之一。当然，进行这种单纯的数量比较的意义也许并不大，毕竟在经济发展水平没有达到一定程度的情况下，外出旅游可能只是少数人的专利，根据世界银行按购买力平价（PPP）衡量的人均国民总收入（GNI）的统计，2018年，美国人均收入63690国际元，中国人均收入18170国际元。[②]其中，国际元的购买力与美元在美国的购买力相当。美国的人均国民总收入是中国的3.5倍，在这种情况下，中国的人均旅游消费无论从次数还是金额上肯定都要比美国低很多，由此可见，目前我国旅行社的绝对数量也许还不算高。根据旅游消费的发展规律，一个国家的人均收入达到1000美元时，人们的观光游就开始启动，人均收入达到2000—3000美元时，休闲游开始启动，人均收入达到3000—5000美元时，则度假游开始起步。就目前我国的人均收入水平来讲，不同群体的观光游、休闲游和度假游都存在，其中团队游主要接待的是观光游群体，他们也是各传统旅行社竞相争取的主要服务对象。上述数据表明，我国旅行社的低利润率与旅行社的数量增多并无必然联系，而低价的恶性竞争才是根本原因，这样旅游者在步入旅游市场的有关领域时会更加谨小慎微，长此以往旅游市场上即使僧不增多，粥也会越来越少。

二、外部社会成本

在企业生产经营的过程中，不仅会产生需要自身承担的交易成本，还会产生一定的社会成本，前者是企业组织生产的必要付出，是企业经营者

① 余飞:《上海旅行社业市场绩效及其影响因素分析》，华东师范大学2009届硕士学位论文。

② 参见世界银行2013年世界各国人均居民总收入数据：http://data.worldbank.org.cn/indicator/NY.GNP.PCAP.PP.CD，最后访问日期：2019年8月22日。

付出的私人成本，后者是由其他社会主体承担的额外的、不必要的成本，是社会代价。外部成本产生的主要原因在于失范行为通过成本漂移，压缩了自己的私人成本，并将这部分转化为外部的社会成本，其实是让整个社会付出更高的成本为自己获取收益。

（一）市场秩序扭曲

在社会主义市场经济条件下，社会基本结构的安排具有合理性，市场经济的基本秩序是我们必须维护的核心价值，失范行为是对现行秩序的挑战和否定。从哲学的视角来看，秩序是事物之间关系的规范状态；从社会学的角度来看，“社会秩序表示在社会中存在着某种程度的关系的稳定性、进程的连续性、行为的规则性以及财产和心理的安全性”[①]。如果市场失去秩序，则人们的市场预期不仅难以实现，而且要受到损害。

《旅游法》颁布后，我国旅游市场失范行为仍然大量存在。2014 年全国人大常委会进行了对应的执法检查。执法检查组在《关于检查〈中华人民共和国旅游法〉实施情况的报告》中指出，目前“一些不法人员从事旅游经营，欺行霸市、非法经营、垄断市场等在一些地方时有发生，‘黑社’‘黑导’‘黑车’问题依然存在，尤其是在违法‘一日游’中更为突出；一些旅游经营者规避旅游法规定，将购物场所改头换面为景区等，采取变通手段和隐蔽方式，欺骗或变相强迫消费；一些不法商家甚至采用价格欺诈、商业贿赂等违法手段从事旅游经营，致使‘零负团费’、欺客宰客等利益链条难以打破，未能得到根治”。这些现象表明，实现我国旅游市场秩序的根本好转的确任重而道远，各类失范行为最大的“恶”也在于塑造了秩序扭曲的市场形态。

在市场经济条件下，每一家旅游企业其实也都是一名社会“企业公民”。旅游企业的经济效益也作为社会整体效益的一部分，从经济学的视角来看，行为的效率性不单单在于个体财富的增长，而且在于社会总效益

① 张文显主编：《法理学（第三版）》，高等教育出版社、北京大学出版社 2007 年版，第 305 页。

提高的同时促成个体效益的实现。虽然旅游业作为第三产业不能创造出具有附加值的新产品，但是旅游消费促进了相关行业的增长，因此也能够提升社会效益，如旅游业的发展离不开航空运输业。旅游市场失范行为通过不当渠道实现个体利益，使个体利益的获得建立在其他效益的减损之上，这也导致了社会整体效益的减损。

（二）市场伦理歪曲

毋庸讳言，营利是企业的本质特征，但是在不同的商业文化背景下，不同企业的营利方式大相径庭。商业文化是企业经营方式的内在动因和外在形式的结合，经营者的商业伦理决定了其行为方式，旅游市场失范行为的终极根源也在于经营者秉承的扭曲的商业文化。

在现代社会，人们对美好生活的追求成为融合多元价值的社会性需求，人们渴望满足自己的需要，体现自己的价值并获得其他人的尊重和认可。旅游活动是人追求生活体验、放松身心的方式之一，只有使旅游者从旅游活动中获得预期的满足，才符合旅游行为本身的伦理性。这种目标的伦理性需要通过实现这一目标的过程伦理性体现。旅游活动具有自然属性，但是一旦进入市场领域，当旅游成为一种商业行为的时候，商业伦理就被提到议事日程，它要求旅游经营者在追求利益的过程中，行为符合商业伦理规范，如诚实信用、自由平等、互相协作等价值目标的要求。有学者认为，“市场经济伦理就是指人们在市场经济条件下，人们在从事经济活动中所表现出来一种道德气质和对经济行为作善恶的价值评价”[①]。市场经济行为的伦理性可从两个角度来考虑：一是作为“经济人”应具备的比较纯粹的经济属性伦理，二是作为“社会人”应具有的社会属性伦理，前者表现为在逐利问题上的利己，后者则表现为在逐利同时的利他，舍弃其中任何一个方面都不能体现行为的整体伦理性。在市场经济条件下，对行为伦理性的评价在于行为是否符合人类所认可的“善”的要求，对旅游市场行为的评价也在于行为是否符合商业伦理中所要求的“善行”，在这一

① 王俊：《社会主义市场经济与伦理重构》，华侨大学2001年硕士学位论文。

点上这种强调更具有突出意义。在其他商品市场上，经营者和消费者的关系一般是通过商品这一物的纽带联结在一起，经营者提供可靠的商品是基本的伦理准则，而在旅游市场上，旅游产品的特殊性决定了旅游者本身是旅游服务产品的直接承载者，同时旅游产品一般具有无形性、不可重复性等特征，这进一步强化了旅游服务关系中的伦理色彩，即在旅游市场上，需要旅游行为本身的伦理性和旅游行为目标的伦理性的密切结合。

在一个充斥失范的市场，旅游经营者不仅颠覆了传统的商业伦理，有时甚至使旅游者的审美体验预期变成心力交瘁的折磨，更为严重的是它对正常伦理精神进行替换，使得恶俗变为时尚，造成正常商业伦理沦陷。因此，从某种程度上说，旅游市场失范行为的“恶”不仅在于在单次旅游活动中对旅游者利益的侵害，更在于众多的恶行汇集起来，演化出一种反伦理的市场经营模式，进而形成不良的经营风尚，最终型构了一个另类的市场。在这样的市场上，经营者的经营行为变得不可预期，旅游者的消费行为具有很大风险。

旅游市场失范行为在形式上各不相同，但是在本质上都是行为理性的丧失。社会交往中理性的力量是不容忽视的，理性既是目标又是手段：从目标意义上，理性反映出人的生活的状态；从手段意义上，理性反映出达到目标的过程的合理性。旅游市场失范行为就是不法从业者在获取利益这一目标的手段上做了种种别出心裁的演绎，使旅游经营者和旅游者之间本是利益相关且互相协作的“同路人”关系变成了狼和羊似的对立关系。在这样的情形下，市场生态环境不断恶化，人们要在攫取和维护利益间努力和挣扎，一方面旅游经营者难以细水长流，往往只拥有不断喘息间的片刻宁静；另一方面旅游者则在被宰之后获得出于已知的唏嘘或出于未知的欢愉。旅游市场的失范行为不仅侵蚀了商业秩序，更在于它扭曲了根本的是非观，使商业社会共同需要和维护的诚信价值观蜕变为唯利是图的贪婪性，同时这些行为像病毒一样在不断被复制并慢慢占据了旅游市场的肌体，并对整个社会商业环境的恶化起到了推波助澜的作用。

中篇

身份与契约
——旅游市场失范行为之内在机理

“所有进步社会的运动，到此处为止，是一个‘从身份到契约’的运动。”

——［英］梅因：《古代法》

纵观中国旅游产业发展的历史，我们会发现其走过的是一条与众不同的独特道路。40 年来，旅游业经历了从萌发到发展壮大的过程，这期间增长与裂变并存，繁荣与无序并存，规范与失范并存，乃至现今一提到旅游产业，让人觉得这其中的林林总总真是剪不断、理还乱。《旅游法》颁布后，针对长期以来影响旅游市场秩序的突出问题，原国家旅游局从 2013 年 12 月组织了为期半年的旅游全行业市场秩序专项整治活动。整治活动虽然取得了一些阶段性成效，但是从 2014 年 7 月 24 日原国家旅游局发布《关于旅游市场秩序专项整治工作情况的通报》中指出的问题来看，很多老问题没有得到根本解决同时新的问题又涌现出来，如市场监管的综合监管、联合执法机制仍未完全建立、基层执法力量不足、无证经营旅游业务、旅行社低价竞争、无序经营，等等。上述问题的存在说明现今旅游业失范状况仍在继续，即便我们采取多么严格的专项整治，也很难让旅游业的失范积习伤筋动骨，破解失范的迷局难道真的难于上青天？要回答这一问题，需要我们深入旅游市场的内部进行剖析，发掘旅游市场失范行为的本质，并通过庖丁解牛般的技艺把握旅游市场的肌体结构，弄清其基因结构，然后对其实现正本清源的转基因。为了迎接一个人人皆得畅游的美好未来，即便是雄关万道真如铁，仍需要我们迈步从头越。

第一章　旅游市场失范行为的基本诱因

市场是各个生产要素有机组合的整体，旅游市场也是如此。在市场交易的过程中，每个主体都具备一定的角色身份，就旅游市场的主体来说，主要包括两大类，即旅游经营者和旅游者，在旅游活动中如果他们都能够完全按照自己的角色身份行事，则市场必定是一个常态的、互利的市场。在市场交易活动中，商品交换天生要求的平等理念决定了行为要借助契约来实施，契约确立了平等的市场主体身份、等价有偿的交易规则和一体保护的权利救济手段，从而保证市场交易的秩序。在现代市场经济条件下，市场行为的基础是制度，制度对行为进行引导和规范，市场主体对自己身份认识上的错位和对制度规范的漠视会产生一系列的市场问题，因此整治旅游市场失范问题也应该从制度入手。

一、市场语境下的制度

（一）制度的含义

在日程生活中，人们常提到制度一词，但是对于制度的含义却存在不同的认识。在《现代汉语词典》中，将“制度”解释为：“（1）要求大家共同遵守的办事规程或行动准则；（2）在一定的历史条件下形成的政治、经济、文化等方面的体系。”[①] 这是对制度的通常性理解。在英文中，

① 《现代汉语词典》，商务印书馆2002年版，第1756页。

institution、system 和 regime 都有制度的含义，但是在作“制度”解释时，在具体语境上有一定的区别：institution 常指（由来已久的）风俗习惯和制度，同时还有制定的意思；system 强调制度的体系和体制；regime 倾向于强调作为统治制度、管理体制的制度。[①] 制度是一个跨学科的概念，从政治学、经济学、社会学、管理学、法学的角度，人们对制度有不同的认识，有学者对此做了归纳：（1）制度是一种心理习惯，是对外部环境刺激的反映方式；（2）制度是一种组织行为，如康芒斯把制度解释为“集体行动控制个体行为”；（3）制度是一种行为模式，是一定群体的重复性的模式和准则；（4）制度是一种社会规范体系，是进行社会安排和调整的社会规范体系；（5）制度是一种博弈规则，大多数制度经济学家认为制度是人们在社会、政治及经济领域博弈的结果。[②] 尽管从不同的角度对制度的理解存在上述差异，但是人们对于制度的认识仍存在共识：第一，从来源上，制度是群体性的意志，是社会生活各个领域某类群体共同意志的凝结。制度来源于形成集体意志的个体意志的相互妥协，如果没有这种妥协，就无法形成统一的制度；第二，从内容上，制度体现为一定形式的规范，能够对人的行为起到激励、约束等引导、控制的作用；第三，从形式上，制度是人内在心理的外在固化。它将人在社会生活领域所需要的价值进行整合，梳理出相对明确的规则以满足人类社会生活稳定性的需求；第四，从效力上，制度对人的行为具有一定的约束力，不同领域制度的约束效力各不相同。本书站在制度经济学的视角来认识制度，按照制度经济学的观点，制度与博弈密切相关，日本学者青木昌彦认为，在制度经济学家那里制度至少有三种含义：博弈的参与人、博弈规则、博弈过程中参与人的均衡策略。制度经济学常用 institution 一词来表述制度，而 institution 在英文中还有组织和机构的意思，同时组织本身也是按照一定规则安排的结构，因此在有些制度经济学家（如康芒斯）看来，组织本身如国家、公司乃至家庭都是

---

① 参见《牛津高阶英汉双解词典》，商务印书馆、牛津大学出版社 2009 年版。

② 参见张志勇：《人与制度的哲学研究》，中央党校2010年博士学位论文。及吴练达：《制度、行为与经济发展——中西制度差异根源与西方世界兴起》，东北财经大学 2010 年博士学位论文。

制度。不过著名制度经济学家诺思则认为，组织是博弈的参与人，与博弈规则并非一回事，是博弈规则决定了参与人的行为。可见，将制度视为规则的看法比较纯粹，也有助于我们对制度的内涵和外延做更清晰的界定。

基于上述认识，笔者认为，作为人类社会意志领域的创造，制度是人们在长期社会生活中自发形成的或通过理性建构起来的具有相对稳定性和一致性的准则或规范体系，它通过特定激励或约束的机制，对人的行为起到一定的调整作用。以此为基础，对于制度可以从不同的角度进行分类，从范围上来讲，可分为国家制度和团体制度；从调整领域来讲，可分为政治制度、经济制度、文化制度和社会生活制度。站在制度经济学的视角，诺思认为："制度是一个社会的博弈规则，或更规范地说，它们是一些人为设计的、形塑人们互动关系的约束……制度乃是一种人类在其中发生相互交往的框架。"[①] 以此为依据，诺思将制度区分为正式规则、非正式规则以及它们的实施机制，本书对制度的区分也持同样的观点。下面，我们来具体分析一下制度的两种不同形态：

从内容上看，正式规则是人们借助公共权力有目的的，通过建构理性，人为设计出来或从社会生活实践中摄取的具有普遍拘束力的公共政策，包括宪法、法律、产权制度和契约等，它以外在规则的形式对人的行为起到直接的调整作用；非正式规则指的是人们在长期的社会活动和交往中演化固定下来的，以观念形态存在的道德、习俗、惯例等具有民族性和地域性的个性化意识形态，包括人的行为规范、惯例和习俗等，它以内在规则的形式支配着人们的行为。从渊源上看，正式制度在很大程度上是人类自觉设计的结果或是将非正式制度转型化的结果，非正式规则则是人类行为和观念历史演进的结果。从实施机制上，正式规则具有较强的外在权威性，它以明示的形式向社会成员公布，并依靠国家或集体的强制力来实施，非正式规则的权威性不显著，它存在于人们的精神领域，并潜移默化地指引着人们的行为。如果正式规则对行为的规制可以快刀斩乱麻，那么非正式

① ［美］道德拉斯·C. 诺思著：《制度、制度变迁与经济绩效》，杭行译，格致出版社、上海三联书店、上海人民出版社 2008 年版，第 3—5 页。

规则的作用则往往是润物细无声。正式规则的存在和实施在很大程度上仰赖于规则制定者和执行者的意志，具有很强的他主特征，而非正式规则是人们长期以来自发的惯性行为，它往往演化成某种文化传统，具有结构的稳定性并且体现出自主的特征，这两类规则对人的行为的影响力都不可小视。从制度的实施来看，正式规则具有直接的强制性，它可以通过外在力量对行为进行矫治；而非正式规则具有一定的自发性，它在不同的社会主体身上发挥作用的程度不同，对有些人来讲，非正式制度可能具有比正式规则更强的拘束力，但也可能对另一些人来讲，非正式规则可能毫无用处。例如，对于一家视诚信为生命的老字号企业，它可能根本没有考虑诚信原则的法律要求，但却是在自觉坚守祖辈留下来的经商理念；而对一个生产有害食品的经营者来说，它即使谙熟法律规则对其行为的否定性评价，但是还会一意孤行，作为非正式规则存在的商业伦理对其毫无意义。实际上，任何现实的社会形态都存在正式规则与非正式规则的交互作用。

（二）制度失灵问题

在现代社会，每个人既是“经济人”，又是“社会人”，人对经济利益情有独钟的同时也要兼顾安全、情感、自尊等其他社会需要，这些需要的获得来自其他社会成员的配合。同时，人的行为选择不能仅以自身需要为基础，还要考虑现实社会条件和个人习得经验等社会情境。这样，在“经济人”的自然属性和“社会人”的社会属性之间，有时会存在一定的矛盾，需要建立起它们之间沟通的桥梁，使“经济人”和“社会人”能够平稳衔接、互相协调。在这一过程中，理性发挥了重要作用，人类的理性促使他们建立各种制度维护彼此之间的关系，无论早期的简单结构社会，还是以大工业化、网络化、信息化为表征的现代工商信息社会，各种形式的制度都不可或缺。制度是人类为维护社会秩序迫不得已进行选择的必然结果，制度的基本功能在于为人类构造一个相对稳定的生活空间。随着人类社会交往的日趋复杂化，为增进人们对彼此行为的预期性和维护社会安定性的要求，人们需要在更大的程度上将非正式规则转化为正式规则，人类也进入主要靠正式规则调整社会行为的时代。在市场经济发达国家，市场规则大都以正式规则的形式发挥着明确的调整作用，这些规则又被内化为市场主体的商业伦理，使得市场经济秩序相对稳定，“市场经济遵循的是一种平等交换的市场法则，它通过人们对自身利益的关注与追求的内在机制使社会充满活力，并以一种难以抗拒的力量将人们的视野引向自身的现实利益”①。就中国来讲，虽然随着法治国家建设的逐步推进，法律等正式规则在社会规则体系中的比重不断增加，但是传统伦理等非正式规则的力量依旧根深蒂固，社会生活的大部分领域仍靠非正式规则来约束，非正式规则渗透到社会生活的各个方面并与正式规则角力，使得两类规则之间往往出现冲突，进而产生制度对人的行为调控失灵问题。在旅游市场领域，《旅游法》、旅游行政法规和规章等正式规则与行业惯例乃至“潜规则”等非正式规则交互作用，作用的结果是正式规则的效用发挥得不尽如人意，制度失灵的情形较为普遍。

二、制度失灵的类型

（一）正式规则失灵

1. 市场失灵

在产权清晰的前提下，市场交易主体接下来就可以通过契约来实现产权交易，这是市场交易行为的基本规律，也是市场的独特功能的体现。在旅游市场上，也存在旅游经营者之间、旅游经营者和旅游者之间的权利配置问题，旅游市场的功能在于通过市场规律的作用，为旅游经营者、旅游者实现产权交易提供场所和行为模式。但是由于旅游市场存在广泛的市场失灵问题，产权交易的正常方式被扭曲，从而会产生失范问题。

（1）市场规划与开发外部性问题

制度经济学在承认市场对资源配置的基础性作用的同时也注意到了市场的外部性问题。有学者指出，“当一个企业的经济决策通过非市场的价

① 高兆明：《社会失范论》，江苏人民出版社2000年版，第192页。

格手段直接地、不可避免地影响到其他企业的生产函数或成本函数并成为后者自己所不能加以控制的变量时，对前者来说就有外部性存在”[①]。一般认为，市场的外部性包括外在费用和外在收益，即从事一项经济活动的私人成本与社会成本或私人受益与社会收益之间存在不一致。外部性又分为正外部性和负外部性，前者指的是私人受益低于社会效益，这种情况将导致实施某一经济行为的激励失灵；后者指的是私人成本低于社会成本，这种情况将导致社会资源的浪费。在现实生活中，外部性问题是市场机制不能完全克服的，因为市场的直接功能主要是调节资源在各交易主体之间的配置，对于某些交易行为的溢出效应，如修建公路对周边产生的噪声污染等类似问题，市场机制有时鞭长莫及。外部性问题的产生还在于市场交易成本的存在，根据科斯定理，在没有交易成本的情况下，无论怎样界定产权，通过市场的资源配置最终都是有效率的。但是在实际市场运行中，交易成本是普遍存在的，因此需要对产权进行清晰的界定，通过将产权在不同的交易主体间进行恰当的分配，可以使私人成本与社会成本、私人受益与社会收益在最大程度上一致，从而消除或减低外部性问题。

在旅游市场上外部性问题也普遍存在，这其中存在正外部性，如旅游开发对当地经济发展水平的促进作用，但还有大量的是负外部性。在旅游市场运行的各个环节，负外部性问题都有可能产生，其中以旅游市场规划与开发环节为甚，这里的负外部性主要指的是在开发利用过程中对原有自然、人文景观及其历史、生态、人文价值的破坏行为。[②]这种负外部性之所以产生归根结底在于产权制度。首先，我国旅游资源种类丰富，包括历史文化名城、风景名胜区、世界遗产、森林公园、地质公园、自然保护区、文物古迹、园林建筑等，很多旅游资源是全民共同继承的财产，具有公共产品的属性，但对这些资源的产权界定很不清晰。虽然相关立法一般都规定这些资源属于国家所有，但是究竟谁能够真正代表国家行使所有者权

① 匡林:《旅游业的外部性及其对策思考》，载《旅游研究与实践》1996 年第 2 期，第 2 页。

② 参见李霞:《旅游资源开发利用的外部性及其治理》，载《湛江海洋大学学报》2005 年第 5 期，第 56 页。

利，在实践中的做法却是五花八门，由此导致在旅游规划和开发的过程中，不可避免地产生外部性问题。例如，2003 年四川省乐山市发生的东方佛都公司通过修造假文物、破坏真文物，将原本在阿富汗境内被塔利班武装炸毁的巴米扬大佛在本地“复活”的事件。[①] 在这一事件中，由于产权配置的不合理，将公共资源交由营利性的私人公司开发，从正外部性上商业开发能够为当地带来更多的税收等经济利益，从负外部性上开发使得乐山大佛周边的国家重点文物保护单位——汉代麻浩崖墓核心保护区自然风貌遭到极大破坏。表面上看，这一事件是因为政府不作为甚至默许导致的恶性损害文物事件，但是其深层次的原因则在于对于重要的旅游资源，国家、政府和企业之间的产权配置不合理，违法的产权交易必然会招致恶劣的后果，从而产生各种负外部性问题。其次，我国很多旅游资源具有垄断产品属性，排除了有效的市场竞争，资源的占有者在定价机制上有完全的话语权。尤其是一些优质的旅游资源，如北京故宫、天坛和长城等知名景点都是世界上独一无二的，具有不可复制性。这些若干奇货可居的旅游资源具有垄断性，如果产权初始界定不科学就可能导致不对等的交易，如一线景点门票的任意涨价。资源的稀缺性使得通过规模效应或降低成本等市场手段谋取利益的市场规律失效，使帕累托最优的效率原则难以实现。

（2）市场资源配置功能紊乱

在常态市场环境下，旅游市场的运行必然遵循一定的规律。旅游市场失范行为产生的一个重要原因就是市场规律运行出现紊乱，难以发挥预期的作用，而旅游市场之所以容易出问题，与旅游交易极具特色的交易形态密不可分。对此，我们可以从旅游市场交易的主体、客体、履行和权利救济四个方面进行分析：

首先，在交易主体上，双方的实际地位存在严重的不对等。在组织旅游活动中，一方是对旅游产品可能做到了如指掌的旅行社和专业的导游人

① 曾民、逸西：《巴米扬大佛乐山“复活” 文物保护区遭破坏（图）》，http://news.sina.com.cn/c/2003-02-20/1413916021.shtml，最后访问日期：2020 年 7 月 22 日。

员，另一方是对交易信息掌握较少的旅游者（当然，对交易信息的缺乏反而是旅游者缔约的内在动机，因为旅游活动与日常的吃饭穿衣不同，其本身就是为了完成一种前所未有的体验）。同时，在交易的过程中双方的利益存在较为明显的冲突，旅游经营者希望通过较少的成本赚取更多的利益，旅游者则希望获得物超所值的旅游服务。这样，虽然在缔约之初双方的初始产权界定是清晰的，但是在交易进行即产权让渡的过程中，各方对自身的成本付出都做了更为精细化的考虑，每一方都试图在与对方成本和收益之间保持着较大的张力，造成天然的利益关系紧张状态，实现合作共赢存在较大的难度。

其次，在交易客体上，旅游交易的标的具有不同于其他交易的特殊性：其一，交易标的具有相对不确定性。从形态上讲，旅游交易的标的是有别于其他有形物理商品的旅游服务，是旅游经营者提供的系列服务行为，其中有些内容如在景点的停留时间是可以量化的，有些如导游人员的服务态度、讲解水平却难以量化。对同样的内容，不同的人的体验感受也各不相同，评价标准也会各不相同，如游览长城有的人喜欢去八达岭长城、有些人却喜欢登更为险峻的司马台长城，这种众口难调决定了对旅游交易客体的认识本身就容易出现歧义。其二，标的内容具有综合性。一般认为，旅游活动包括行、游、购、食、宿、娱六大要素。2015 年欧盟新修订的第 2015/2302 号《包价游和关联旅行安排指令》指出："包价游是指基于同一旅行或度假目的的至少两种不同类型的旅行服务的组合，如果：（1）就所有服务签订单一合同之前，这些服务由一名交易者合并，包括应旅游者的要求或根据旅游者的选择，（2）不论是否与一个旅行服务提供者缔结不同的合同，这些服务包括：（a）从一个销售点购买，并在旅游者同意付款之前已选定这些服务。（b）以套餐资费或总价提供、出售或收费。（c）以"包价游"用语或者类似的用语做广告或出售。（d）根据与交易者的合同，旅游者有权在提供的不同类型的服务中进行选择并将所选项目进行组合。（e）与第一个交易者确认预订后的 24 小时之内，该交易者通过关联线上预订程序，将旅游者的姓名、支付详细信息和电子邮件地址传输给另一个或另一些交易者，从而与另一个或另一些不同的交易者签订合同。”可见，旅游交易的标的具有一定的综合性，它是多个要素的组合，其中很多行为需要旅游辅助人的参与，因此看似简单的旅游活动在具体的衔接环节上并不简单。其三，标的需求的阶段性和少重复性。一方面，旅游活动的普遍开展是建立在人们的物质生活水平达到一定高度的基础上；另一方面，旅游活动的需求也具有一定的阶段性，如内蒙古的草原旅游只能在夏天进行，哈尔滨的冰雪旅游只能在冬天进行。而且对同一旅游产品，旅游者的需求一般不具有重复性，这决定了旅游交易的交易对象很难固定化，也更容易出现经营者经营中的短期行为。其四，某些标的具有可仿制性。很多旅游资源是不可复制的，但是利用旅游资源开发的产品却具有可复制性，而旅游产品不像其他物质性商品一样可以通过专利等知识产权来保护，复制并不存在制度上的障碍，最初有特色的线路产品也往往会因为被其他人的竞相模仿而失去特色，从而导致旅游竞争的决定性要素变得越来越狭窄，最终经营者之间最主要的竞争手段就是比价格。

再次，在交易的履行上，旅游交易也有自己的特色：其一，旅游活动的时效性和地域性。一般来讲，旅游并不是人类生活中必需的、不可或缺的活动，而是人们在劳动之余获得相对一定时间的休闲活动，这样旅游活动持续的时间较短，在履行上体现了一定的时效性，是在特定期间内发生的特定行为。同时，由于旅游大都是为了追求一种前所未有的体验，旅游者需要离开自己的经常居住地前往异地观光游览，所以旅游一般都是在旅游者不熟悉的地域内进行。其二，旅游活动的依附性。旅游活动的时间性和地域性决定了在旅游活动中，旅游者对旅游经营者存在很大的依赖性，需要在经营者的引导下进行活动，在旅游活动期间，旅游者的大部分行为都需要旅游经营者的协助。其三，信息分布的不均衡性。旅游活动的依附性决定了旅游者在旅游活动中获取信息的能力相对不足，因此在整个履行活动中要付出更多的成本，如被欺诈、强迫购物就是最严重的交易成本。当然，掌握优势信息的经营者也并非永远是赢家，如有学者所说，“如若旅行社的机会主义行为猖獗，旅游者与之订立契约的风险将会急剧增加。当交易费用足够高时，人们甚至会抛弃市场转而寻求一体化——也即自给自足”[①]。这决定了对双方来讲，旅游交易都存在较高的交易成本。其四，旅游经营者短期行为的普遍性。由于旅游活动对每个旅游者都可能是单次的、偶然的活动，旅游经营者对消费者持续消费的预期降低，这样在每次行动中便无须做长远的考虑，而更关注的是眼前利益的迅速实现，导致旅游活动中各种不规范的短期行为大量出现。

最后，在权利救济上，旅游者维护权利面临较大困难。其一，由于旅游交易的履行地大都在旅游者的住所地之外，因此即使发生违约或侵权行为，旅游者维权的成本也偏高。这一方面体现为旅游者在违约或侵权行为发生时，获取证据的能力有限，如参加自费项目，导游人员一般会拿出消费清单让旅游者确认收费，然后将单据收回，这样日后旅游者想投诉或诉讼也很难取得有效的证据。另一方面体现为发生纠纷时，按照属地管辖的原则，一般需要到旅游经营者住所地的有关行政主管部门进行投诉，如果进行仲裁或诉讼，虽然可以选择管辖地，但是仍然存在案件审理中对外地证据调取和保存等方面的问题。其二，由于旅游交易具有时效性，在旅游活动期间，旅游者有时甚至不知道自己的权利被侵犯，因此，在权利救济上，旅游权利救济在很多时候只能是事后救济。在救济方式上，虽然我国《民法典》总责编规定了承担民事责任的十一种方式，但是很多方式对旅游交易来说并不具有可行性，如继续履行、恢复原状等。实践中，经常采用的责任形式只能是赔偿损失、支付违约金和赔礼道歉等。此前，很多学者论述了在旅游合同违约的情况下，适用精神损害赔偿的可行性，但是在2013年颁布的《旅游法》中并没有这方面的规定，现有立法对旅游者权利救济上存在显著不足。

上述种种因素的存在表明，旅游市场是一个具有很多特殊性的市场，甚至可以说是一个机会主义容易泛滥的市场。由于旅游产品的特质性不明显，决定了市场的淘汰功能发挥得不够充分；由于供需双方的信息不对称，造成一方的市场交易成本显著增加；由于权利救济成本的高昂，使得旅游经营者侵犯旅游者权益时会无所顾忌。这样，供求机制上的供需相应、在

---

① 郑亚章：《旅游市场失灵的原因分析》，载《企业经济》2009年第6期，第138页。

价格机制上的质优价廉、竞争机制上的优胜劣汰、风险控制上的共担风险等市场机制在旅游市场上都难以充分发挥。在这样的市场上，旅游商品的市场价格变动与供求关系变动之间不再存在有机联系，即使在供不应求的情况下也可能还会出现“不合理低价”组团。旅游市场的产品价格难以提供真实的信息来反映旅游市场的供求关系，以对旅游服务资源进行重新的配置。由于特定旅游资源存在垄断性，第三方难以介入同一产品的经营中去，供需矛盾对旅游产品的价格难以造成影响，更不能促成旅游资源配置的流动，如人类永远无法再建造出一座已经“被唯一”了的故宫和天坛，这样导致某些知名景点的门票价格即使再高都无法通过市场资源的重新配置被撼动。在常态的市场，按照市场规律进行的价格竞争能够实现优胜劣汰，实现资源整合并为优质企业的发展注入更多活力，消费者也能获得更大的实惠，但是旅游市场的恶意低价竞争却造成了劣币驱逐良币，良币无路可走。另外，旅游产品的低成本投入和风险承担概率偏低，使得违规行为的成本也很低，旅游经营成为一个一本万利的买卖，并吸引更多的经营者进入这一领域，他们在市场上并没有得到以儆效尤的启示，更不会主动循规蹈矩，使得旅游市场的失范行为愈演愈烈。从交易的环节来看，失范行为在于在产权交易过程中，通过在先的产权局部让与取得交易资格，然后通过或然的交易成本付出获得对价利益。

通过上面的分析来看，是旅游市场本身的特质，当然更是中国旅游市场特有的经营逻辑，决定了中国旅游市场就像阿克洛夫说的“柠檬市场”，即由于供需双方信息的严重不对称，加之市场正常的价格机制失灵，导致了市场上的逆向选择问题，即劣质产品靠价格优势驱逐了优质产品。面对这一尴尬的难题，我们需要从制度的层面去寻求破解之道。

2. 政府失灵

（1）政府的职能

经济社会的繁荣离不开充分发育的有效市场，在相当长的一段时期内，人们曾对完全自由的市场经济情有独钟。在《国富论》中，亚当·斯密认为，自由市场中有一双“看不见的手”，表面看似混乱而毫无拘束，但是它在实际上指引着人们的行为，并进行着生产和消费的自发调节，因此政府对商业和自由市场的干涉是毫无道理的。类似不干涉政策的伦理基础还在于对政府权力的天然不信任，在霍布斯那里，作为公共权力代表的政府和国家就像怪兽利维坦，国家的存在也是人们基于社会契约不得已的选择，“我们看见天生爱好自由和统治他人的人类生活在国家之中，使自己受到束缚，他们的终极动机、目的或企图是预想要通过这样的方式保全自己并因此而得到更为满意的生活”[①]。但是，我们应该清楚，看似万能的市场其实并非无所不能，在解决公共物品、外部性、资源垄断和交易信息不对称等问题上，市场在很多时候显得无能为力，市场存在固有的失灵问题，更存在特定市场或特定时期的严重失灵。发生在20世纪二三十年代的资本主义世界的经济大危机，使人们认识到完全自由的市场经济存在的诸多弊端，并开始转而认为政府对经济的干预有时也是必要的。“二战”后，很多西方国家接受凯恩斯主义，通过政府干预经济以期纠正市场失灵问题确实取得了较好的效果，以至于近半个多世纪以来资本主义国家大规模的经济危机一直没有出现。美国学者麦克切尼认为，“政府可以强加管制，规定人们必须做什么、不能做什么以及必须遵守的规则……很明显政府拥有一些权力，这种权力能使它以比私人组织更低的成本完成某些事情”。但是，我们也应该看到，和市场类似，政府也并非存在一套完美无缺的体系结构。从自然秩序的角度看，人类不可能生活在无政府的状态；从经济秩序的角度看，国家对经济生活适度干预显属必然。市场和政府都是在公共经济生活领域的必要选择。

（2）政府因何失灵

市场的现实状态是政府权力和市场机制相互糅合的结果，其中市场机制的作用是中流砥柱，政府的干预当属例外。多年来，人们一直在试图找到国家干预经济的度的边界，但是这并不容易。这不仅在于人们对于政府职能的认知存在不同，也在于在现实生活中，政府决策的效率也经常受到质疑，政府在很多事情上也存在失灵问题，如对公共产品的提

---

① 霍布斯在《利维坦》第二部的开头便以此论述一个国家存在的目的。参见［英］霍布斯著：《利维坦》，黎思复、黎廷弼译，商务印书馆1985年版，第128页。

供与社会需求的契合，政府介入调控后扰动市场规律导致人们对市场信息的误判，等等。可以说，政府失灵是在克服市场失灵的过程中产生的，在市场失灵后人们转而求助政府，但发现政府往往也并非能够开出市场矫正的灵丹妙药。与市场失灵类似，政府在制定公共政策时存在信息获取的偏差、决策的利益博弈和执行的机制不畅乃至更有甚者的权力寻租，都有可能导致政府面临市场问题失灵。直观上，政府失灵的原因在于以下几点：首先，政府与市场的不同在于政府间几乎不存在竞争，政府的权力具有垄断性，这使得其主动管理的动力先天不足，如果再缺乏有效的激励机制，政府在理性调控市场方面的考虑就不会充分；其次，政府在公共资源的分配上也会出现浪费；最后，在社会监督机制没有普遍建立起来的情况下，对于政府的监督主要来自政府内部，这很难达到预期的目标，即使社会监督机制普遍存在，但是由于监督方和被监督方也存在信息不对称，政府部门对信息的垄断能力较普通市场主体更强，这样普遍监督往往难以实现。

按照社会契约论的观点，人们让渡个人自由接受政府的管理在于换得在必要之时获取公共权力的保护和救济，这其中最重要的就是法律权利的授予和保障，“正是因为有保障权利和限制权力的法制，正是因为法制厘定了权利和权力的界限，所以经济理性人能够在制度规定的自治范围内，按照自己意愿（实际上也是社会期望意愿或曰制度规定的意愿）自主决策，于是，分工和市场在此基础上得以演进，经济得以增长”[①]。有效的政府权力运作能够实现对公民权利的有力保障，在经济生活领域维护社会公正是政府最基本的职能。在早期无政府状态下，人们扮演自我利益的直接维护者角色，但是在有了政府之后，如果存在政府失灵就会给人们造成一定的错觉，从而相信政府是没错的，政府的安排是合理的。这样，在政府权力能够干预的那些社会生活领域，人们会多少存在精神上和行动上的麻痹，行动的自主性变差。反之，如果没有对保护的预期，人们也许会重新选择

① 吴练达：《制度、行为与经济发展——中西制度差异根源与西方世界兴起》，东北财经大学2010年博士学位论文。

自己的行为，可以说在政府权力没有落实的个别情况下，行为的结果可能并不比没有政府要好到哪儿去。由于我们在公共权力配置和运行的所有环节，不可能做到完美无缺，因此政府失灵不可能完全避免。在经济生活领域，政府权力事实缺位或过犹不及的情况大量存在，这时人们只能被动接受市场的安排。中国的旅游市场也是市场规律和政府管制共同作用下的市场，既存在市场失灵的问题，也存在政府失灵的问题，我国文化旅游行政主管部门的执法意识和执法水平与旅游市场失范行为的发生不无关联，政府失灵的主要情形是政府角色的错位和政府行为的偏差。

第一，政府在市场管理中的地位界定不甚恰当。有学者认为："我们的政府是从计划经济中走过来的，天然的具有违反市场经济规则的内在冲动。"[①] 可以说，政府常犯的错误是对自己的职能究竟是什么不甚清楚，或者说虽搞清楚了却难以抑制某些一时的非理性行为；在旅游治理市场问题上某些地方政府对自己作为市场管理的角色认识和预期目标上存在错位，往往习惯于以高高在上的管理者身份出现，不能够自觉利用市场规律来维护市场秩序；在对行政权力的认知上，或认为通过自己开具的几剂"猛药"就可以扭转市场秩序不佳的状况，或认为再怎么努力市场秩序的好转也无力回天。

第二，在公共权力的配置上，还需要更精细化的管理措施。以旅游资源管理为例，中国地域广阔、地貌形态丰富，有很多优质的旅游自然资源，经过 2018 年国家机构改革，很多关系开始逐步理顺，原来的多头关系逐步统一，现在自然保护区、风景名胜区、自然遗产、地质公园等由自然资源部国家林业和草原局（加挂国家公园管理局牌子）管理；文物保护单位和 A 级旅游景区由文化和旅游部管理。目前，我们正在积极探索建立国家公园制度，从 2017 年开始进行三江源国家公园等若干个地方的试点，但是关于国家公园管理的具体方式、方法仍在研究探索中。

第三，政府监管行为的尺度标准不确定。例如，对于旅游行政违法行为，主要的执法手段是行政处罚，但由于旅游行业牵涉面广，实践中旅游

---

① 朱红莉：《我国旅游市场秩序治理模式的选择》，西北大学 2005 年硕士学位论文。

行政处罚的实施主体并不十分明确。2013 年 2 月 27 日，原国家旅游局颁布了《旅游行政处罚办法》，该办法的第五条规定："县级以上人民政府组织旅游主管部门、有关主管部门和工商行政管理、产品质量监督、交通等执法部门对相关旅游经营行为实施监督检查……"但是，对于"有关主管部门"究竟是哪个或哪几个部门，立法却并不明确。该办法第八十四条还规定："省、自治区、直辖市人民政府决定旅游行政处罚权由其他部门集中行使的，其旅游行政处罚的实施参照适用本办法。"但是目前各地对于哪个部门集中行使处罚权也大都没有明确的规定，这样很容易导致现实中执法的真空出现。

第四，旅游市场管理的执法手段单一，执法效果欠佳。针对旅游市场的各类违法行为，目前我国各级行政主管部门大都习惯采用的是外科手术式的执法方式，即头痛医头脚痛医脚，最终的执法效果并不好，这不仅无法从根本上遏制住违法行为，而且某些手段因为反复适用锻炼出了执法对象的"耐药性"。

第五，现有体制缺乏对执法人员的激励机制，执法人员在执法过程中缺乏精确把握执法尺度的动力，造成执法的力度强弱不当，有时搞运动式的执法大检查，有时草率执法流于形式。实践中，执法力度过强会导致执法人员身心疲惫，执法力度太弱则造成执法的软弱无力、效果不佳，如有学者所言："只要监督人员的利益没有改变，监督机构增加对旅游企业的约束和处罚，在短期里能够抑制竞争中非法行为的采取，但从长期来看，则只会使监督人员松懈对非法竞争的监管，而企业非法竞争的概率却并不会减少。"① 在国家公权力运用的过程中，仅仅靠执法者的政治素质，是难以充分达到市场管理的预期的，这其中不仅应该有必要的责任机制，还应该有必要的激励机制。激励能够对人的思想和行为起到持久的推动力，实现政府管理行为的秩序性和有效性，从而避免政府失灵，而政府失灵会导致市场更加失灵。

---

① 朱静、柳劲松：《经济师》2006 年第 6 期，第 148 页。

（二）非正式规则失灵

根据事物发展的基本规律，任何变化都是内因和外因相互作用的结果。通过前面的分析，我们知道旅游市场失范行为与市场失灵和政府失灵不无关联，但是我们也不能忽略旅游市场主体个体选择的重要性。即便有外部环境的作用，但每个人做事还要根据自己的内心来取舍，个人的观念和操守最终决定着人的行动，就像美国学者伯尔曼所说的："真正能阻止犯罪的乃是守法的传统，这种传统又根植于一种深切而热烈的信念之中。"[①] 在现代法治社会，制度运行的深层次基础在于社会成员对制度的认知和认可，并将其内化为自己的行为尺度和标准。从中国建设法治国家的历史基础来看，在中国传统社会，国家权力和宗族权力极其强大，个人的主体意识基本被淹没在主流意识形态和国家机器的强制当中，个性化的市民社会思想没有基础，国家的权力规范和主流的价值观指引着人们的行为。到了现代社会，国家权力开始逐渐还政于民，宗族权力逐渐瓦解，影响个人行为的国家权力出现弱化，个体意识获得更多的解放。在这种情况下，已经习惯于被宗主化的个体意识面临的压力被释放，但一时还难以形成独立健全的、具有现代精神的个体意识，个人行为普遍缺乏自律意识，在行为方式上就容易任意为所欲为。在社会结构流变的过程中，正式规则和非正式规则交织在一起调整人们的行为，其中非正式规则的功能发挥更加复杂化。当下，能够型构人们社会意识的非正式规则包括道德、习俗、规约和宗教等，其中道德和宗教是形而上的意识形态，属于精神的范畴，习俗和规约在大多数情况下仍被看成一种非正式的制度性规则，只不过与正式规则相比，它们是局部性的群体意志，也是特定群体观念的体现。上述四种因素虽然形式和内容各异，但是都作为明示或内在的规范渗透到人们的观念中并在一定程度上制约着人们的行为，有些时候其影响甚至超过正式的规则，它们都体现了一定的群体性和特质性，对群体内成员的影响也注定是深刻的。

---

① [美] 伯尔曼著：《法律与宗教》，梁治平译，中国政法大学出版社 2003 年版，第 18 页。

1. 道德——基本价值观的制度

作为一种社会意识形态，道德是人们共同生活的行为准则和规范，它存在于人们的观念之中，对人的行为起到内在激励或抑制的作用。很多时候，伦理和道德被当成同义词看待，有学者认为，“人的一切自由意志行为，都贯穿着伦理道德。伦理道德是人类实践中隐而不露又无所不在的灵魂”。[①]道德是边界并不完全清晰的价值规范体系，是群体性的、稳定的意识。从其形成过程来看，道德是在人的社会交往中个体的先天个性、家庭环境等因素与其他人的特质相互叠加，从而整合成社会成员普遍认可的行为准则，即社会基本道德。同时，由于不同的个体对社会整体性意识的感知和认识不同，在不同的社会成员那里可能还存在不同的道德准则，因此道德往往又具有个性化的特征。尤其随着人的活动空间不断拓展，在社会生活的特定领域，不同的个体道德相互融合并凝集成群体性思维模式和行为模式，即特定社会交往伦理。也有学者认为，在商业社会存在商业伦理和商业道德的区别，认为“伦理是一种社会关系，而道德只涉及个人的修养”[②]。这样，在商业交往中人的选择不是自由的，而是受商业伦理和个体道德的双重制约，二者有时相互一致，有时存在局部的冲突，有时则存在根本的对立，这在很大程度上增加了对人的行为选择预测的难度，因为选择的过程类似于化合物的酿造过程，是个体的意识与社会意识相互交融和妥协的过程，在一定程度上也可以说是个体道德社会化的过程，即个体道德与行业伦理交融，并趋向与其妥协以求得一致。一个道德水平低下的人，进入伦理水准较高的群体中，为了生存需要对自己的行为进行一定的遏制，随着时间的推移，行为乃至观念慢慢被那个群体的价值观所同化，从而成为行业伦理群体中的一员。当然，反向发展的情况也是大量存在的。在老舍先生的经典名著《骆驼祥子》中，就描述了一个健壮、朴实、勤勉、憨厚的祥子在车夫的世界里历经沧桑后蜕变成一个狭隘、自私、世故，但

---

① 高兆明：《制度伦理与制度“善”》，载《中国社会科学》2007年第6期，第44页。

② 刘哲、黄振地：《商业伦理与商业道德之辨》，载《时代经贸》2008年第2期（下旬刊），第29页。

仍留有分寸的“仿佛就是在地狱里也能做个好鬼似的”祥子的经历。老舍先生的著作形象地反映出在商业社会中个体道德的再社会化过程，他写道：“经验是生活的肥料，有什么样的经验便变成什么样的人，在沙漠里养不出牡丹来。祥子完全入了辙，他不比别的车夫好，也不比他们坏，就是那么个车夫样的车夫。这么着，他自己觉得倒比以前舒服，别人也看他顺眼；老鸦是一边黑的，他不希望独自成为白毛儿的。”在当下普遍缺乏诚信的市场条件下，中国旅游市场的一些经营者也在经历这样一个入辙的过程：攫取不法利益就成为合乎道德的时尚，制度和规矩在群体伦理中沦为不合时宜的“另类”。因此，《晏子使楚》提到的“民生长于齐不盗，入楚则盗，得无楚之水土使民善盗耶？”的情况在现实生活中是存在的。在此，笔者将其概括为“道德取向平均化”现象，即在个体道德与群体伦理不尽一致的情况下，前者出现一种慢慢向后者靠拢的趋向，以使自己不被排斥出局。在旅游市场上，一个诱导游客购物又不去拿回扣的导游是不存在的，这也能够说明为什么我们惩治了 100 个违规的从业者还能有第 101 个这样的人出现，因为在“楚之水土使民善盗”的环境下，善盗其实是一种新常态，失范行为也成为正常。

2. 习俗——商业惯例的制度

道德是市场主体善恶是非的评判标准，习俗则指的是行业经营中的某些惯例，道德具有明确的价值判断取向，而习俗是一个中性的概念，即存在符合道德的习俗和非道德的习俗。习俗制约着商业社会中人的经济行为的具体方式，符合习俗的做法更容易被普遍接受。在不同的道德取向的指引下，各行业会慢慢形成约定俗成的行业惯例。这些惯例一般是不成文的，但是业内人所共知，他们未必具有直接的强制性，却具有极大的同化效应，并促成本行业领域形成无形的利益同盟。这样，行业惯例成为有实际约束力的内在规则，并形成“符合惯例的就是道德的”的新伦理标准。当然，惯例本身也存在依据商业伦理判断的道德性问题，一方面，由于惯例被确认下来是因为其具有广泛的社会基础，不符合公认道德的商业行为也往往会因为符合行业惯例而具有合理性；另一方面，有些时候行业惯例虽然在行为方式上有相近之处，但是却会因其蕴含的内在价值不同而具有不同的属性。以商业“回扣”为例，类似的交易形态在西方国家也是存在的，它在英文中被表述为佣金（comission），指的是经营者给那些为其提供了商业机会的人以一定的金钱回报，因为商业机会的提供本身就是一种劳动付出，是有价值的，获取回报也符合等价有偿的交易原则，这期间如果没有共谋和欺诈，那么就属于正常的商业行为。更有学者指出，在西方国家，回扣制是一种普遍惯例，一般是作为对扩大销售额的奖励金来使用，即只起促销作用。在日本，回扣制被用作控制销售商的一种手段，具体有三种方法：专有率回扣、累进回扣、忠诚度回扣。日本的回扣制把道德因素纳入经营方式中，即根据零售商对厂家的销售政策进行配合与协作的程度支付回扣，使厂家与销售商之间易于结成长期稳定的交易关系。[①] 可见，作为商业惯例的“回扣”本身并无原罪，但是将“回扣”作为商业利益获取的唯一手段和源泉，才是不符合个体道德和商业伦理的。

惯例是历史积淀的结果，它之所以能够流传下来并作为一种行业规则被认可和广泛采用，也在于其内在的合理性。当然，合理的未必是正确的，如果是一种恶习，则贻害无穷，如中国古代汉族妇女千百年来有缠足的惯例，但那却是不折不扣的陋习。更为麻烦的是，一种有违道德和法律的“恶”的惯例一旦被接受下来，则对那些“善”的规则有强烈的去化作用，因为惯例有助于利益的实现，道德和法律反倒扮演的是阻止获益的“恶”的角色，在这些惯例的坚守者那里，按照惯例办事就是按规则行事，这种巨大的强化作用支配着人的行为，他们会按照“自以为是”的路径一路走下去，走的人多了，就不再迷途知返。

3. 规约——行业内部关系的制度

行业惯例一般是非明示的，但是很多商业组织团体内部一般都有自己明确的组织和行为规则，这些规约形成本行业的组织体系制度。从来源上看，行业规约是行业内部全体人员意志的体现，具有较强的专业性；从执行上，由于各市场主体是关系密切的利益相关者，市场份额此多彼少是绝对的市场规律，这种利益上的牵制使得规约能够比外部规则如法律获得更

---

① 参见李肃东：《近现代西方商业道德》，载《中国商人》1998 年第 7 期，第 53 页。

好的尊重。在中国历史上，商业社会的行业规约曾具有重要的影响力，它以特定的方式进行市场的内部自发调节，以维护基本的商业秩序。尤其到了近代，随着工商业的大规模发展，行业组织也更加重视内部的“制度建设”，以此进行市场准入和行为自律等方面问题的市场调节。例如，在清光绪年间，上海出现当铺过多、市场竞争加剧的情况，有关的行会就曾出面通过颁行规约的形式进行市场规模的调整。[①]可见，来自行会组织内部的规约，足以使那些不守规矩的“另类”产生压力，从而使其行为不能偏离正轨太远。当然，规约的效力有时也未必像我们想的那么大，与正式规则相比，规约的制定和实施也会遇到麻烦：首先，它存在与外部规则的协调问题。因为规约虽然是内部的行业同盟成员的集体意志，但仍属于小众的范围，其科学性值得商榷，同时由于行会的组织成员已经事实上结成一个利益集团，他们往往会过多地考虑自身的局部利益而忽视社会的公共利益，如在规约中规定过于利己的有关市场保护、限制竞争等促成行业垄断的内容。其次，规约实际的执行力问题也需要考虑。规约能够执行在很大程度上来自成员的自觉遵守，因为行会不掌握国家的公共权力，对于行内的害群之马，最严重的处罚也只能是开除行籍，如果犯科触律，只能另求诸代表国家权力的外部机构解决。在一个商业伦理被普遍接受的社会中，行业规约如果能够与其相契合，则会迸发出极大的力量，使商业行为受到较为严格的约束，但是如果行业规约本身就不具有普遍的善，则规约的效力就名存实亡。在旅游市场失范问题上，行业规约如果能够被行业成员一致性自觉地执行，则会对失范行为起到一定的遏制作用，如果规约没有内化为行业成员的行为伦理，则其约束力也将难以实现。

4. 宗教——超自然力量的制度

关于对宗教的认识，恩格斯指出：“一切宗教都不过是支配着人们日常生活的外部力量在人们头脑中的幻想的反映，在这种反映中，人间的力

---

① 详见彭泽益：《清代工商行业碑文集粹》，中州古籍出版社1997年版，第89—90页，转引自李雪梅：《工商行业规范与清代非正式法——以会馆碑刻为中心的考察》，载《法律科学》2010年第6期，第163页。

量采取了超人间的力量的形式。在历史的初期，首先是自然力量获得了这样的反映……不久社会力量也起了作用，这种力量和自然本身一样，对人来说是异己的，最初也是不能解释的，它以同样的表面上的自然必然性支配着人。”[①]恩格斯深刻地揭示了宗教与其他社会意识相区别的本质规定性。尽管基于不同的世界观，人们对宗教存在不同的认识，并且很多认识是不可调和的，但是宗教对人们行为强大的约束力却是不言而喻的。例如，作为《圣经》的基本行为准则“摩西十诫”中就有两条提到对他人财产权的尊重：第八条：“不可偷盗”；第十条：“不可贪恋他人的房屋，也不可贪恋他人的妻子、仆婢、牛驴，并他一切所有的。”现今，“摩西十诫”成为以色列一切国家立法的基础，也构成西方世界核心价值观的重要成分，宗教教义对人的行为调整发挥了极大的作用。美国学者伯尔曼认为：“宗教也不只是一套信条和仪式；它是人们表明对终极意义和生活目的的一种集体关切——它是一种对于超验价值的共同直觉与献身……宗教则有助于给予社会它面对未来所需要的信仰；宗教向颓废开战。”[②]这样，抛开对宗教的价值判断的因素不谈，宗教的力量是客观存在的，它浸润到人们的头脑中，从方方面面对人的行为起着重要的影响，在工商业社会的发展进程中，也对整个社会商业文化的塑造起到推波助澜的作用，如在天主教盛行的大部分欧洲地区，诚信做人、诚信经营成为一种习惯，与基督教教义中宣扬的人对上帝的责任的内心强化不无关联。

在当下中国的市场环境下，商业道德被普遍漠视，商业习俗被各类“潜规则”占据，行业规约没有有效建立，宗教的一些积极力量几乎没有发挥，这样非正式规则在很多领域面临失守，这也是旅游市场失范行为产生的内在根源。

① 《马克思恩格斯选集》第 3 卷，第 354—355 页。

② ［美］伯尔曼著：《法律与宗教》，梁治平译，中国政法大学出版社 2003 年版，第 11 页。

第二章 旅游市场失范行为的制度解释

通过前面的论述，我们知道旅游市场失范的诱因在于制约种种不规范行为的制度存在失灵，内因和外因的综合作用最终造就了失范的市场。但是如果就此止步，我们仍无法寻找到解决问题的方案，我们需要进一步厘清失范行为产生的动因，并综合比较各种治理措施，以期为对旅游市场失范行为找到切实可行的调控方法。失范行为是社会生活某一领域面上的缺失，如果我们不能仅仅做局部的点的修补，不可能换来完整有序的市场环境，多年以来我们曾疲惫不堪地试图去修补这张破损的网，可是至今仍未能如愿，因为如果我们洞察清楚这张网中的千千结，就必然会徒劳无功。同时，我们也不能指望迅速毕其功于一役，因为当下的市场环境已经是冰冻三尺非一日之寒。因此，我们需要细细地梳理和反思曾经的经验，分清其中有效的做法和无益的尝试，最终坚守住我们应该坚守的，改变那些我们能够改变的。在任何一个社会能够影响人们行为的制度都包括前面所说的正式规则和非正式规则，旅游市场失范行为的产生也与正式规则与非正式规则的缺失或无效存在密切的逻辑关系，因此我们的研究进路也按照这两条路径分别展开。

一、制度的基本功能

在此，我们有必要回溯一下对制度的功能的认识。近代社会以来，新的社会规范开始对传统社会及社会中的人进行重新改造，卢梭指出：“从自然状态到社会状态的转变在人身上产生了非常显著的变化，在人的行为中，公义取代了本能，他们的行为具有了从前不具有的道德性。只是在这时，义务的声音替代了生理的冲动，权利替代了欲念，此前只关注自身的人发现自己不得不按照其他的原则行事，在受自己的本性驱使之前要叩问自己的理性……把他从一个愚昧而又狭隘的动物变为一个智性的生物，一个人。”[①] 从这个意义上讲，制度也是社会契约，是人为自身的存在进行各方面的立法，从而使人与人之间的关系由战争转变为合作。在现代社会，制度的功能得以彰显并变得越来越不可或缺，制度“不仅是遏止邪恶行为和约束自利行为的利器，同样也是协调善举的平衡器，更是建立社会秩序的平台”[②]。在市场治理中，制度的具体功能体现在以下几个方面：

（一）凝结共识

制度经济学认为制度是博弈的结果。在多次的重复博弈中，人们互相妥协达成共识，最后将共识固化为制度，当然制度不是一成不变的，在制度之下还会存在继续的重复博弈，推动制度的更新，因为制度理性的人性基础在于制度是群体性的共同意志，也只有如此它才能获得大多数人的认可。日本学者青木昌彦认为：“制度作为一种均衡现象，只要别人不忽略它，任何人都不敢不正视它的存在，从而对人们的策略选择构成影响。”[③] 就中国的旅游市场来说，各种立法——不论是作为基本法的《旅游法》还是作为行政法规的《旅行社条例》、作为行政规章的《旅游服务质量保证金存取管理办法》、作为地方性法规的《北京市旅游管理条例》等，都是一定范围共识的体现，在这个意义上正式规则的出台也如恩格斯所说的，立法者不是在制定法而是在表述法。从内在机理上，“制度作为共有理念的自我维系系统，其实质是对博弈均衡的扼要表征（summary

---

① ［法］卢梭著：《社会契约论》，杨国政译，陕西人民出版社 2004 年版，第 16 页。

② 吴练达：《制度、行为与经济发展——中西制度差异根源与西方世界兴起》，东北财经大学 2010 年博士学位论文。

③ ［日］青木昌彦著：《什么是制度？我们如何理解制度？》，周黎安、王珊珊译，载《经济社会体制比较》2000 年第 6 期，第 34 页。

representation）或信息浓缩（compressed information），它作为许多可能的表征形式之一起着协调参与人理念的作用”[①]。可以说，制度起源于人们社会交往中形成的各种共识，然后通过理性的力量以一定的形式将这些共识固定下来。

（二）设定价值

很多时候，制度在形式上是中立的，其适用的首要规则就是对事不对人，这也是现代法治理念的精髓所在。但是，任何一项制度其实都不可能离开价值判断的因素，也就是说制度都蕴含着价值的内核。[②]它能够提供一系列对行为进行指导的规范和对行为进行评判的标准。同时，制度对人来说是有用的才能够存在下去，如果人类制定了一项对火星的土地进行分配的制度，这样的制度因为无用而没有价值，相应的规则也不可能作为可接受的制度存在。制度是人的情感和意志的外在表达，“制度作为人类特殊的社会活动现象，它是自由意志活动的产物”[③]。在这个意义上，制度对人的行为能够起到指引作用，可以说制度来自实践又指导实践。通过实践的这个中介，制度获得了理性基础，也具有了伦理性。

（三）调控行为

制度的效用在于调控人的行为，其主要机制一个是激励，另一个是约束。好的制度能够止恶扬善，它通过上述两种机制，制约社会关系参与人的具体行为。制度会形成压力，使人们尽可能在制度的框架内活动，如在买卖合同中，《民法典》作为正式规则，交易惯例、商业伦理作为非正式规则一道促使买方要依约取货付款，卖方要依约按期保质保量交货。制度

---

① ［日］青木昌彦著：《什么是制度？我们如何理解制度？》，载《经济社会体制比较》2000年第6期，第33页。

② 此处制度的价值是从终极意义上讲的，对于某些纯属于技术性规范的制度，制度本身可能不存在关于善或恶的伦理评价问题，但是技术规范归根结底也是人的规范，技术规范的终极目标是有价值的，如关于机械的操作规程满足的是人的秩序、安全和健康等价值需求。

③ 高兆明：《制度伦理与制度“善”》，载《中国社会科学》2007年第6期，第44页。

在对个别行为进行调整的同时，还会促使参与人之间互相模仿，将个别行为转化成普遍性的行为，“制度确实通过协调人们的理念控制着参与人的行动决策规则”①。在制度的框架下，人们会自觉或不自觉地向制度设定的行为模式靠拢，以免在共有理念控制下的社会中“出局”。正是有了制度的影响，人的个体化行为在一定程度上被统一。可见，制度通过对人的行为调控提高了社会管理的效率。

（四）固定秩序

制度最重要的价值在于固定并维护秩序，许多制度经过长期的流传和演化，逐渐变成人们的思维方式和行为方式的基础，这样整个社会就按照制度设计者安排的模式来运转，并形成那个社会或团体的特有秩序。秩序的好处在于能够增加人们对自己和他人行为的预期，从而提升自身的安全感，长期稳定的制度还能塑造文化，或者说制度本身就可以成为一种文化，如中国的儒教制度其实也是儒家文化。就正式规则而言的制度，“制度本身就是一种文化，一部制度演变史就是一部文化的发展史，制度、习俗与惯例共同构成文化的一部分”②。一旦成为文化，事物的发展的轨迹就会存在对过往的路径依赖，并且按照制度的安排继续走下去。

在中国的旅游市场上，制度也承担着上述功能。旅游市场的制度也是多元的，既有法律法规也有商业习惯和伦理。在常态的市场下，正式规则和非正式规则虽然形式各异，但是其基本目标一致，不过在当下的中国旅游市场，原本应该作为统一体系的市场发生了裂变，正式规则的功能没有得到充分发挥，蕴含着严重违背商业伦理和市场经济基本要求价值的非正式规则却得以实施。在这样的制度背景下，我们再想求得良好规范的市场秩序就无异于缘木求鱼。

---

① ［日］青木昌彦著:《什么是制度？我们如何理解制度？》，周黎安、王珊珊译，载《经济社会体制比较》2000年第6期，第35页。

② 参见张志勇:《人与制度的哲学研究》，中共中央党校2010年博士学位论文。这里作者所理解的制度是狭义的，指的是正式制度。

二、社会失范行为的制度根源

市场行为中那些不当私利的获得往往是在行为人与制度角力取得胜利后才实现的，在一定程度上可以说制度的溃缩造成了失范的市场。下面，我们仍从正式规则和非正式规则的视角分别进行阐释。

（一）正式规则视角

制度是进行社会治理不可缺少的手段。在经济生活领域，正式规则发挥着对行为进行调控的基础性作用：产权制度确立了市场主体身份，契约制度确定了市场交易规则，侵权和救济制度维护了市场交易安全，可以说市场本身就是一种制度的形式。市场运行中的种种反常情况其实就是行为与制度间的现实冲突，从制度的视角我们可以对失范行为进行反向解析，对于旅游市场失范行为也可以从旅游市场制度的角度进行解释。

1. 制度效用的发挥机制

法律是重要的制度之一，根据亚里士多德的法治二重性观点，法治既要求法律被普遍遵守，又要求法律被制定良好，“良法”是前提，“法律至上”是保障。从制度经济学的视角看待法律，就是如果没有好的实施机制，则法律作为制度的效用将无法发挥出来。

（1）必要的机制

作为国家或集体权威的体现，正式规则的实施机制必须包含激励和监督两个重要部分。

首先，必须具备激励机制。“徒法不足以自行”，正式规则最大的弱点在于对实施机制的依赖，法律从不会自动实施，而是需要很多基础条件。青木昌彦认为：“如果为了达到某种社会目标设计出来一种机制，但该机制无法自我实施，那就需要附加一种额外的实施机制。附加具备特定行动集合（如将犯人投入监狱）的实施者（如法庭、警察、调查员等）必然改变博弈形式，后果函数也将相应地加以变更。”[①] 可见，在通过法律建构秩序的过程中，行为实施者和执法者之间也存在着博弈，就违法情形而言，双方利益冲突越明显，则博弈的展开和进行就越充分，执法者遏制违法行为的动机就越强，因此对执法者进行激励至关重要。可是，在中国当下的行政管理体制下，由于一些人的官本位思想较深，某些政府官员把自己看成有异于黎民百姓的另一阶层人物，而并非按照社会契约之下的人民利益保护者，这样在主观上为人民服务的意识和情感比较淡漠，如果客观上服务与不服务也对自身利益影响不大的话，就容易出现按照多一事不如少一事的心理放弃监管职责的情况。

其次，必须具备监督机制。激励机制决定了公共权力在人民的利益需要救济的情况下，该出手时就出手。但是这种激励如何能够实现，青木昌彦认为那就是监督的问题：“要解决该问题，就必须将实施者包括在博弈之内，将他视为一个博弈参与人，然后在给定其他参与人的均衡策略下，看给实施者规定的行动规则能否成为他的均衡策略，从而得以自我实施。”[②] 也就是说，在对待市场博弈的问题上必须做统一的考量：在正式制度实施的过程中，既包括市场主体间的博弈，也包括市场主体和执法者间的博弈。当制度的实施者成为博弈的一方时，才能真正解决问题，存在三方博弈的混合策略市场，最容易达成帕累托最优。如果执法者只是作为第三方的旁观者，在监管和不监管之间他们可以随意选择，就会使市场博弈主体混淆策略选择，市场行为的预期难以获得，良好的市场秩序也难以实现。要使执法者进入博弈中去，需要建立来自其他博弈主体的监督机制，如建立政府执法部门对工作情况向市场参与者的通报与后者的评价反馈机制等。

---

① ［日］青木昌彦著：《什么是制度？我们如何理解制度？》，周黎安、王珊珊译载《经济社会体制比较》2000 年第 6 期，第 31 页。

② ［日］青木昌彦著：《什么是制度？我们如何理解制度？》，周黎安、王珊珊译载《经济社会体制比较》2000 年第 6 期，第 36 页。

（2）制度效用问题

制度是植根并超越人的自然属性的社会规范（无论是正式制度还是非正式制度），在制度与人关系上存在制度的实施效用问题，制度效用是一个变量，存在正效用和负效用。以法律制度为例，就正效用来讲，法律的实施会不断强化人们对法律的认知与认可，进而养成守法的习惯。例如，为了缓解交通拥堵，北京市政府在2010年4月颁布《关于实施工作日高峰时段区域限行交通管理措施的通告》，规定了全市除特殊机动车每周一至周五中有一天不得进入五环内行驶的措施。这一规则实施以来，人们已形成习惯，加之主要采用电子设备进行执法等手段的配合，最后由于认识错误和执法不严导致违法的情形越来越少，制度的效用逐渐扩大，守法基本上成为常态。但是制度实施的负效用的例子也是存在的，如我国1979年《刑法》有关于投机倒把罪的规定，这一罪名限制了大多数形式的调剂商品供求的正当市场行为，从而妨碍了本来有利于经济发展的市场交易。在实践中还存在一种情况，就是制度实施的正效用开始是存在的，但是随着时间的推移而不断递减，我国《旅游法》的实施过程就是如此，可将其概括为三个阶段：威慑期——平静期——衰退期。它经历了从最初的旅行社不敢采取“不合理低价”做法揽客经营导致团费价格陡增，导游人员涉嫌安排自费项目即使在游客要求时也望而却步等为表征制度威慑期，到旅行社开始试探着走回老路的制度平静期，再到基本上通过以往的非正式规则来代替《旅游法》行事的制度衰退期。对此，我们不能简单地用旅游企业及其工作人员见利忘义、素质差等因素来解释，在经济生活领域，每一个人首先都是为了自身的生存而期望获取更多利益的经济人，“在一种广义成本——收益比较中，明知是恶，但是有利可图，得大于失，所以在一些人看来选择作恶较之选择行善更为明智。即虽是不合法、不正当、不道德的行为，但却是利弊权衡下的明智选择”①。可以说，我国旅游市场正式规则效用的递减在很大程度上也是由于制度的实施机制欠缺造成的。

① 高兆明：《社会失范论》，江苏人民出版社2000年版，第94页。

2. 制度的异化

如果人们都按照制度设计的框架来实施自己的行为，那么即使制度的规定不算合理，但是仍可以形成特定的秩序。例如，在中华人民共和国成立初期的前30年里，我们实行的是计划经济体制，当时经济生活领域相应的制度并不充分，社会劳动生产率普遍低下，但是经济秩序异常稳定，经济领域的社会公正也基本得到维护。改革以后，随着经济体制向市场经济转轨，大量的正式规则以制度的形式确定下来，但是经济领域的失范现象比比皆是，尤其在旅游市场领域，制度越来越多，市场秩序却仍按照自身的逻辑一意孤行，这一悖论耐人琢磨。按照常态，越健全的制度应该能够带来越规范的市场秩序，否则就说明制度的效用出现了问题。市场失范行为的本质根源也是制度被异化，这主要体现在以下几个方面：

（1）制度供给不足

在传统的人治社会，领袖的权威作为基本的制度通过巨大的压力从外在和内在两个方面使人服从制度的安排，虽然这样的制度有时并非明确具体的，但是其产生的心理暗示以及对行为的模仿效应使得稳定的秩序较容易获得。在现代法治社会，法律作为基本的制度通过明晰的规则使人们普遍接受其安排，法治与人治的不同也在于法律的实施需要与个人笃信的非正式规则契合。当下，在一个思想多元的社会里，非正式规则造成的不确定性显著增加。法治社会要使人们形成依法律制度行事的习惯，唯制度论的观念变得更有市场，就需要制度制定得较为完善，不过人的理性的有限性决定了完美无缺的法律制度在任何社会都是不存在的。在作为正式规则的法律制度和作为非正式规则的道德、习俗等都不十分确定的情况下，行为就会走样，市场失范行为就会慢慢产生。

首先，规则细致程度不够。2013年，我国颁布实施了历史上第一部《旅游法》，这部旅游基本法共有10章112条，规定了旅游生活中的一些主要问题，但是《旅游法》在结构上仍被看成对过去的国务院《旅行社条例》等一系列行政法规的整合。同时，全国各省、自治区和直辖市都制定以《旅游条例》为基本形式的地方性法规，它们在体例结构上也大同小异。这样，中国当下的各层级旅游立法虽在数量上较为繁多，但在精细化程度上却显属不足，可操作性不强。反观国外立法，有些国家的规定十分细致，如日本的《标准旅行社条款》针对组团型旅行合同、接受订购型旅行合同、代办旅行合同、出国手续代办合同、咨询旅行合同等做了分别的规定，涉及合同的签订、变更和解除、团队和集体合同、履行日程管理、法律责任、营业保证金等多方面的细节问题。这样，对于实践中可能遇到的各种问题基本有章可循，减少了法律适用环节的成本。因此，我国现行旅游立法繁而不细的状况需要改观。

其次，规则覆盖范围较窄。在《旅游法》制定之前，很多学者从比较法的角度论述很多新的制度采纳的必要性，如针对旅游违约成本过低关于惩罚性违约金的设定，针对旅游侵权标的为旅游者的精神利益提出旅游精神损害赔偿制度的设定，针对旅游合同履行方式的特殊性关于时间浪费请求权的设定，等等。但是，《旅游法》并没有将这些先进的制度引入，立法者采用的是相对保守的态度，在制度创新上做得不够，使得制度的整体效用难以有效发挥。在遏制市场失范行为问题上，现有的旅游法律规范仍有很大的改进空间。

（2）制度实施异化

制度只有通过实施并转换成人的具体行动才能发挥其效用。在实施阶段，制度实效与立法者的预期有时会存在差距，以劳动合同立法为例，我国《劳动法》第二十条规定："……劳动者在同一用人单位连续工作满十年以上，当事人双方同意延续劳动合同的，如果劳动者提出订立无固定期限的劳动合同，应当订立无固定期限的劳动合同。"《劳动合同法》第十四条也有类似的规定：劳动者在该用人单位连续工作满十年的，劳动者提出或者同意续订、订立劳动合同的，除劳动者提出订立固定期限劳动合同外，应当订立无固定期限劳动合同。立法者本来认为这些规定是能够给劳动者带来"福利"的条款，他们没有想到在某些劳动力过剩的行业，出现用人单位为了避免雇用一名员工直到退休的麻烦，在员工在本单位工作到第九年后，纷纷与员工解除合同的现象。因此立法的规定实际上对于许多劳动者来说并没有带来福利反倒是厄运，因为如果没有劳动法的规定，有期限的劳动合同还有延续下去的可能。可见，在制度的实施过程中会出现"制度异化"现象，即制度的旨意非但没有得到落实，反而走到了反面，有时"当制度允许甚至激励信息造假时……个体的理性预期将相应随之调整，使得信息造假成为一种‘亚制度’”[①]。因此，任何制度都存在对其合理性进行判断的问题。

作为正式规则的法律也是多方利益博弈的结果，法治化的社会生活是法律关系主体按照法律规则进行博弈的过程，经过法律调整的社会秩序构成了以法律为基础的纳什均衡。如果不存在对法律的自觉遵守和有效实施，法律这一社会契约的违约率就会上升，市场行为中有限理性的经济人就会逐渐退出依据法律进行的博弈。当他们普遍认为遵循法律的策略是一个亏本的买卖时，就会通过非正式规则进行市场博弈，法治秩序就会渐行渐远。在中国旅游市场上，由于非正式规则被普遍奉行，违法者通过这些潜规则达成新的纳什均衡，守法者的守法反倒是非理性的；如果旅游执法力度不够、执法的偶然性和区别对待大量存在，以法律为基础的正常博弈的两条路径就会被堵塞，这样正式规则的效力便会在很大程度上被消解。

当法律的路径不能成为人们进行行为选择的最优策略时，人们就会形成漠视正式规则的心理暗示，法律虽然还是法律，可是法律其实已经不再是法律。如果人们看不到守法带来的效益，违法就成为无可厚非的选择。《旅游法》于 2013 年颁布实施后的一段时间里，就面临类似的尴尬境地，我们不得不承认《旅游法》的颁布实施也不可能完成促进中国旅游市场秩序根本好转的使命。现在的情况是，革命尚未成功，制度建设上仍需努力。

（二）非正式规则视角

任何一个生物群体都存在基本的生存法则，法国导演吕克·雅克执导的生态纪录片《帝企鹅日记》描绘了南极地区的帝企鹅在气候条件极度恶劣的情况下，靠着强大的意志力和集体的凝聚力，生生不息地生存和繁衍的卓越历程。在最严寒的季节，负责孵蛋的雄企鹅会全部簇拥到一起，靠彼此的体温互相取暖。据科学家的考察发现，每只企鹅并非原地不动，而

① 刘峰：《制度理性与行为理性——兼论诚信教育》，载《财会月刊》2003 年第 2 期，第 6 页。

是每30—60秒，就要稍微地动一点，逐渐变化队形，使每一只企鹅都有机会从企鹅群寒冷的边缘地区移动到温暖的中心地区，靠着这种互相付出的特殊方式，企鹅们熬过了最艰苦的日子，维持了种群的生生不息。通过这部片子，我们也能看出企鹅种群的生存方式与人类社会并无本质不同，只不过企鹅种群维系靠的是天赋的自生秩序，人类则可以特有的智慧创造有别于其他生物的社会规范，通过这些在漫长社会历史进程中衍化、发明出来的众多规则进行自我调整，以此维系自身的生存与发展。尽管人类分成不同的种族，但是有些必要的规则是具有普世性的，在一个群体中也必然要形成一个共有的理念，如秩序、安全、和谐等基本需求，“共有理念引导着参与人在多种可能性（即多重均衡）中抉择，朝其中某一特定的方向行动。在此意义上，不论共有理念是管制性的、规范性的还是认知性的，制约都是其内生特征”。[①] 正是这种依靠理性力量的自我约束，才使得人类能够在有所节制中持续发展。人类社会长期积累下来的这些共有理念一如其他生物界的自然法则，它们作为非正式的规则对人的行为起着潜移默化的影响。

1. 非正式规则的功能

与正式规则相比，非正式规则虽然不具备确定的形式，但是却对正式规则的实施起到重要影响。在中国的旅游市场上，虽然有《旅游法》等正式规则的制约，但是由于商业伦理的扭曲，投机取巧和坑蒙拐骗的“新道德”大行其道，正式规则中设定和弘扬的善行被束之高阁，其实施效用被减损。非正式规则作为正式规则的养成机制，它能够对正式规则的建立和设施起到积极作用，尤其是某些私法制度，最初就是来自非正式规则提供的素材。有学者在谈到法律制度的变迁时曾提到诱致性法律供给模式问题，即由市场主体自主选择行为具体实施的法律供给模式，市场主体可根据自身的利益诉求采用适当的方式追求利润，促进习惯和惯例的形成，并

① [日]青木昌彦著：《什么是制度？我们如何理解制度？》，周黎安、王珊珊译，载《经济社会体制比较》2000年第6期，第35页。

由立法者逐渐将它们纳入作为正式制度的法律安排中去。[①] 这种法律供给模式的优势在于通过市场博弈逐渐形成规则，而不是由立法者强制进行制度供给，这样可以充分树立市场主体的权利意识，鼓励他们利用规则实现自己的权利并尊重他人的权利。同时，由于大量的私法规范是任意性和授权性的，规范的实施在很多时候并不需要借助国家的公共权力，因此实施的成本也较低。在旅游市场监管的过程中，我们一直习惯采用的是强制性的制度供给模式，很多时候单纯由国家立法机构经过一定的调研后就立法，立法的受众在很多时候还没有充分的心理准备，在不知所云中接受法律的调整，这样法律就容易成为异己之物，民众对法律的认可乃至信仰无从建立。有时，正式规则的实施也能够推动非正式规则的形成。如在制度经济学中，最为基础的制度是产权制度，产权制度不仅对社会财富进行了明确的界分，开辟了市场交易的逻辑起点使交易成为现实的可能，还塑造了对他人权利尊重的意识，在这种意识的驱使下，人们按照市场规则获取利益，市场也被塑造成可重复博弈的市场，从而有了市场的基本秩序和市场的不断壮大。可见，发挥正式规则的引导作用也是我们重塑市场不容忽视的重要因素。

2. 非正式规则的作用机制

商业社会能够存在和发展的灵魂就是商业信誉的建立，因为在产权交易过程中，需要双方具备合理的预期，即能够预先知道彼此的行为模式及后果，如果没有这种预期，那么交易就有可能成为导致丧失财产权的危险游戏。但是信誉一旦形成，在很多情况下法律制度等正式规则甚至会备而不用。因此，在法律和信誉的影响力对比问题上，法律反倒有时像纸老虎，而信誉却始终起着支配作用。当然，这并不意味着我们否认法律的功能，而是说离开了信誉机制，法律的效用会大打折扣。一般来说，信誉的形式是不确定的，对信誉的评价也没有绝对客观的标准，但业经建立起来的信誉的影响是确定的。因此，法律在很大程度上承担的是建立和维护信誉的角色，各国的市场治理都离不开法律，离不开法治。在古代中国，虽然没

① 参见谢地、杜莉、吕岩峰主编：《法经济学》，科学出版社 2009 年版，第 67—68 页。

有宗教和现代法治精神，但是统治者依靠传统的“礼”来统治，社会生活的各个领域包括商业领域也能够形成具有中国特色的礼制秩序。现今，随着礼制秩序的瓦解，转而寻求法治就是必须的、迫不得已的选择。但是，由于缺乏非正式规则建立起来的内生秩序，法律在中国的经济生活中有时变成了人们不太喜欢的绊脚石，此时依靠法律的直接强制并不能取得良好的效果。因此，我们对正式规则功能的认识需要转变，即法律的实施其实是对商业伦理的贯彻过程，其终极目标是建立社会信誉，最后达到实际上依靠非正式规则来治理的状态，法律只是悬在试图违法者头上的达摩克利斯之剑。

作为商业社会的非正式规则，商业伦理必不可少。如果商业伦理不能构成商人的精神支柱，那么各种违法乃至失范行为就有可能发生。商业经营的伦理性在于通过为他人服务而为自己服务，如果每个人都把自己的交易对象看成可被宰割的鱼肉，那么自己最终也什么都得不到。有学者提出：“商业经营离开了‘服务’二字，不可能产生先进的商业文化和良好的商业道德。”[①] 就旅游市场来讲，旅游业的本质就在于服务而不是攫取，中国旅游市场秩序的根本好转也在于全行业尽责服务意识的养成。对于服务，我们其实不必将其赋予诸多伟大的价值，在现代契约社会，服务其实不过是不同使用价值间的互换，是市场交易主体应做的分内之事，当下市场经营中服务意识欠缺的根本原因在于服务的价值和要求没有被充分认知。笔者认为，对服务可以从四个层面来理解：首先，服务意味着在先的付出，不见兔子不撒鹰的经营理念不仅不能带来优质的服务，还会构成交易的障碍；其次，服务意味着不短视，有持久经营的打算，能够认识到如果今天失去一位顾客，就等于日后失去了若干位潜在的顾客；再次，服务意味着彼此给予具有美感的体验，交易行为是人的生活中不可离开的部分，良好的服务能够带给交易双方美好的感受，是让人欣慰的人生体验；最后，服务意味着处理好干事业和赚钱的本末关系，如果商人们都将利益当成事业的副产品，在事业做大做强后利润就会如影随形地到来。在旅游市场上，如果经

① 吴立蓉：《商业道德滑坡的文化思考》，载《经济师》2001年第10期，第175页。

营者没有这样的情操和认识，就注定没有完备的市场和良好的秩序。

（三）综合的视角

任何制度都必然具有体现一定价值的内核，正式规则从本质上是人的信念外在化的形式之一，因此其实施也必然面临将外化的规则进行观念回溯的过程。人的行为是由自己的头脑支配的，外在的制度只是对人的行为起到有力影响的因素之一，如果制度中体现的信念与行为参与人自身的信念相吻合，则制度的实施就会顺理成章，但如果这其中存在不一致，行为人我行我素，则制度就变成一纸空文。正式规则能够很好地运行，一方面在于制度特有的压力，如国家机器的暴力，迫使行为人不得不服从[①]；另一方面在于在行为人那里已经具备了制度的执行基础，使制度的压迫性甚至不用启动。制度的执行基础是多元的，有学者认为宗教的因素很重要，“在制度形成的过程中，以宗教信仰为代表的非理性因素既为一个制度体系的形成奠定了基石，也是制度体系间差异的根源”[②]。在不同宗教信仰国家，制度对行为的指引性不同：在天主教国家，宗教和法律在很多时候不谋而合，因此作为正式制度的法律往往获得一体遵行；在一些伊斯兰教国家，《古兰经》教义的神圣性可能会超过世俗法律，这样人们更倾向于按教义行事。关于宗教影响制度的形态，美国学者巴尔认为：“如何处理人与神之间的关系是造成制度体系间差异的根本原因。”[③]他进而提出中西方在执法理念上是“对事”还是“对人”的差别问题。也有学者认为制度植根于道德因素，提出：“民众的政府及其法律必然依赖于某种先于国家和人为法律而存在的基本的道德秩序。”[④]可见，正式规则是外在的，但是其运行基础却是内在的。

---

① 这里还需要一个前提，就是制度的执行者能够不折不扣地去执行它。

② 吴练达：《制度、行为与经济发展——中西制度差异根源与西方世界兴起》，东北财经大学 2010 年博士学位论文。

③ 同上。

④［美］巴尔著：《三种不同竞争的价值观念体系》，力文译，载《现代外国哲学社会科学文摘》1993 年第 9 期，第 27 页。

没有一个社会是单纯通过一种制度或一类制度就能实现有效治理的，各种制度在设定和适用上存在彼此间的配合进而融合的问题，这既包括正式规则间的融合，也包括正式规则与非正式规则间的融合。人的行为是外在规则和内在观念综合作用的结果，“制度之所以能够被个体遵守，不仅在于它是个体行为的外在约束，更在于它已经内化为个体的习惯”[①]。为了维持人的行为的一致性和稳定性，就需要制度对人的行为综合调整：一方面，要实现正式规则间的融合。这需要正式规则明确具体，无明显的冲突和矛盾，以免人们在面对制度时觉得无所适从；另一方面，更要实现正式规则与非正式规则间的融合，它们传递共同的理念一同指导人们的行为。

在一个不存在充分理性的非理想社会，从某种程度上讲作为正式规则的法律是必要的恶，因为它无法保障每个个体所期望的自由，但是法律的每一点“恶”的目的都在于扬善。如果有一天，法律不被任何人看成“恶”，而是关于善的信仰，则意味着法治的实现，人们作恶的冲动也将不再存在。从实施机制上，法律也必然包含着惩罚，如《老子》第七十四章所言：“民不畏死，奈何以死惧之？若使民常畏死，而为奇者，吾得执而杀之，孰敢？”但惩罚只能看作遏制恶的最没办法的办法。在经济生活领域，法律制度的实施在于营造良好的市场环境，对各类经济违法行为惩罚的目的不是因果报应，而是为了营造一个好的氛围。当社会大环境发生改变，如从计划经济过渡到市场经济，制度也要进行相应的变革。在中国的旅游市场经营过程中，旅游市场环境变化很大，但是作为制度的正式规则的内核没变，非正式规则反而变坏，这样市场秩序就不可能好转。进一步来说，旅游业的市场化带来了人们由依靠非正式规则的自生秩序到依靠正式规则的外生秩序的转变，由于对新制度的信仰没有确立，人们仍转而寻求作为亚文化的非正式规则。没有人天生愿意作恶，恶的发生在于制度止恶扬善的功能没能得到有效发挥。这也说明，我们对失范行为的解释仅仅通过正式规则的视角是不够的，还需要通过非正式规则的视角进行解释。

---

① 吴练达：《制度、行为与经济发展——中西制度差异根源与西方世界兴起》，东北财经大学 2010 年博士学位论文。

第三章　旅游市场若干失范行为的实证分析

一、旅游市场规划开发

旅游资源是一个外延和内涵都极其广泛的概念，可以说只要满足人类对世界进行探知和享受休闲的各种物质资源都可以被看成旅游资源。根据2003年国家质量监督检验检疫总局正式发布的《旅游资源分类、调查与评价》（GB/T 18972–2003）国家标准，我国的全部旅游资源被分为8个主类[①]、31个亚类、155个基本类型，几乎涵盖了人类活动涉及的大部分范围。旅游资源开发混乱状况出现的内在诱因是强烈的利益驱动，当旅游资源被看成公共财产时，人们在使用它的时候就不会有太大的吝惜；当肆意的攫取不会招致过重的后果时，人们对自己的行为就会无所顾忌，从而产生严重的负外部性问题。在旅游资源开发领域，这种情况之所以出现，就在于现有有关旅游规划开发和监管的制度存在较大缺陷。

（一）规范基础

目前，我国并没有专门的旅游资源立法，只存在一些与旅游相关的规范性文件：在中央层面，有全国人大立法和国务院制定的行政法规和国务院有关主管部门制定的行政规章；在地方层面，有各地立法和行政机关结

① 这八大主类为：A 地文景观、B 水域风光、C 生物景观、D 天象与气候景观、E 遗址遗迹、F 建筑与设施、G 旅游商品、H 人文活动。

合本地特点制定的一些地方性法规。目前，我国调整旅游规划开发的法律法规主要分为四个层级：

在国家立法层面，主要是《旅游法》第三章关于旅游规划的规定、《城市规划法》(1989 年)、《矿产资源法》(1996 年)、《森林法》(1998 年)、《野生动物保护法》(2004 年)、《草原法》(2013 年)、《环境保护法》(2014 年)、《文物保护法》(2013 年) 等。

在国务院颁布的行政法规层面，有《自然保护区条例》(1994 年)、《水下文物保护管理条例》(1989 年)、《文物保护法实施条例》(2003 年)、《风景名胜区条例》(2006 年)、《长城保护条例》(2006 年)、《历史文化名城名镇名村保护条例》(2008 年) 等。

在国务院各部委和直属机构颁布的行政规章层面，有原林业部《森林和野生动物类型自然保护区管理办法》(1985 年)、国家林业局《森林公园管理办法》(1993 年)、国土资源部《地址遗迹保护管理规定》(1995 年)、原国家旅游局《旅游发展规划管理办法》(2000 年)、《旅游规划设计单位资质等级认定管理办法》(2005 年)、《旅游资源保护暂行办法》(2007 年)、国家林业局《国家级森林公园管理办法》(2011 年)、农业部《水产种质资源保护区管理暂行办法》(2011 年) 等。

在地方立法层面，有地方各级人大和政府颁布的地方性法规和地方性行政规章，如 1995 年吉林省人大常委会颁布的《吉林市松花湖国家级风景名胜区管理条例》、2007 年江苏人大常委会颁布的《江苏省云台山风景名胜区管理条例》、2011 年广西壮族自治区人大常委会颁布的《广西壮族自治区漓江流域生态环境保护条例》等。主要是各地对本地的品牌旅游自然资源保护管理所做出的地方性法规。

总的来说，上述规范性文件中只有《旅游法》的专章中明确了有关旅游规划的一些原则性的规定，其余的法规和规章由于很多并非专门规定旅游事项的规范性文件，都是在对某一领域整体性问题进行规定的同时涉及一些有关旅游规划的内容。从《旅游法》有关旅游规划的内容上看，主要体现在该法第十七条至第二十四条的规定，规定了旅游发展规划的编制主体、主要内容、编制要求、执行评估和产业发展政策等几个方面的内容，体现了立法者对旅游规划问题的重视程度和基本的调整思路，但是从立法技术上来说，相关的规定仍显得过于原则和单薄，不具有较强的可操作性。从调整方式上看，现有的立法还大都具有较强的行政管理法色彩，基本属于强行法范畴，不过由于立法中没有设定具体的权利义务分配模式，也没有明确的法律责任的规定，使得上述立法的大部分内容实际上承担的是任意法的功能，难以充分发挥预期的调整作用。同时，目前我国亟须规范的旅游资源保护法律制度不够完善，有学者提出有关立法重经济、轻保护的情况比较突出，以《自然保护区条例》《风景名胜区条例》《森林公园管理办法》三部法规、规章为例，三部立法“立法目的丝毫没有涉及对生态的完整性的保护，缺少价值理念的支撑，其立法目的更多明显体现了二元论色彩，即以经济发展为最终目的，没有明确、系统地提出富有可操作性的指导思想和基本原则”[①]。

（二）内在结构

1. 规划主体

我国《旅游法》第十七条规定：“国务院和县级以上地方人民政府应当将旅游业发展纳入国民经济和社会发展规划。国务院和省、自治区、直辖市人民政府以及旅游资源丰富的设区的市和县级人民政府，应当按照国民经济和社会发展规划的要求，组织编制旅游发展规划。对跨行政区域且适宜进行整体利用的旅游资源进行利用时，应当由上级人民政府组织编制或者由相关地方人民政府协商编制统一的旅游发展规划。”可见，《旅游法》设定的旅游发展规划的编制主体是县级以上的人民政府。但是实践中具体旅游规划由哪个部门来做，立法并没有明确。同时，旅游发展规划主要在于谋划本地区旅游发展的前景、目标和步骤，还需要落实到具体的某个景区以明确其具体发展模式，在这一问题上现有立法也没有设定明确的分工。

---

① 余欢、郝赪：《旅游资源保护的立法维度研究》，载《旅游法论丛（第四辑）》，中国法制出版社 2015 年版，第 85 页。

2. 开发主体

中国的旅游资源极其丰富，近年来随着旅游业的迅猛发展，各类旅游景区的开发也遍地开花，不同的旅游景区的运作模式也各不相同。目前，主要有以下几种模式：

（1）政府直管模式

这种模式主要是针对那些属于历史文化遗产，对外开放较早的传统旅游景区。以北京市为例，目前北京市很多著名景区都是由政府直属事业单位——北京市公园管理中心下设的各个管理处运营，中心下辖颐和园管理处、天坛公园管理处、北海公园管理处、景山公园管理处、中山公园管理处、香山公园管理处、北京植物园管理处、北京动物园管理处、紫竹院公园管理处、玉渊潭公园管理处、陶然亭公园管理处十一个直属单位。其他著名景区也基本都是由政府直属的事业单位进行管理，如故宫博物院属于全民所有制事业单位，其上级主管机关为文化和旅游部；圆明园由政府事业单位北京市海淀区圆明园管理处管理。而著名的八达岭长城也曾经历过由政府派出机构管理，到公司制企业管理，再到政府重新收回管理的模式变迁。

（2）政府和企业合股模式

近年来，很多旅游景区加强市场化运作，引入企业经营机制来经营管理景区，由于很多景区是利用国家的历史自然遗产建立，因此地方政府往往采用与其他企业合股的模式，并由外来企业进行控股。例如，河南嵩山少林寺景区，在 2009 年 12 月港中旅与景区所在地的河南省登封市政府合资成立港中旅（登封）嵩山少林文化旅游有限公司，其中港中旅占 51% 股本，登封市则以少林寺门票经营权等嵩山少林景区资产作价入股，占 49% 的股份，自此港中旅（登封）嵩山少林文化旅游有限公司入主嵩山景区。又如湖南凤凰古城旅游区，其经营者为凤凰古城文化旅游投资股份有限公司。该公司成立于 2002 年 1 月 1 日，基于投资方黄龙洞投资股份有限公司在 2001 年 10 月 14 日与凤凰县人民政府签订的《湖南省凤凰县八个旅游景区（点）经营权转让合同》，公司以 9.36 亿元的合同载明金额获得凤凰县八大景点 50 年经营权，这样在资本构成上，凤凰古城景区投资方和凤凰县政府各占 51% 和 49% 的股份。在 2012 年 4 月 10 日，凤凰县政府正式启动景区 148 元的统一收费，同日凤凰古城景区管理服务公司宣布成立，县政府独资的铭城公司持股 49%，而凤凰古城公司持股 51%，该公司的主要经营事项就是景区门票的销售。再如浙江乌镇景区也是由股份制企业乌镇旅游开发有限公司进行经营。该公司成立于 1999 年，是由桐乡市财政信用开发公司等六家股东共同出资，并由中青旅控股的股份制企业，公司具体实施古镇的保护整治与合理开发事项。可见，政府采取合股的方式以股东身份参与景区管理的也是一种常见形式。

（3）政府和企业混同模式

在我国，还存在政企不分的景区管理模式。例如，河南焦作的云台山景区，从名义上该景区的经营机构有两个，即云台山风景名胜区管理局和焦作云台山旅游发展有限公司。其中，前者是县政府直属自收自支事业单位，法定代表人是韩某某。后者成立于 2003 年 6 月，是性质为有限责任公司的企业，该企业的法定代表人也是韩某某。实践中，二者基本是两块牌子，一套人马。这样，我们很难分清景区的具体管理者是政府还是企业。

（4）企业管理模式

还有的景区从一开始开发就走的是纯粹市场化的道路。如江苏周庄景区，在开发之初就进行公司化的经营，早在 1988 年周庄旅游公司就成立了，并在 1995 年发展为周庄旅游发展总公司，1998 年又组建为苏州周庄古镇旅游集团公司。2001 年，公司经过改制成立了江苏水乡周庄旅游股份有限公司，主要负责周庄景区的经营，从事旅游服务、游船服务、工艺品开发销售、实业投资等多项业务。

3. 监管主体

在目前的规范性文件中，关于旅游规划与开发的监管主体没有明确。按照现行政府管理体制，我国的旅游开发立项审批分属不同部门，其中大型的建设项目审批由国家和地方的发改委负责；涉及土地征用事宜则需要各级国土资源管理部门审批；涉及工商行政管理登记事项则由各级工商行政管理部门审批。因此，有关旅游规划及其实施的监管在实际上没有明确对应的主体来承担。例如，在北京市，景区的管理模式各异，其中北京市公园管理中心作为市政府直属的正局级事业单位，其职能包括负责市属公园和其他所属机构的规划、建设、管理、保护、服务、科技工作，并具有监督职责。但是故宫、长城等一线景区的管理者都是各不相同的。前述的关于八达岭长城管理权的收回问题，最终也是由北京市文物局出面协调解决的。监管职责不清在一定程度上会滋长开发的随意性。

4. 评价主体

旅游规划与开发的效果需要实践的检验，但是旅游资源的不可复制性，决定了在很多时候错误的规划和破坏性的开发，通过事后的亡羊补牢为时已晚，而在景区开发的过程中，如果能够事先引入评估机制，则可做到防患于未然。目前，我们并没有建立起来有关旅游规划的评价体系，究竟是由政府主管部门，还是由专业的评估机构乃至社会公众代表对旅游景区的规划与开发效果进行评估，立法并没有明确。例如，云台山风景名胜区管理局的主要职能包括：贯彻落实国家、省、市、县各级政府有关风景名胜区管理的条例、法令；负责风景区的规划、建设、管理、宣传工作；负责对景区内的资源进行多学科综合考察，编制风景区工作规划；负责依照规划，组织景区的统一开发、建设和管理，审查在景区内的各类建设项目；负责对景区的公交、环保、文物、宗教等所有单位实施统一规划和管理，并加强对景区内交通、治安、卫生、经营秩序的管理；负责保护风景区的景物、林木、设施和环境；等等。① 从职能上看，管理局既负责编制景区的规划，又负责景区的开发和建设，其间并没有设立一个由第三方参与的评估机制。同时，与其同一块牌子的云台山旅游发展有限公司的经营范围界定为：旅游开发、经营住宿、餐饮、旅游运输、导游服务、旅游产品开发等。这样管理局和公司既是管理者又是经营者，既是规划者又是实施者，既是事业单位又是企业的双重身份，决定了对景区的开发利用缺乏有效的监督和制约机制。我国《旅游法》第二十二条虽然规定：“各级人民政府应当组织对本级政府编制的旅游发展规划的执行情况进行评估，并

① 参见修武县政府官网：http://www.jzxw.gov.cn/News_View.asp?NewsID=1444，最后访问日期：2019 年 8 月 20 日。

向社会公布。”但是在实践中这点也很难做到。早在《旅游法》起草之初，就有学者针对《旅游法（草案）》的上述规定提出质疑，认为：“政府不能既是旅游规划的编制者、批准者、执行者，同时又是规划的评价者。《旅游法》应当对此进行规定，应当委托第三方组织如行业协会主持规划执行和综合收益的评价，并接受媒体和司法监督，这样才能是有效的旅游规划的评价。”[①]《旅游法》出台后，在这个问题上也没能提出有效的解决方案。

二、旅游企业挂靠承包

旅行社挂靠承包从本质上讲属于欺诈性交易行为。旅行社和挂靠承包经营者之所以对挂靠承包经营情有独钟，关键就在于它们可以此转嫁经营成本快速获利。从商法的角度来讲，旅行社允许他人挂靠承包的行为属于出借商业名称，是通过出借名称换取商业利益的行为。商业名称属于知识产权的范畴，具有人身权和财产权的双重属性，本来也是可以转让的。但是，按照各国商法的普遍要求，商业名称被转让后原来的名称所有人就不得再使用这一名称。而中国目前的情况是，旅行社将名称交由他人使用后，自己仍继续使用这一名称，这种行为就不再属于转让，而属于出借。在阴阳合同并存的经营模式下，商业名称使用人既不承担维护旅游服务信誉的义务，又不直接承担违约或侵权责任的风险，游离于各类法律责任之外，这样它们实施了违法经营行为如偷税漏税、恶意侵害旅游者利益等就不再有太多的顾忌。

（一）生成原因

（1）历史根源

在此，我们有必要回顾一下旅行社挂靠承包问题的历史由来。1987年3月召开的全国旅游局长会议，在一定程度上促成各省、自治区、直辖

① 邹统钎：《〈旅游法（草案）〉中关于旅游规划与旅游景区经营的解读》，载《中国旅游法评论（第一辑）》，旅游教育出版社2014年版，第35页。

市的旅游管理体制改革的新进展。当时江苏、陕西等地的旅游局率先对所属旅游企业实行了承包经营责任制试点。1988 年 6 月，国家旅游局颁布的《旅行社管理暂行条例施行办法》第十一条首次提出了旅行社设立分支机构问题，规定："中央一级部门开办的第一类旅行社因业务需要在地方设立分支机构，应当首先征得当地旅游行政管理部门同意，并由省、自治区、直辖市旅游局报国家旅游局审查批准后方能设立。"1988 年 10 月，国家旅游局又提出了《加强旅游工作的十点意见》，其中第三点就是全面深化改革，实行承包经营责任制。到了 1992 年以后，随着社会主义市场经济体制的逐步建立，我国的旅游企业开始重新洗牌。

改革开放初期，我国旅游企业的市场化改革就是从企业的转制开始的。到 1992 年以后，全国旅游市场逐步放开，很多旅行社如雨后春笋般地竞相成立。各大型旅游企业都是由各大部委投资注册成立，在政企不分的情况下，虽然政府机关掌握着大量资金资源，但是很多领导干部并不懂得旅行社的经营之道，这样就将旅行社交由他人承包经营，并通过经营目标责任制来进行控制。同时旅游行业投资少、技术性不强的大众化产业特点也决定了承包经营更容易较快收到经济效益。这样，很多大中型旅行社在成立之初就存在所有权和经营权的实质上的分离，旅行社被较早地注入了承包制经营的基因。这种旅游企业市场运作模式形成了惯性，乃至今天一提到旅行社的经营模式，人们很自然地就想到了挂靠承包的方式，这在其他行业是并不多见的。

（2）内因与外因

首先，内因在于市场的客观形态。

在计划经济的条件下，我国旅行社大都属于事业单位或国有企业，经营形式单一，不存在挂靠承包问题；在计划经济到市场经济转变的过程中，为了转换企业的经营机制，多地旅行社开始试点承包责任制，最初这种承包在承包人和发包人之间建立了明示的权利义务分配契约，而且双方当事人之间存在真实的劳动合同关系，因此，我们称其为承包，而非现在所讲的挂靠承包。现今，旅行社和挂靠承包经营者这种寄居蟹式的市场组合模式产生的基本诱因，就是双方出于最大限度地降低市场交易成本方面的考虑：首先，它们将这部分本应该由自己来承担的成本转嫁给了交易的相对人即旅游者来承担以获取利润；其次，由于此类行为造成市场秩序的混乱，增加了监管的难度，产生了大量的监管成本，这部分成本将由政府最终是由整个社会来承担的。因此，从社会成本的角度来看，挂靠承包行为在本质上是一种资源掠夺和转嫁成本，这种经营行为非但没有促进社会财富总量的增加，而且由于当事人双方通过默示契约将交易成本转嫁到其他利益相关者身上，并且同时还产生了大量的额外成本，是一种危害社会的行为。具体来说，旅行社搞挂靠承包之所以挥之不去，主要包括以下几个方面的原因①：

第一，逐利动机的强烈驱动。在市场经济的条件下，相对自由的市场原则是搞活经济的基本要求，但是市场主体对利益的狂热追逐使得它们往往突破规则，并千方百计通过潜规则来规避显规则，这是任何一个市场经济国家无法从根本上避免的问题。虽然各地旅游行政主管部门能够严格执法，对各类违法行为严厉打击，但是由于旅游市场的广大空间和巨大潜力，决定了人们对这块硕大的蛋糕趋之若鹜。虽然在公司注册问题上，我国现行公司立法已经无最低注册资本的要求，成立一家公司轻而易举，但是获取利润却并非易事，注册一家新的旅行社从经营成本、品牌培育等方面都存在诸多麻烦，这样很多人就另辟蹊径地想到找一家旅行社来挂靠经营。与此同时，一些大型旅游集团和一些知名的旅行社虽然具有相对固定的市场份额，但也面临较大的市场竞争压力，挂靠承包方上交的管理费是直接见效的固定利润，这样在双方的共同需求下，挂靠承包由此产生。据北京市旅游执法大队的初步统计，北京市几乎 90% 以上的旅行社都存在挂靠承包现象，这一数字是非常惊人的。

第二，经营文化的固有缺陷。虽然改革开放三十多年来，我们已经逐步建立了社会主义市场经济法律体系，但是却没有相应地形成市场经济的法治文化。目前，投机经营已成为很多经营者的普遍心态。从历史上看，

---

① 以下相关论述参见拙文：《旅行社承包挂靠问题的诱因分析与法律规制》，载《旅游学刊》2012 年第 4 期。

传统中国一直是个重农抑商的社会，没有建立过法治意义上的工商社会。这样，无论是企业和个人在经营视野上普遍短视，把商业经营活动看成赚钱养家的基本手段，而不是当成一项事业来做。在这种心态下，大的旅行社不太重视甚至不吝惜牺牲自己的名声，挂靠经营者则对打一枪换一个地方的做法也并不觉得别扭。两类群体在心态上的融合在很大程度上促成了挂靠承包行为的大量发生。同时，一些大型的旅游集团虽然进行了股份制改造，初步建立起现代企业制度，但并没有衍生出与现代企业制度相适应的企业文化，也没有建立起职业经理人队伍。对许多旅行社的领导层来说，在心理上仍然秉承的是过去作坊式的、走街串巷式的经营理念。如果这样的想法不被摒弃，不形成真正意义上的现代旅游企业管理制度，那么类似挂靠承包的乱象就很难根治。

第三，竞争成本的急剧增加。在当下的旅游市场上，任何一家旅行社都面临严重的竞争压力。旅行社设立服务网点，作为一项便民措施，可以广泛收集信息，扩大市场份额，对旅行社的长远发展本来是有利的。由于服务网点只有设在虽未必繁华但一定要交通便利的地区，才能获得更多的客源信息。对旅行社来说，不布点就难以争取客源，布点过多或布点不合理，就会产生很高的成本，尤其是近年来各地房价虚高，造成很多旅行社的服务网点经营得并不好，有的入不敷出，如果网点不直接参与组团、接团等实质性经营活动，就很难生存下去。因此，旅行社干脆将这些网点承包出去，反倒能坐收固定的利润。

第四，准入门槛的条件过低。如果旅游行业是技术性很强的行业，那么挂靠承包就变得没那么容易，因为即便挂靠了，也没有能力从事相应的专业工作，就没有人会做出这样的选择。而就中国旅游市场的现状来看，这一行业仍属于对从业者资质要求较为低端的行业，随便某个人都可以召集几个人去做，从而使得很多人对这一行当情有独钟。这在其他行业领域是不太可能发生的，如我国的律师行业，从业者需要通过难度极大的司法考试才能取得执业资格，因此律师行业基本不存在挂靠的问题，因为即使挂靠了也做不了业务。又如医疗行业，执业医师资格也需要严格的考核程序才能取得，就难以出现所谓的挂靠承包经营。当然，如果行业准入门槛过高，也容易使中小规模的从业者望而却步而选择挂靠。例如，在建筑行业，挂靠承包的现象比较严重，在很大程度上就是因为成立具有一定资质的建筑公司需要很高的注册投资成本。从某种程度上可以说，旅游业的行业特点也决定了它容易成为挂靠承包经营的重灾区。

第五，消费心理的普遍不当。由于旅游产品的特殊性，并不是一手交钱一手交货的买卖形态，使得旅游者在消费产品之前，并不能直观感受产品的具体情况，那么产品最初对他们最有吸引力的地方就是价格。在这种心理的驱动下，对于同样的线路他们首先会选择价格更为便宜的旅行社。旅游者的这种盲从低价的心理，也在很大程度上促成了大型旅行社的名气和挂靠承包经营者的便宜价格在市场上的寻租和组合，从而使它们各取所需、各尽其能，通过挂靠承包获得客源，并在下一步的经营中伺机获利。如在北京市的旅游市场上，因为多如牛毛的旅行社总是竞相杀价，有“旅行社”打出“长城 + 十三陵一日游”80 元的广告，一些外地游客因不知情往往上当受骗。这种盲目的心态为挂靠承包等非法行为提供了机会。

其次，外因在于政府的监管不当。这主要表现为以下几点：

第一，执法力度的有限性。从过去整治的力度来看，尽管政府主管部门决心很大，国家文化和旅游行政主管部门也一直强调要严厉打击此类行为，但是仍缺乏可操作性的具体措施。同时，文化和旅游行政主管部门执法权限的有限性使得执法力度还不够强。我们曾走访过北京市若干区的文化和旅游行政主管部门，他们普遍反映平时工作任务就很繁重，疲于应付各方面交办的工作，难以专门考虑对挂靠承包问题的专门整治。

第二，执法过程的非连贯性。前面曾提到，运动式执法在我国当下的行政管理活动中还有一定的市场。回顾过去的做法，我们发现每次对挂靠承包的打击都是以相关主管部门的文件为开始的，但是难以做到善始善终，没有形成常态治理。例如，在国家旅游局公布的 2010 年引起关注影响较大的 10 件旅游案例中，提到内蒙古的旅行社涉嫌挂靠承包经营一案。该案中，内蒙古两家旅行社涉嫌挂靠承包违法问题，挂靠承包一个部门需要缴纳 1 万元保证金和每年 1.5 万元承包费，挂靠承包方对外宣称自己是该旅行社的一个部门，但实际上其完全独立开展业务，旅行社对此也从不过问。内蒙古自治区旅游局依据《旅行社条例》第四十七条的规定，对其处以停业整顿一个月的行政处罚。此后，旅游局成立领导小组，从当年6月10日至10月30日在全区开展“旅行社挂靠承包专项整治”工作，这期间先后召开会议60余次，检查旅行社612家，处罚旅行社53家，其中，通报批评9家，停业整顿3家，罚款4家（数额4.4万元），注销旅行社31家。这样的措施确实雷厉风行，取得了一定的效果。但是，让我们怀疑的是在“专项整治”过去后，类似的违法行为是否还会卷土重来。

第三，执法对象的耐药性。从1993年原国家旅游局开始发文整治挂靠承包以来到现在已有20多年，虽然也有一些不法经营者受到处罚，但是由于打击或宣传的力度不够，社会影响不大，旅行社和挂靠承包经营者已形成较强的抗药性。从法理学的角度来看，法律效力来源于法律的实效，其中守法者的法律心理至关重要。如果再循环采用过去的整治方式，他们不过认为是又一次狼来了而已，从而进一步增加治理的难度。

（二）内在逻辑

旅行社挂靠承包经营的普遍产生是各市场主体博弈的结果。长期以来，政府监管部门、旅行社和挂靠承包经营者三者一直在玩着猫和老鼠的游戏。监管部门三令五申，但是这种行为仍旧屡禁不止；旅行社甘冒违法风险，仍乐此不疲；挂靠承包经营者更是狡兔三窟，欲罢不能，这使得挂靠承包问题成为旅游市场管理的老大难问题。在这里，我们可以进一步分析在这一格局中，政府行政主管部门、旅行社、挂靠承包经营者的不同价值取向及目标，从而寻找问题的症结所在。

1. 不同主体间的利益结构

（1）政府——自由与管制之间的选择

在市场经济条件下，文化和旅游行政主管部门承担着促进旅游业发展和维护旅游市场秩序的双重职能。健康的旅游市场应该是开放有序的市场，一方面要使适格的主体能够进入市场竞争促进市场繁荣；另一方面又必须保证促使市场主体能够合法经营，并及时将不适格的主体清除出去。这样，对于政府主管部门来说通常的治理模式是，根据市场运行状况界定违法行为，并对严重干扰市场秩序的违法行为坚决打压，这其中就包括对挂靠承包行为的打击。对于这种治理方式的效果，天津财经大学的梁智教授曾运用博弈论方法进行了专门的理论探讨，其研究表明：政府为实施监管所付出的成本与旅行社及其挂靠合作伙伴实施挂靠活动的最优概率正相关。当政府部门实施市场监管的成本增加时，旅行社及其挂靠合作伙伴进行挂靠经营违法活动的概率必然会上升。所以，政府部门要加强对旅行社挂靠经营违法行为的监管力度，必须设法采取更加科学和更加经济的手段，降低监管的成本，以达到遏制挂靠经营现象的目的。另外，上级部门对失职的旅游管理部门的惩罚力度，也是制约挂靠经营违法活动一条有效途径。挂靠经营监管的博弈模型显示，政府部门因在监管挂靠经营方面失职而受到上级惩罚所付出的代价与旅行社及其挂靠合作伙伴的挂靠经营最优概率负相关。目前，我国已经颁布和实施的旅游法律法规，主要针对旅行社企业的违法违规行为做出了相应的处罚规定。但是，这些法律法规并没有对政府相关部门在旅游市场监管活动中的失职行为做出较为明确和严厉的处罚规定。因此，当政府的相关部门对挂靠经营活动的监管出现缺位或监管乏力时，其上级部门不能依法进行惩罚。这大概也是导致目前我国一些地方政府部门对旅行社挂靠经营活动监管不力，甚至采取地方保护主义的态度，以纵容和包庇，造成当地旅行社行业挂靠经营的违法活动愈演愈烈的重要原因之一。① 可见，在治理挂靠承包问题上，政府行政主管部门自身还是大有文章可做的。

（2）旅行社——名誉与利益间的选择

虽然各级旅游行政主管部门对整治挂靠承包行为非常重视，已经开展过多次的挂靠承包整治行动，但是旅行社和挂靠经营者都没有就此罢手。究其原因，主要是因为旅行社及其合作伙伴认为挂靠承包带来的收益远远大于风险，否则他们就有可能放弃这种做法，因为没有人会因为手指生疮而砍掉整个胳膊。如果直接执法的政府主管部门存在监管不到位的地方，

① 梁智：《我国旅行社业挂靠经营现象的市场监管博弈分析》，载《旅游科学》2006 年第 4 期，第 31 页。

挂靠承包的市场风险就会更低。如果市场治理是有效的，当旅行社及其合作伙伴减少或放弃挂靠经营的企图时，政府部门就无须像挂靠经营活动猖獗时那样进行繁重的市场监管工作，从而使监管的成本和概率随之下降。[①]从法理学的角度来看，任何一个社会真正能够制止违法的，从来都不是对惩罚的畏惧，而是使守法者养成守法的习惯，并从守法中获得效益。因此，对挂靠承包最好的治理状态是使旅行社自愿放弃从事挂靠承包的企图。这决定了一定的引导和激励机制建立的必要性。

（3）挂靠承包方——规则和利益间的选择

挂靠承包行为的违法性毋庸置疑，挂靠承包经营者的隐蔽性决定了责任实际分担的不合理性。从民法的角度看，挂靠承包经营者是以旅行社的表见代理人身份出现，这决定了对第三人的法律责任是由旅行社来承担的，挂靠承包经营者自己的责任往往被忽略。同时，由于文化和旅游行政主管部门的主要规制对象也是旅行社，这样，在行政处罚上对于挂靠承包经营者往往有些无可奈何，使得挂靠承包经营者虽是违法经营行为最大的获利者，但是却往往被游离在法律责任之外，这也是他们无所顾忌，特别青睐采用这种经营方式的内因所在。

目前，对挂靠承包行为追究责任的法律依据主要是2010年最高人民法院（法释〔2010〕13号）《关于审理旅游纠纷案件适用法律若干问题的规定》第十六条的规定："旅游经营者准许他人挂靠其名下从事旅游业务，造成旅游者人身损害、财产损失，旅游者请求旅游经营者与挂靠人承担连带责任的，人民法院应予支持。"据此，法院可判令旅行社和挂靠承包经营者对第三人承担违约或侵权民事责任。但是，司法权的被动型权力属性决定了法院难以主动追究旅行社和挂靠承包经营者的违法行为。要最大限度地遏制这种行为，需要进一步加重挂靠承包经营者的责任，尤其是在使其承担行政责任或刑事责任上做文章。具体来说，从行政法的角度来看，挂靠承包是行政违法行为；从民商法角度来看，挂靠承包经营者和旅行社

① 参见梁智：《我国旅行社业挂靠经营现象的市场监管博弈分析》，载《旅游科学》2006年第4期，第31页。

存在对旅游者的共同欺诈，属于违约和民事侵权行为。还有一点经常被我们忽略的就是，挂靠承包经营者没有相应的营业资质而开展旅行社业务，情节严重的，从刑法的角度来看可能会涉嫌非法经营罪。多种责任并用在一定程度上会起到遏制挂靠承包的积极效果。

2. 挂靠承包的“合理性”再判断

存在是否就是合理的？对于旅行社挂靠承包问题，经过近20年的治理而不绝，不能不说明它有其现实合理性。我们需要认识其合理在什么地方，在合理与合法之间做出我们的理性选择。这种经营方式的主要优势在于：

（1）降低成本——双方各取所需

如果旅行社与挂靠承包经营者签订劳动合同，就需要为其购买“三险一金”，同时还要涉及其他福利待遇，以及员工培训和管理等方面的开支，同时营业网点设施的采购和租赁也需要很高的成本，这种成本的过多增加会消减旅行社的盈利并影响其市场竞争力。因此，旅行社愿意选择这种省心省力的办法，它们可以获得现实的、注定的利润，但付出的只是或然的声誉或法律成本。

（2）信息通达——便于签订合同

从某种程度上来说，服务网点的确是旅游者获得信息的便利途径。挂靠承包经营者为了获得客源，会采取各种有效的方式进行宣传，因为宣传是和它们的切身利益直接挂钩的。即便对于大中型旅行社的业务人员来说，也不会像他们那样尽心尽力。如果挂靠承包经营者没有对旅游者进行欺诈和误导的宣传，这也许并非坏事。

（3）品牌培育——摸索经营之道

旅游行业虽然对从业人员的资质要求不高，但是要真正把企业经营得好则需要一定管理经验和才能。因此，很多从业者往往从最初的挂靠开始进入这一行业，然后不断积累人脉关系，摸索本行业的管理经验，并大举占有市场，在发展壮大后再去正名。如北京“××假期”旅行社，最初就是从挂靠起家，但经过若干年的发展，该旅行社注册成为独立的法人公司，公司以中国公民赴东南亚国家及港澳地区旅游为核心业务，成为目前国内占绝对优势的东南亚旅游批发品牌，从2005年至2010年，该公司还连年被旅游同业评选为“中国出境游十大批发商”，并在“东南亚旅游十大批发商”评选中排名稳居榜首。这也算是旅行社最初通过挂靠承包起家的一个成功例子。

从上面的分析来看，旅行社的挂靠承包似乎并非一无是处。也就是说，即便搞挂靠承包，如果没有在旅游合同履行的过程中对旅游者进行欺诈，没有偷逃税收，那么就单次行为来讲其直接的社会危害性也许并不大。但是，在中国社会主义市场经济体制全面建立，而市场经济法律文化体系却尚未形成的历史条件下，挂靠承包仍然是弊大于利的。因为它规避了对市场主体资质条件的要求，仍是一种扰乱市场秩序的行为。现行立法，无论是国务院的行政法规，还是国家旅游局的行政规章和其他规范性文件，对旅行社挂靠承包行为的定性和态度都十分明确，只有坚决贯彻落实上述法律法规的要求，才能在这方面保证旅游市场秩序的健康和有序。

三、旅游经营“不合理低价”

（一）发展过程

在中国的旅游市场上，以“零负团费”为表征的不合理低价组团的产生和发展经历了一个过程。在早期的旅行社经营活动中，由于“国中青”三大旅行社均为全民所有制事业单位，旅行社的利润来自扣除运营成本后的净利润，加之在计划经济的条件下，旅游经营具有较强的垄断性，旅行社在定价机制上不可能去做明显亏本的买卖。后来，随着旅游行业的市场化运作，大小参差不齐的旅行社在全国遍地开花，传统大社的垄断地位开始丧失。从 1992 年开始，我国传统的三大旅行社所占的市场份额已低于 30%，并一直呈下降趋势，至 2000 年仅为 5.2%。到了 2004 年，我国百强国内社的营业收入只占到全行业的 16.75%，市场集中度仍然很低。[①] 在这

① 参见陶卫宁、宋成伟：《我国旅行社产品市场中“柠檬”问题的成因研究》，载《技术经济与管理研究》2008 年第 3 期，第 49 页。

样的背景下，行业竞争日益激烈，为了生存，旅行社不正当竞争变得很普遍；而在旅游产品同质化严重的时代，最有竞争力的要素就是价格，这样以“零负团费”为表征的不合理低价竞争就应运而生。

最初，“零负团费”出现在出境游市场。20 世纪 90 年代，随着中国经济的发展和人民生活水平的提高，出境旅游的中国公民的数量逐渐增加。20 世纪 90 年代中期，在东南亚的团队旅游中首次出现“零负团费”模式。21 世纪初，随着欧洲旅游市场的开放，在欧洲游中出现明显的“零负团费”做法。一开始，对于旅游行业经营中出现的这一新情况，旅游行政主管部门不能说不重视。2000 年的 8 月，我国与马来西亚、新加坡和泰国三国举行了整顿旅游市场秩序的部长级会议，针对中国游客在上述国家出境旅游中由于“零负团费”的存在而遇到的种种严重影响旅游服务质量的问题，四国联合制定并签署了九条治理措施。这些措施短期内收到了时效，一时间东南亚出境游的秩序明显好转，当然团费相应地也出现较大幅度的上涨，有的线路上涨幅度达到 50% 以上。但是，从后来执行的情况来看还是好景不长，“零负团费”的问题不仅没有得到根本的解决，还蔓延到了国内游市场。在 2004 年，“云南双飞 6 日游”的团费才不到 2000 元，连机票钱都不够。这样，用了大概 10 年的时间，“零负团费”实现了全面铺开，此后更愈演愈烈并固定成为旅游业界一种近乎常态的经营方式，在全国众多的旅行社和旅游线路中普遍存在。

此前，很多学者呼吁对此应该进行立法规制，2009 年国务院颁布的《旅行社条例》（以下简称《条例》）以行政法规的形式首次对“零负团费”问题做了法律调整，《条例》第二十七条将“零负团费”规定为“以低于旅游成本的报价招徕旅游者”，并加以禁止。在法律责任上，《条例》第五十三条第二款规定对此行为由价格主管部门依法给予处罚。《条例》第六十二条规定：“违反本条例的规定，有下列情形之一的，由旅游行政管理部门责令改正，停业整顿 1 个月至 3 个月；情节严重的，吊销旅行社业务经营许可证：（一）旅行社不向接受委托的旅行社支付接待和服务费用的；（二）旅行社向接受委托的旅行社支付的费用低于接待和服务成本的；（三）接受委托的旅行社接待不支付或者不足额支付接待和服务费用的旅游团队的。”可见，立法的规定是比较明确的，相应的处罚也不轻。那么，其执行效果如何？可以说，法律的规定在实践中并没有得到很好的落实。在《条例》实施一年后的2010年的9月，全国才出现第一个因为“零负团费”受到行政处罚的案例。[①]此后，我们也很少看到旅游行政主管部门或价格主管部门因为“零负团费”问题而对旅行社予以处罚的案例。2013年10月1日，《旅游法》将“零负团费”表述为“以不合理的低价组织旅游活动”，立法的初始效应使该现象又暂时得到一定程度的遏制。在该法实施之初，很多旅行社对《旅游法》第三十五条的规定还是怀有忌惮的。据我们的调查，在2013年国庆节期间，全国各旅行社的团费都有较大幅度的上涨，国内游的涨幅普遍在20%—30%，出境游则大都有50%以上的涨幅。例如，前面提到的东南亚新马泰线路，价格最低时候的团费只有不到3000元，而在《旅游法》实施的一开始，急剧上涨到六七千元，“云南的双飞6日游”也翻番到4000元左右。对此，很多消费者甚至有关旅游行政主管部门的工作人员都较为乐观地认为，这是《旅游法》中的强制性规范取得实效的体现，旅游服务市场价格的上涨是合理的，是价格在理性地回归。也有旅游企业认为，《旅游法》的实施最终会使那些倚靠“不合理低价”提供低价劣质服务的旅游产品退出市场，旅游行业的整体品质最终会有大的提高。实践是检验真理的唯一标准，在《旅游法》实施一年多来，市场是否真的实现了我们预期的变化呢？答案是并不乐观。在2014年4月初，即《旅游法》实施半年之际，我们选取了北京市某区的若干旅游企业进行了《旅游法》第三十五条实

---

① 2010年7月18日，南京市民杨先生等12名游客参加了由南京中国旅行社组织的五日港澳游活动。在行程即将结束的返程途中，珠海地接社的导游吴某强行向游客推销烟，因游客无人购买，就对游客进行谩骂。后杨先生向南京市旅游园林局质监所投诉组团社南京市中国旅行社，质疑其推“零负团费”团，损害游客利益。后质监所经过调查了解，这个团的报价仅1480元，南京的组团社只向地接社支付了每人450元地接费，远远低于这一旅游团的接待和服务成本，因此认定其为典型的“零负团费”团。同年9月，质监所公布了对组团社南京市中国旅行社的处罚决定：罚款3万元，并从9月1日起停业整顿一个月。参见孙兰兰：《让你零负团费！罚3万，停业1个月》，载《现代快报》2010年9月9日，第F4版。

施情况的调研。从调研中我们了解到，在《旅游法》实施之初，面对新出台的立法这一“庞然大物”，很多旅游企业确实按照立法的要求开始规范自己的行为，但是之后不到半年时间就又纷纷回到了老路上。随后在其他城市，如桂林、深圳等主要旅游城市的调研中，我们发现情况都大抵相同。我们不禁要问，《旅游法》难道也要黔驴技穷了呢？还是说整顿“不合理低价”本来就是《旅游法》不能承受之重。

（二）内在机理

实际上，“不合理低价”组团虽然是市场经济条件下一种不正常的经营行为，但是按照市场经济的基本原则，经营者的自主经营行为只要不违背法律法规的强制性规定，就无可厚非。在旅游行业的市场整治中，监管者对“不合理低价”组团视为过街老鼠是基于这样的推论：旅行社是理性的经济人，不可能去做亏本的买卖，它们之前虽然少收了钱，一定会从后续的经营行为中将失去的利润拿回来，这样，“不合理低价”组团和后续导游带团过程中实施的欺诈、强迫交易行为密不可分，杜绝“不合理低价”组团就能够从源头遏制在旅游经营活动中可能出现的各种肆意侵害旅游者权益的行为。这种推论具有一定的道理，但是我们还可以反过来问：第一，存在“不合理低价”组团，是否注定就会发生后续的侵害旅游者权益的行为？第二，不存在“不合理低价”组团，是否注定不会发生后续的侵害旅游者权益的行为？回答上述问题需要我们换个维度进行重新的考量。

关于此前所谓的“零负团费”产生的原因，有学者认为是由于旅行社数量急剧增加导致市场竞争的加剧、旅行社行业结构变迁导致经营的分散化和产品的同质化、旅行社及导游人员与政府相关部门利益分配中的风险转嫁、政府市场监管弱化等多方面原因导致的。[①] 也有学者认为，“零负团费”泛滥的主要原因在于旅游市场和政府管制双向机制的失灵。市场机制

---

① 史慧俊：《旅游零负团费现象的成因及治理》，载《内蒙古农业科技》2011年第1期，第21—22页。

失灵表现为，旅游产品同一性加剧无序竞争、旅游经营者与旅游者信息不对称产生逆向选择，旅游产品供求弹性变化和旅游市场小规模运营，市场失灵会使劣币驱逐良币；政府失灵表现为，立法滞后、治理中权力寻租的存在、违法成本过低等导致政府监管的不力。①综合上述观点，我们发现“不合理低价”组团产生的原因确实是多重的，主要包括市场主体行为和监管行为两个维度的因素。从其产生的脉络上看，可以说首先是严酷的市场竞争造成了“不合理低价”组团的产生，而当市场竞争环境没有得到根本的改善时，任何局部性监管带来的效益都只能是片断和暂时性的。这期间，“不合理低价”组团交易进一步恶化了市场环境，从而使市场竞争变得更加无序。

四、旅游景区门票价格

（一）法律调整

关于景区门票价格的规制，我国现行立法有较为明确的规定，《旅游法》第四十三条规定：“利用公共资源建设的景区的门票以及景区内的游览场所、交通工具等另行收费项目，实行政府定价或者政府指导价，严格控制价格上涨。拟收费或者提高价格的，应当举行听证会，征求旅游者、经营者和有关方面的意见，论证其必要性、可行性。利用公共资源建设的景区，不得通过增加另行收费项目等方式变相涨价；另行收费项目已收回投资成本的，应当相应降低价格或者取消收费。公益性的城市公园、博物馆、纪念馆等，除重点文物保护单位和珍贵文物收藏单位外，应当逐步免费开放。”除此之外，在行政规章层面，以国家发改委为主，发布了一系列有关景区门票价格管理的规范性文件（见表四）。

---

① 宋汉林：《旅游零负团费：法律视角的规制与反思》，载《价格理论与实践》2010 年第 12 期，第 42 页。

表四：景区门票价格管理的规范性文件

序号	时间	发布单位	规范性文件名称	主要内容
1	2000.12	国家发展计划委员会	游览参观点门票价格管理办法	门票价格调整实行价格听证会制度；价格调整报上一级政府价格主管部门备查；遇有重要节假日提前2个月向社会公布；违反规定的，由政府价格主管部门处罚。
2	2005.4	国家发展和改革委员会	关于进一步规范游览参观点门票价格管理工作的通知	制止越权定价和自行定价的行为，对未按规定定调价的要予以纠正；制定和调整听证，听证会代表多元化。其中，消费者代表一般不少于1/3，对以外地游人为主的景点，要保证一定比例的外地代表参加。
3	2007.1	国家发展和改革委员会	关于进一步做好当前游览参观点门票价格管理工作的通知	门票价格确需调整的，应当在调价前2个月向社会公布。上调频率不得低于3年。一次提价幅度不得超过原票价的35%—15%；各省级政府价格主管部门在每年5月底之前，将上年度事项上报发改委；发改委定期对各地门票价格及相关情况予以通报，必要时依法干预或建议地方政府纠正。
4	2008.4	国家发展和改革委员会、财政部、国土资源部、住房和城乡建设部、国家林业局、国家旅游局、国家宗教事务局、国家文物局	关于整顿和规范游览参观点门票价格的通知	重要景点门票价格，由省级价格主管部门管理，不得下放管理权限；进行听证，广泛听取意见，提高决策透明度；不得以门票经营权、景点开发经营权打包上市；纠正越权定价擅自涨价的行为。各地书面报告落实情况。

实践证明，上述法律和规范性文件的颁布并没有带来预期的实效。在门票涨价的问题上，一些旅游景区尤其是利用公共资源建设的旅游景区仍是十分任性，景区门票价格每隔一段时间就上涨几乎已经成为新常态。

（二）内在根源

笔者认为，我国旅游景区门票涨价有主客观两方面的原因：

从客观上讲，旅游景区门票涨价与景区提供的产品特质不无关联。首先，利用公共资源建设的旅游景区具有垄断性。在中国的旅游观光进入大众游的阶段，无论景区门票价格有多高，也在相当长的一段时间内不会缺乏稳定的客源，实际上每到法定节假日我国的很多知名景点都人满为患，甚至需要采取临时限流的措施。这样，相对稳定的客户群体决定了这一领域不存在充分的市场竞争，天然容易导致门票垄断价格的产生。如果单纯把旅游景区看作市场产品的提供者，那么景区门票涨价反倒是市场经济的规律使然，当然这里我们并不赞成景区资源完全商品化的观点。其次，个别景区也确实存在资源维护方面的问题。在我国，各地的旅游景区管理体制不一，景区管理维护的开支来源也各异。在地方财政投入不足的情况下，某些景区的维护和人员开支入不敷出，为了维持景区的正常运营，只能依靠门票涨价来维持收支平衡，这样门票价格上涨也成为某些旅游景区不得已的选择。另外，我国的旅游景区普遍存在经营方式单一，没有意愿和能力开发与景区配套的旅游产品的状况，因此对门票经济存在严重依赖，门票收入往往成为景区的主要收入来源。

从主观上讲，旅游景区门票涨价与景区的主观意愿和政府的监管不力密切相关。首先，对于很多旅游景区来讲，对自己的身份认知上已经越来越远离公共产品提供者的定位，它们在更多的时候把自己看作垄断产品的经营者，商人的逐利本性暴露无遗，而通过门票来获利是最简单而直接的方式；其次，利用公共资源建设的旅游景区的门票价格并不具有不可控性，按照我国的价格法，利用公共资源建设的旅游景区执行政府定价，但是由于景区门票价格的定价权往往在地方政府，而地方政府往往和景区存在一定的利益关系，在价格监管上不具有主动监管的内在动机。在监管方式上，上级的价格主管部门往往通过发文件、提要求的形式要求下级价格主管部门监管，谁都不情愿采取一些实质性的调控措施，这样使门票涨价在很多时候不会面临来自政府监管方面的障碍，事后也不会导致什么法律责任。

第四章　制度阐释的内化与延伸——契约

制度能够带来良好秩序的内在机制在于制度的正式规则与非正式规则间的协作，没有它们之间的合作共生，就难以型构完善的市场。在旅游市场中，即使《旅游法》事无巨细地对所有的情形都做了全面的规定，仍不足以从根本上遏制失范行为的产生，反之如果旅游市场的经营者都具有良好的道德情操，即使没有清晰明确的规则对他们的行为进行调整，失范行为也不太可能发生，因此，我们需要将正式规则和非正式规则嫁接，如果说在传统的古代社会，决定社会关系（包括经济关系）的纽带是身份，那么在当今社会，能够将正式规则和非正式规则以及各种社会关系做以结合的纽带只有一个，那就是契约。涂尔干认为："契约实际上是协作的最高法律体现。"① 存在社会分工的社会，必然存在协作，协作的形式就是契约，通过契约可进行现代社会结构的塑造。在中国，如果要通过制度来解决旅游市场的失范问题，则必须完成市场主体及其协作关系从身份到契约的转变。

一、经济交往的社会现实

（一）身份社会

在人类社会历史演进的过程中，联结人和人之间关系的纽带不断发展

---

① ［法］埃米尔·涂尔干著，渠东译：《社会分工论》，生活·读书·新知三联书店2000年版，第85页。

变化。英国著名的法学家梅因通过对古代罗马法和西欧早期社会结构关系的考察，发现了人类社会进步的基本规律就是从身份到契约的转变。他说道："所有进步社会的运动在有一点上是一致的。在运动发展的过程中，其特点是家族依附的逐渐消灭以及代之而起的个人义务的增长。'个人'不断地代替了'家族'，成为民事法律所考虑的单位。"[①] 梅因最初是站在家族法的视角来审视早期人类社会结构关系的，彼时身份这一特征不仅仅指的是狭义的身份权，而且具有普遍的社会意义，它反映的是社会主体之间的不对等性，即强势与弱势的群体或个体之间的关系。身份社会状态的形成，源于人类对世界和自身认知的不足，人在自然面前的薄弱地位决定了对外力主宰的被动接受，在一个普遍认为他主性是人类社会结构基本逻辑的历史条件下，无论在家庭结构中，还是在政治结构、经济结构等其他社会结构中，一些人被认为不具有就自身利益做出决定的能力，通过身份关系安排社会结构就成为顺理成章的选择。在这样的社会中，人的社会地位和生存发展机会与身份密切相关，社会关系中独立的个人往往并不存在，人们都普遍成为庞大的社会机器上的一个零件，个人的意志和行为都受到身份关系的极大束缚。身份社会还有一个更大的麻烦在于它在束缚人们的行为的同时也定型了人们的观念，即凭借身份可以得到基于这个身份可有的东西，但是却不能得到非这个身份所应该有的东西，这样人和人之间的关系是压抑型的，现代社会所应该具有的平等、自由、自主等理念没有得以展现的空间，人们热衷于通过身份取得想要的东西，身份对于社会成员来说是至关重要的。

中国现代社会正在经历一个"身份"不断淡出的过程，但是这个路程仍很漫长，由于近代中国至今没有经历过如欧洲 17 世纪、18 世纪的大规模思想启蒙运动过程，而是从传统的封建社会一步跨越到社会主义初级阶段，这样传统的身份社会观念仍然在人们的头脑中普遍存在，这不仅体现在政治生活领域人们对权力的普遍青睐，在社会领域的"去行政化"举步维艰也体现在经济生活领域，人们希冀靠绝对权力获得经济利益的意识普

---

① ［英］梅因著，沈景一译：《古代法》，商务印书馆 2009 年版，第 110—111 页。

遍存在：一方面，在社会资源的初次分配阶段，获取资源的主要手段在很大程度上仍是通过权力；另一方面，在社会经济交往中，仍然盛行的是身份社会的强力法则，通过优势地位压制对方以获取利益成为主要方式。从这个意义上，可以说今日中国经济领域的种种失范现象，乃是落后的社会治理观念和社会交往观念阴魂不散的结果，如果我们不能从根本上楔入体现现代商业社会精神的先进理念，那么就不可能建立起现代意义的市场经济秩序。我们现在要做的就是进一步告别身份，走向契约。

（二）契约社会

在现代西方社会，人和人之间的关系，无论是政治关系、经济关系还是社会生活关系，都普遍表现为契约关系，在经济生活中唯有通过契约才能够实现交易的宗旨。可以说，契约是现代社会经济交往的基本形式和实现利益的基本手段。

1. 有关契约的解释

麦克尼尔认为："要理解什么是契约，我们就必须摆脱自己强加的智识隔绝状态，接受一些基本的事实……把契约同特定的社会割裂开来，就无法理解它的功能。"[①] 契约是联结各种社会关系的纽带，对于契约的理解必须站在整个社会的角度，将其看成一种普遍而特殊的社会现象。其普遍性在于迄今契约的触角已经伸入社会的每一个角落，其特殊性在于契约是人类社会的特有现象，是人类理性选择的结果。对于契约，可以从政治学、经济学、管理学和法学等不同的角度进行解读，从起源上看，契约最初是经济生活领域确定交易的基本方式，后来法律将惯常性的契约定型化，规定了经济契约的类型和权利义务的分配。契约还被引入国家和政治生活领域，用以证成国家的起源和人民主权的正当性，近年来法学界倡导的公法行为的契约化，就是以契约理论论证对国家公共权力控制的合理性。无论从哪个学科的角度来看待契约，契约二字都具有一些共性的特征：首先，

---

① ［美］麦克尼尔著，雷喜宁、潘勤译：《新社会契约论》，中国政法大学出版社 2004 年版，第 2 页。

契约都表现为人与人之间的社会关系，即便是物与物的交换，实际上体现的是人和人之间的关系，如果每个人都是不参与社会交往的独立个体，则根本不会有契约的产生。麦克尼尔认为："所谓契约，不过是有关规划未来交换过程的当事人之间的各种关系。"①其次，契约是人与人之间达成的合意。契约是人的意志互相妥协和融合的产物，在订立契约的过程中，每个人都需要做出一定的让渡并附和他人的想法，最后求同存异，"契约就是人们对于利益的付出与索取以及义务与权利之作为与不作为所达成的同意"②。再次，契约是人类特有的一种生活和交往方式。由于人的理性的存在，决定了人们在获取资源的问题上终究要告别弱肉强食的生存法则，选择契约的方式来获取利益，这种观念贯穿于人类社会进化的整个过程，"人类生活的几乎整个过程都意味着或者更确切些说，等于是，接二连三地履行契约"③。最后，契约承载着人类所希望获得的某些重要价值。在现代文明社会，人们之所以珍视契约是因为对契约制度蕴含的珍贵价值情有独钟，契约也是某些价值实现的基本手段。

2. 有关契约的分类

通过上面的分析，我们可以从不同的角度对契约做进一步的分类：

（1）从学科角度的分类。从政治学的角度看，契约反映的是国家和公民的关系，人们常常用"社会契约"来描述这种关系；从经济学的角度看，契约反映企业组织和市场交易中的各种关系；从法学的角度看，契约是民事法律关系主体设立、变更和终止民事权利和义务的合意；从管理学的角度看，契约反映管理者和被管理者之间的期待内容和关系，因此被很多学者描绘为"心理契约"。本书主要从经济学和法学的角度来阐释契约对市场的重要功能。经济学意义上的契约的内涵最为丰富，外延也最为广

① ［美］麦克尼尔著，雷喜宁、潘勤译：《新社会契约论》，中国政法大学出版社 2004 年版，第 4 页。

② 王海明：《契约概念辨难》，载《华侨大学学报（哲学社会科学版）》2010 年第 1 期，第 2 页。

③ ［美］A. L. 考夫曼著，张守东译：《卡多佐》，法律出版社 2001 年版，第 46 页。转引自海明：《契约概念辨难》，载《华侨大学学报（哲学社会科学版）》2010 年第 1 期，第 3 页。

泛，经济学上的契约“是指一项协议，即两个愿意交易产权的主体所达成的合意，不仅包括具有法律效力的明示契约，也包括一些默认契约。因此，现代经济学中的契约概念实际上是将所有的市场交易（无论是长期的还是短期的、显性的还是隐性的）都看作一种契约关系，并将此作为经济分析的基本要素”[①]。按照经济学家们的理解，经济生活领域最基本的要素包括市场和企业也都是契约，市场是提供一次次产权让渡机会和方式的短期契约，企业是生产要素按照一定方式组合的长期契约。法学关注的是在通过契约的具体交易中，双方当事人的权利和义务分配的公正性及其保障措施问题。可以说，经济学更关注的是契约经济行为的效率，法律更被看成保障契约实施的机制，它既提倡效率又维护公平。

（2）从形式上的分类。契约可分为明示契约（显性契约）和默示契约（隐性契约）。明示契约是内容明确具体，具有可执行性的契约，最典型的就是法学领域所指的契约即合同；默示契约是指在明示契约之外，契约内容和执行力依靠缔约人之间的默契确定的契约。由于社会契约从本质上说是一种理论假设，心理契约也没有具体的规则设定，因此它们都可以说是默示契约。经济学意义上的契约，则兼具明示契约和默示契约的属性，不过在市场交易领域契约基本上指的是法律契约的范畴，是典型的明示契约，而在企业组织领域的契约，则基本都是默示契约。

（3）从内容上的分类。契约可分为完全契约和不完全契约。完全契约是指缔约双方都能预见契约从订立到履行过程中可能出现的全部问题，能够完全遵守契约的内容，当契约履行出现障碍时，当事人可以通过法院诉讼强制执行履约。实际上，完全契约是以完全竞争的市场假设为条件的，这在现实生活中很难发生，因为缔约人不太可能完全预测契约订立和履行中的全部情况，双方的权利义务也不可能完全被精确计算出来，因此现实中的大部分契约只能是不完全契约。

---

① 邵敬浩：《论不完全的契约——当代西方契约理论述评》，载《浙江金融》2005年第12期，第30页。

（4）从期限上的分类。契约可分为长期契约和短期契约。长期契约是指没有严格的履行终止期限，在解约前一直处于履行状态的契约，典型的如婚姻关系。短期契约是指履行过程具有一定的阶段性，体现为单次的偶然性契约，如买卖合同。按照期限标准，还有学者将契约分为个别性契约与关系性契约。关系性契约不仅涉及一般的交换关系，还涉及双方的其他关系，如人格交互、对未来合作的期待等。个别契约则是单次的交换契约。当然，直到目前为止，人们对关系契约的界定还存在不同看法，甚至对交换之外的关系进行区分是困难的，因此所有的契约都可以被看成关系契约。

3. 契约的价值

契约对人类的意义在于其承载着某些人类社会向好的方向发展所不可或缺的重要价值。这主要包括：

（1）平等尊重。契约订立的基本前提是双方当事人的主体地位平等，没有平等就难成契约，契约消解了进入契约关系的当事人的在先身份，而赋予一视同仁的资格和行为的统一规则。在平等的基础上，契约要求双方要互相尊重，尊重对方的人格，尊重对方的财产权利，契约实现了真正意义上的平等。

（2）冷静保守。契约具有固化社会关系的功能，契约一旦合法成立，就在当事人之间形成稳定的关系，它不可被随意撼动。一般来说，契约是社会经验的结果，在现代社会也会出现契约创新，但任何创新都是形式意义上的，契约亘古流传的基本规则和精神永远是一成不变的。

（3）执着坚韧。契约意味着一如既往，意味着不要轻易改变。契约对未来发生的事情的是非曲直的判断，都是以这份已经被固化的形式为基础的，契约的保守色彩增强了人们对未来行为的预期，使其能够成为社会关系的基本稳定器。

（4）严格冷漠。契约在当事人之间形成了契约法锁，虽然看似是一种束缚，但是这种束缚的根本恰恰是为了实现自由。在契约订立和履行期间，一旦发生争议，第三方力量将介入进来，有时甚至需要动用国家公共权力的力量对违约者进行惩治，以贯彻契约承载的各项价值。

4. 契约交往方式

契约是人和人之间的交互性行为，舍弃任何一方都不能成立契约，不尊重任何一方则不能很好地履行契约以实现契约目的。因此，双方当事人一旦选择契约作为利益交换的方式，必须在心理上认同、在行为上践行契约规则，从而进入契约式的交往过程中去。笔者认为，契约交往方式有如下要求：

协商。协商意味着对于契约的订立和履行，每一方都要尊重对方的意志，在满足对方意志的同时满足自己的意志。交易的达成在于各方当事人的自由意志，任何人都不受不当的干涉，契约的基础是当事人的内心真意。

协定。协定意味着交易一经达成就具有确定性，非经一方同意另一方当事人不得任意改变契约内容和方式，双方要充分尊重契约结成的法锁。

协作。协作意味着基于共同的意志，当事人双方在缔约和履行过程中，尽可能为对方提供履约的条件和方便，以保证契约的顺利履行。

协调。协调意味着在旅游活动中遇有情势变更情形，当事人可以改变契约的履行，但要考虑对方当事人的利益，作为利益共同体之一方，应该互相妥协，并提出能为各方接受的折中方案。

协助。协助意味着在旅游活动中如果一方发生难以履行的情形，另一方不能袖手旁观，而应该提供必要的帮助，它是友善互助的道德观念在契约领域的体现。

通过对契约交往方式的认识，我们会发现旅游市场的组织结构本身就是契约，旅游市场失范行为则是对契约的不当改变。例如，在团队旅游市场经营中，导游人员强迫购物等行为违背了契约的协商规则；导游人员任意减少景点、增加自费项目、改变行程的行为违背了契约的协定规则；旅行社无故拒绝对旅游者的替代履行违背了契约的协作规则；导游人员在遇到突发事件时，以此为借口自作主张的解约行为违背了契约的协调规则；导游人员在发生安全事故时没有对旅游者履行充分的救助义务违背了契约的协助规则。可见，对于旅游市场的失范行为我们需要运用契约的规则进行解释并加以约束。

二、市场失范行为的契约解释

契约是市场交易成立的必备条件，也是约束当事人市场行为的规则体系。常态的契约产生于当事人之间的互信，契约的基础在于满足别人需求的同时也实现自己的利益。从本质上讲，市场失范行为是契约功能的异化，即契约沦为经营者牟取不法利益的手段。这种异化的产生需要以下几项条件为基础：其一，缔约之初双方在信息占有上存在不均衡。如果旅游者一方能够掌握缔约的全部信息，在缔约问题的选择上就会更加理性、更加谨慎，这样旅游经营者提供的很多以欺诈为目的的契约根本不可能订立。其二，恶意违约的成本不高。如果契约欺诈等行为被披露的概率很高、监管者对恶意违约行为的惩罚力度很大，那么恶意违约的概率就会降低。其三，消费者存在不当的消费心理。作为缔约一方，消费者的非理性消费行为使得经营者作为博弈一方存在获利预期，并且具有多次博弈的强烈动机。从根本上讲，旅游市场失范行为源于信息不对称而产生的博弈不对等。旅游活动的地域性和时限性决定了博弈的有限性，为了遏制失范行为就需要将有限博弈转变成重复博弈。从契约的角度来看就是一方面通过建立契约的预警机制，增强信息不足一方的缔约能力；另一方面还需要建立违约责任制度，使违约的结果得不偿失。

（一）制度与契约的关系

我们强调契约在社会治理中的基础性作用，而契约和前面提到的制度又是什么关系呢？从本质上来说契约也是一种制度，无论是通过成文法的明示契约还是以其他形式存在的默示契约，都是作为制度来规范人们行为的。反过来说，制度起源于契约，尤其对正式规则来说，它是政府按照社会契约为民众的利益而进行的立法，契约是实现制度目标的基本形式，在制度中蕴含着契约的结构关系。同时，制度靠契约来实施，在政治生活领域，国家公共权力的运用可以看成对社会契约的履行；在社会领域，人们的利益获得也大都是通过契约来实现的，可以说契约是当下大部分社会关系存在的基本形式。有学者认为："道德和法乃是规范一切社会行为的最普遍的社会契约。"[①] 在市场经济领域，契约更是须臾不可离开的制度和精神：首先，契约提供市场规则。契约通过其自身的内在逻辑作用于市场，将所有的市场行为都纳入契约的框架下，使市场行为转变为契约行为，通过契约机制塑造市场的形态，"契约决定了市场主体交易的游戏规则，同时契约的完备程度决定了人们的交易成本进而影响了人们的交易激励，从而在很大程度上影响和决定了经济运行的绩效"[②]。因此，我们对任何市场的研究都离不开契约，尤其是契约在减少交易成本方面的功能。其次，契约维护市场秩序。契约具有将市场结构和行为方式定型化的功能，久而久之契约构建了市场的常态，如果契约得到了全面贯彻和落实，就会形成良好的市场秩序，"契约关系是商品经济社会的基本关系，成熟的商品经济即市场经济是一种普遍化的契约经济，在契约关系网络制约下必然形成契约化的社会秩序"[③]。最后，契约建立市场信用。有秩序的市场必然是信用被普遍建立起来的市场，契约价值中含有信用的成分，自由平等是建立信用的前提，诚实守信是信用的基本表征，信用关系体现为契约关系。"现代市场经济中的信用关系就是从履约角度来看的契约关系，就是人们在自由平等的前提下，在经济交往中相互之间的权利义务关系。因此，信用问题并不是一个诚实守信的道德问题，而是一个契约是否有效、是否履约违约的权利义务问题。"[④]

由此看来，在市场经济领域，我们要解释和解决市场问题都离不开契约这把钥匙。它虽不是一把可以解决任何问题的万能钥匙，但却是一把没有它却万万不能的钥匙。

---

① 王海明：《契约概念辨难》，载《华侨大学学报（哲学社会科学版）》2010年第1期，第3页。

② 邵敬浩：《论不完全的契约——当代西方契约理论述评》，载《浙江金融》2005年第12期，第31页。

③ 朱书刚：《论契约社会与契约伦理在西方的生成和在当代中国的建构》，载《马克思主义与现实》2004年第5期，第48页。

④ 刘益：《信用、契约与文明——基于契约经济学和契约文明的角度》，西南财经大学2007年博士学位论文。

（二）对失范行为的契约审视

失范行为是对现实社会秩序的挑战，而契约则是对不当社会行为的整合机制。涂尔干曾指出："凡是契约存在的地方。都必须服从一种支配力量，这种力量只属于社会，绝不属于个人：它越来越变得强大而复杂。"[①]的确，在一个无处不契约的社会中，行为会被顺理成章地纳入以契约为核心的制度调整轨迹。契约在塑造行为的同时也建构了社会，"契约发展成为社会团结的一种主要形式的时候，就不能受到任何危险，否则，社会机体的统一性就会受到危害"[②]。契约包含着两个维度，即契约制度和契约精神。契约制度是市场规范的基础，没有契约制度就不能构建现代市场经济的基本格局，契约精神是市场规范的软环境保证，没有契约精神就难以塑造现代市场经济的意蕴和秩序。2014 年 10 月，党的十八届四中全会进一步确立了我国实行依法治国的基本目标和具体步骤，可以说在今后的中国社会，法治将成为社会治理的基本方式，而现代意义的法治注定是广义上的契约制度和契约精神的凝结。法治是治理失范行为的最主要手段，从契约的角度重新审视旅游市场失范行为，我们可以进一步洞察其间的逻辑关联并寻找破解矛盾的有效途径。

1. 契约制度

关于传统中国社会中契约的地位，我国多数学者普遍认为中国历史上欠缺契约制度和契约文化。有学者通过比较研究认为，西方社会契约包含了契约制度和契约理念的双重要素，既有发达的制度又蕴含丰富的价值，而在中国，"传统文化自身的内在机制，对契约法有一种抑制和消解的功能，其结果是在这种文化土壤中难以发育出契约法，更遑论契约精神的造就"。[③]但也有学者认为，"将信用的建立落实到每一次具体契约关系中去

---

① ［法］埃米尔·涂尔干著，渠东译：《社会分工论》，生活·读书·新知三联书店2005年版，第 169 页。

② 同上书，第 340 页。

③ 参见杨解君：《契约文化的变迁及其启示（下）——契约理念在公法中的确立》，载《法学评论》2005 年第 1 期，第 28 页。

的做法，贯穿于中国传统契约的全部发展史中，从未有丝毫的改变。”[①]不过从实证的角度来看，中国古代社会在政治上一直是中央集权的君主专制政体，没有形成以平等、民主、协商等价值为基础的政治生态，因此公共权力的运作不是以契约为逻辑起点的。经济上自给自足的自然经济形态决定了商品交易的简单性，没有调整商品经济制度安排的诉求，这样调整交易关系的契约法律制度也确实不够充分。反观西方，随着17世纪、18世纪资产阶级革命的到来，西方国家较为彻底地完成了对人的社会化改造，商业领域的契约制度被用来解释和解决各类社会问题，契约几乎成为所有社会关系的基础，社会也进入“泛契约社会”，契约不仅仅是谋取个体利益的手段，在很多情况下还存在个人对他人、国家乃至上帝的契约义务。因此，中西方的契约制度也许还有几分形似。不过虽然在外观上相类似，但是在内核上存在着价值分叉，随着社会的发展，一旦社会结构、社会分工发生巨大变化，不同的根就会生出不同的芽，开出不同的花，并最终结出不同的果。

当下，随着社会主义市场经济法律体系的基本建立，我国的契约制度不断完善，无论是最狭义契约即《民法典》规定的各类民商事契约制度，还是广义上涵盖劳动关系、行政关系等领域内容的公法契约制度，在涉及旅游市场规范与发展的问题上，都提供了比较丰富的制度资源，但是市场秩序状况仍不见好转，这其中最重要的原因就是各类契约的履约率偏低，当然这也和旅游市场契约的性质密不可分。按照契约理论，契约的实现需要合作，“在具体的条款中，合作意味着每个参与者的自私行为必须符合契约团体利益”[②]。目前，中国的旅游市场是竞争比较充分的市场，同时旅游产品又不具有不可替代性，这决定了旅游经营者与旅游者之间天然难以建立稳定和长期的契约，契约关系更容易表现为更具有利己主义色彩的单次契约关系。在市场上人有两种选择，或是采用彼此合作的方式，或是采

---

① 俞江：《是“身份到契约”还是“身份契约”》，载《读书》2002年第5期，第60页。

② ［法］埃里克·布鲁索、让·米歇尔·格拉尚编，王秋石、李国民、李胜兰等译校：《契约经济学理论和应用》，中国人民大学出版社2011年版，第86—87页。

用机会主义的方式，如果契约制度不能够为不合作乃至侵害他人的行为设定严格的责任，并通过有效的执行机构来落实这种责任，那么机会主义的做法就会成为人们在市场行为中更倾向选择的方式。

2. 契约精神

从契约力量的角度，“受约者的法律信心概念构成了契约约束力的基础”①，因此旅游市场失范行为的产生的深层次原因还在于对于契约取得必要的效用所依据的信心和信誉的丧失，这里我们可以将其表述为契约精神，我们之所以要强调契约精神的重要性，是因为如果没有契约精神的支撑，契约制度的兑现就会变得举步维艰。

（1）契约精神的内核

在传统的中国社会，作为儒家“五常”仁义礼智信中的“信”就蕴含着基本的商业伦理，而且由于儒家思想的制约，中华民族在历史上绝非不诚实守信的民族，在这一点上与西方并无太大的区别。有学者从实证的角度论证道：“中国人也有契约精神，这其中，既有他们对契约的敬畏，将约定等同于法律，也有他们对契约的尊重，视约定优先于规定，更主要也更为基础性的是，中国人对契约的理解，是将其作为一种制度安排，以为契约是‘立信’‘结信’‘征信’的。这后一点，是所有一切的基础性认识和基本前提。”② 可以说，中国传统社会并不缺乏以信义为表征的交往伦理，在商品交易的过程中，也大都本着诚信为本的精神。从传统中国直到今天，中国社会一直是家族色彩浓厚的社会，在人们心中最重要的社会元素是家族，而不是西方社会中的国家或民族，因此中国古代的契约主要是规范私人行为的经济契约，其终极目标是为了家族的经济利益，不讲信誉等恶劣的商业行为会导致“败家”，因此商人们祖祖辈辈留下守信经商的信条。可以说，这里的“契约精神”是“五常”的伦理要求在商业交往中的延伸，从这个角度看，我们也可以认为中国古代存在契约精神，但是此契约非西

① 同上书，第 83—84 页。

② 霍存福：《中国古代契约精神的内涵及其现代价值——敬畏契约、尊重契约与对契约的制度性安排之理解》，载《吉林大学社会科学学报》2008 年第 5 期，第 57—58 页。

方意义上的彼契约。早期欧洲封建社会，虽然家族势力也很雄厚，但是除了家庭还存在较为广泛的社会公共生活，并且通过法律的形式将规则制度化，促成以自由、平等为基础的契约精神成为社会交往的基本伦理。因此，传统中国社会与西方现代国家的契约精神内核不同。在人治社会，传统的仁义道德成为经济秩序稳定的基本因素，但这些因素具有不确定性和脆弱性，在法治社会，则需要建立起现代契约精神，以夯实包括经济秩序在内的整个社会秩序的根基。

（2）市场主体契约精神的缺失

我国旅游市场失范行为的产生，在很大程度上源于市场主体契约精神的缺失。契约订立和履行主体的二元性决定了契约精神也涵盖两个基本的领域，它既包括旅游经营者的契约精神，也包括旅游者的契约精神。[①]

首先，经营者的契约精神。从本质上讲，旅游市场的运作过程也是私权利展现和最终实现的过程，现代商法理念包含的意思自治和诚实信用精神应得以彰显。这意味着在理想的法治状态下，市场经营主体将法律作为自己的行为尺度，所有行为的可为性和效力都是以法律作为评判的标准，因此经营者需要考虑的仅是单纯的市场营销策略，而不会将违法收益作为行为的目标。但是在当下的市场环境下，经营者往往倾向于抛弃正常的行为模式，而通过规避甚至公然违反法律的策略来获取收益，中国旅游市场经营行为与反契约精神的存在不无关联，它表现为旅游市场上广泛存在的经营者的特殊思维方式。

渔利思维。在当下的旅游经营活动中，经营者的违规行为大量存在，原国家旅游局杜江副局长将其归纳为如下七种情形：无照经营、超范围经营、非法转让经营许可、恶性价格竞争、强迫或者变相强迫消费、履约不到位、服务质量不高。[②] 上述行为的共同特征在于都是在比较混乱的市

① 以下论述参见拙文：《论旅游市场主体的法律思维——以〈中华人民共和国旅游法〉的实施为背景》，载《法学杂志》2015 年第 9 期。

② 杜江：《当前旅游市场存在的主要问题、成因与对策研究》，载《中国旅游报》2012 年 7 月 13 日，第 3 版。

场环境下，通过不当的手段牟取非法利益。我们应该承认，作为商事主体的市场经营者，其营业行为根本目标在于营利，在市场存在广泛的博弈大环境中，市场经营者并不具有天然的原罪，各种不规范行为的产生来自对他人行为的不当判断。在市场总量不变，且没有严重的市场垄断的情况下，每个主体的获利能力都与其他的主体密切相关，这样，在行为的选择上，它们彼此间存在一定的依赖性。按照博弈论的观点，"策略行为出现于两个或多个个体相互作用的场合，这时每个个体的决策取决于他对其他个体行动的预测"[①]。可以说，当下市场的现实状态都是市场主体间在竞争与合作的过程中互动的结果。在任何一个市场，市场主体间的合作都难以在完全无缝的链条中进行，经营者和消费者之间的契约都难以存在完全清晰的尺度。在这样的条件下，正当的思维方式是将获利的基础建立在对法律的充分认知及遵守上，而反契约的思维方式则更关注的是对链条缝隙的楔入和对既有尺度的突破，这种渔利思维构成当下旅游者经营失范行为的内在诱因。

投机思维。基于渔利的思维，旅游市场经营主体在行为方式选择上就会出现畸形，非法获利的动机决定了他们往往采用机会主义的做法获取不当利益。这又表现为两个方面：

第一，同业竞争中的机会主义。例如，一家旅行社在组团的过程中，它首先要考虑自己所处的商业环境，即其他旅行社的经营模式。如果它发现自己处在一个业内普遍存在低价竞争的环境中，那么定价过高的策略会使其面临很大的风险，所以它最可能的选择也是压低报价；同时它需要进一步考虑自己的利润空间，这样为了维持利润，在下一步的经营活动中它就很有可能倾向于采用一些不规范乃至违法的做法。不过在这个环节，它还要面临违法行为所带来的压力或者后果：如果它是一个将诚信视为生命的企业，那么它将不会做出这样的选择，也就是说不会随波逐流地走低价的策略；如果它将违法行为的后果看成一个小概率事件，那么它就有可能

① ［美］道格拉斯 · G. 拜尔、罗伯特 · H. 格特纳、兰德尔 · C. 皮克著，严旭阳译：《法律的博弈分析》，法律出版社 1999 年版，第 1 页。

铤而走险。这样，在一个执法力度不强的市场环境下，以低价策略为主要表现形式的不正当竞争就会变得普遍，市场经营者们最终会将这种非常态的行为当作常态，最后使整个市场的定价机制陷入一种近乎失范的状态。再如，目前国内很多旅行社推出的旅游产品都存在同质化现象，而较少有自己的特色，这不仅使旅游者在选择的时候往往无从下手，也使得单个经营者的获利能力降低，旅游产品的平均利润率下降。在这样的条件下，消费者在选择交易对象时，产品价格成为起决定性作用的因素，经营者在低价竞争的市场中只好通过强迫、欺诈等非法行为获取尽可能多的利润，这为旅游市场秩序的失范埋下隐患。

第二，监管规避中的机会主义。在旅游法颁布前，从国务院到地方都出台了一系列的法规、规章来规范旅游市场，但是这些规范的收效甚微。因为按照以往的经验，面对新的监管制度的出台，经营者选择继续坚持还是放弃以往的习惯性做法，有赖于对执法者的执法态度和同业者的反应的观察。在法律实施的初始阶段，他们都会存在一定的观望，通过对他人行为及其后果的判断来决定自己的行为选择。在这一阶段，他们都希望获取更多的市场信息来增强自己判断的确定性，最终的结果往往会形成通常所说的纳什均衡——“在参与人将选择的策略组合中，没有参与人能在给定对方策略选择的情况下通过选择其他策略而使情况变得更好；每个参与人选择的策略是对对方所选择策略的最优反应。”[①] 当看到违法者得到有效的惩处，守法经营则取得预期效益的时候，基于对法治的可预测性的判断，他们就会正本清源，将自己的行为逐步纳入法治设定的轨道。相反，他们可能会重操旧业，甚至更加肆无忌惮。因此，对于旅游经营者来说，法律思维的落实在于对依法经营的认知和认可，并内化为行为的依据。

其次，旅游者的契约精神。契约精神包括了平等，在旅游法律关系中，旅游经营者和旅游者之间就是完全平等的关系。但是，实践中很多旅游者并没有充分认识到这一点，由于契约主体意识的欠缺，使得他们在与旅游

① [美] 道格拉斯·G. 拜尔、罗伯特·H. 格特纳、兰德尔·C. 皮克著，严旭阳译：《法律的博弈分析》，法律出版社 1999 年版，第 17 页。

经营者博弈中常常处于不利地位。

盲从思维。旅游者是旅游活动的基本主体，离开了旅游者，旅游活动就成了无源之水、无本之木。我国《旅游法》在立法体例上一个有特色的安排就是将“旅游者”放在“总则”之后的第二章，这在很大程度上彰显出立法者对旅游者权利的充分重视，这是立法的重大进步。在中国的旅游市场上，旅游者是一个极其庞大的群体，在旅游活动中旅游者与经营者之间也存在着深层次的博弈。一方面，旅游者在缔约之初希望以尽可能低的价格获取尽可能好的服务，与旅游经营者存在利益取向上的对立；另一方面，旅游者与旅游经营者在旅游合同履行的过程中，还需要广泛合作。在这一法律关系中，权利义务的设定都是通过旅游合同确立起来的，它是判断旅游经营者行为效力的基本法律文件，合同法最基本的价值即自由和平等。令人遗憾的是，在中国的旅游市场上，很多旅游者的消费心理并不成熟。如原国家旅游局杜江副局长指出：“很多旅游者在选择产品时过分偏重价格因素，贪图便宜；一些旅游者在消费过程中存在明显的从众心理，常常致使自己的消费需求与消费行为之间出现较大偏差。”① 在中国旅游市场发展的初期阶段，这种低端的和非理性的消费心理决定了正常的契约思维难以形成，契约的理性精神在他们身上得不到充分的体现。

弃权思维。实践中，由于旅游者缺乏必要的法律意识，使得自己无形中成为自我利益损害的帮凶。例如，在我国旅行社组团的过程中，零负团费的情况时有发生，旅行社从事得不偿失的买卖最后仍然能够轻而易举的获利，在很大程度上就是利用了旅游者沦为自我权利休眠者的非法律思维。在很多时候，旅游者认为自己参团反正也没花多少钱，从而对此后的自费项目、强迫或欺诈消费就不再有太多的忌讳，这样就助长了旅游经营者的进一步违规行为。另外，在自己的权利被侵犯的情况下，我国旅游者往往不能联合起来按照法定的程序进行集体维权，有时反倒被不法奸商运用威胁或诱惑等策略“各个击破”，造成实际的维权效果不佳。

① 杜江：《当前旅游市场存在的主要问题、成因与对策研究》，载《中国旅游报》2012 年 7 月 13 日，第 3 版。

上述反契约精神的广泛存在，构成了我国旅游市场失范行为产生的内在诱因，要使这种失范变成规范，必须重塑旅游市场主体的契约精神。对于失范行为的基本矫治方式也在于对契约运行的规范与疏导。

三、旅游市场契约结构考察

通过前面对制度的分析，我们知道对旅游市场的规制离不开制度，有学者认为："制度就是行为规则，旅游行业充满太多的潜规则，制度的主要作用是通过内部和外部两种强制力来约束人的行为，防止交易中的机会主义行为，以减少交易后果的不确定性，帮助交易主体形成稳定的预期，从而减少交易费用。"① 的确，旅游市场的制度体系是通过契约联结起来的，可以说所有的旅游关系都可以表述为契约关系，对此我们可以按照不同的角度进行分类。

（一）外部契约与内部契约

如果我们用广义的契约概念来界定旅游市场，会发现在旅游关系的不同领域存在不同的契约：旅游资源规划与开发是对国家公共资源的利用，既涉及政府的责任，也涉及开发主体的私人行为，因此属于综合性契约；旅游市场交易行为是市场主体相互获取利益的行为，基本上可以界定为法学领域的狭义契约；旅游市场监管行为则是公共权力的运用行为，监管职责涉及社会契约下的政府责任。

根据契约的作用范围，以旅游经营者为核心，我们可以把上述关系中的契约分为外部契约和内部契约。外部契约是旅游经营者与其他监管主体或市场主体间的契约，包括旅游政府主管部门与旅游经营者之间基于监管与被监管的关系成立的公法契约，即有关国家公共权力的运用契约；包括旅游经营者与其他经营者主要是履行辅助人之间订立的各类契约，如委托

---

① 王中雨：《旅游业导游薪酬制度存在的问题及对策探析》，载《商业时代》2011 年第 19 期，第 116 页。

合同、住宿合同、运输合同、游览合同、餐饮服务合同等；还包括旅游经营者与旅游者之间订立的旅游服务契约，即有关双方基于旅游服务关系产生的私权运用及实现契约。这三类契约关系都可以用法律进行规范，即行政法、经济法、民法乃至刑法来进行调整。内部契约是有关旅游经营者内部组织关系的契约，包括作为公司的旅游企业按照公司法进行企业内部结构组织和旅游企业与劳动者之间根据劳动法订立的劳动合同，这类契约主要通过商法和劳动法来进行调整。可见，旅游市场的行为离不开契约，而遏制旅游市场的失范行为更不能忽视契约的力量。

（二）正式契约与非正式契约

根据契约的作用机制，可以把旅游关系中的契约分为正式契约和非正式契约。正式契约是按照制度的明示规则建立起来的契约，它的权利和义务的界定明确具体，并可以运用法律规则进行调整。正式契约包括旅游组织中的企业管理机构设置、旅游企业与旅游者之间订立的旅游合同、旅游企业与劳动者如导游、领队之间订立的劳动合同等。非正式契约是旅游市场管理中公共权力的运用契约，是基于社会契约的假设产生的契约。由于社会公共事务涉及范围广泛，管理手段多种多样，因此立法者很难事无巨细地用明示的规则逐一加以规范，而只能规定大致的原则和方向。而在具体的问题处理过程中，还需要作为契约的当事人和政府管理部门及其工作人员按照社会契约的理念，本着对人民负责的精神来实施具体的管理行为。在管理的过程中，需要实现对权力运用的约束和激励，但是综观各国立法，我们会发现各国一般都通过行政法的明示规定对行政权力的运用进行必要的约束，却很少设定对行政行为进行激励的规则，在这方面主要是通过抽象的隐性契约来实现的，可以说如果没有这种契约的存在，那么政府管理行为就难以发挥预期的绩效。管理权力的运用直接关系到社会行为的基本模式和社会秩序的好坏，有学者认为："管制权力的外溢，并不基于明文规定的契约（譬如政府规定、条例等），而是基于个体理性的各方默认存在的一致隐性预期……这种预期一致的、心照不宣的'无形的握手'

（Invisible Handshakes），应该是一种隐性契约。”[①] 这种隐形的契约有助于形成良好的社会秩序。

在现代法治国家，法治化的社会治理形式决定了国家会尽可能地将社会生活的各方面问题都纳入法律调整的轨道，通过明示的契约来规定人的行为。同时，国家还试图使大量的非正式契约不断被“正式化”，最大限度地将非正式契约通过明确的法律规则表述出来，以增强行为的可操作性和预期性。当然，非正式契约还存在必要的“自留地”，发挥着正式契约不可替代的某些功能，如在西方法治国家，对纳税人负责、行政效益原则等行政伦理在政府及其工作人员的头脑中根深蒂固，并不折不扣地支配着他们的行为，以内外兼修地塑造国家的契约文明、法治精神和社会秩序。中华人民共和国成立后，虽然建立了代议制的人民代表大会制度，但是民众的参政意识并不强，很多时候需要政府自上而下地将制度带给民众，在政府和民众之间建立的是一种隐性契约关系。人民群众虽然在党的领导下建立了属于自己的政权，但是却很少像西方国家的民众一样基于契约的理念向政府提出过多乃至苛刻的要求，这一方面可能弱化了政府为人民服务的意识，另一方面却在不断强化政府代民做主的意识。在这种观念的支配下，政府的行为难免有时会走样，但是这时候民众却反过来抱怨政府的种种不作为，其实政府也并非人民之外的异己之物，它来自人民的授权、对人民负责、为人民服务的民意机构，如果政府和人民之间建立起更为清晰明确的契约关系，那么政府就会变得越来越小、管得越来越少，为人民服务的宗旨反而能得到更为充分的落实。

通过上面的分析，我们可以看出，在理想的状态下如果正式契约能够发挥全部的效用，那么非正式契约就没有存在的必要了，但是实际上这是不可能的，任何秩序最终都是正式契约和非正式契约互相配合作用的结果，它们各司其职，各谋其政。有学者通过实证考察认为：在市场上，“当契约成本较低时，正式契约的引入起到替代非正式契约的作用，即存在着

① 陈冬华、章铁生、李翔：《法律环境、政府管制与隐性契约》，载《经济研究》2008 年第 3 期，第 61 页。

挤出效应。当契约成本较高时，正式契约补充了非正式契约。当契约成本很高时，正式契约的引入不影响交易方对非正式契约的选择”[①]。在旅游市场上，由于契约标的在很多时候体现为非物质性利益，因此即便是正式契约如旅游合同，也需要借助非正式契约的参与，如契约条款的解释规则。同时，非正式契约规则也存在先天的局限性，在旅游市场上很多时候由于一次性的偶然交易，缔约双方难以建立起长期的信任关系，非正式契约难以发挥预期的效用。因此，正式契约需要承担双重职能，一方面要通过正式契约规则调整行为，另一方面要通过正式契约的实施为社会楔入非正式契约精神从而塑造市场秩序。例如，在主要依靠非正式规则交易的淘宝网，卖家也十分注重自己的信誉，因为卖家的成交记录和信誉评价直接关系到卖家的经济利益。最初这种评价相对客观，但是近年来，淘宝上的卖家通过“刷单”的做法伪造成交记录和信誉评价的行为越来越普遍[②]，这使得对淘宝上的卖家的信用评价信息已经变得不准确，淘宝购物的风险开始显著增加。通过这个现象可以看出，中国特色的利己的、功利主义的契约观在任何一个市场上都有可能蔓延。作为商业社会灵魂的信誉竟然也被大量伪造，在这种契约观看来，信誉不是建立在对他人利益的尊重基础之上的个人商业德行积累，信誉也是可利用的牟利手段，信誉亦是工具。在信誉没有进入经营者的灵魂中去，并成为经商的信念和做人的信仰的背景下，何谈市场秩序？就旅游市场来说也是如此，旅游立法可以看成国家与公民间的正式契约，旅游经营者有守法的履约义务，但是各种违法行为大量发生进一步验证了旅游行业各种作为潜规则的非正式契约的普遍存在，为此，我们只能通过进一步落实法治来正本清源，来实现旅游市场秩序的重构与再生。

---

① 吴德胜、李维安:《非正式契约与正式契约交互关系研究——基于随机匹配博弈的分析》，载《管理科学学报》2010 年第 12 期，第 83 页。

② 《揭秘淘宝“刷单军团”》，载《新京报》2014 年 4 月 28 日，第 A12—13 版。

下篇

重构与再生
——旅游市场失范行为之法律调控

“法律必须被信仰，否则它将形同虚设。”

——［美］哈罗德·J. 伯尔曼:《法律与宗教》

涂尔干认为，在社会治理问题上法律的功能如同神经系统在有机体里所产生的作用，因此我们可以通过带有恢复性制裁特征的协作性法律来测量通过劳动分工达到的集中化程度。① 作为制度的法律在社会治理上的优势在于其与其他社会调整方式相比的精确性，因此法律在社会秩序构建上具有更明确的指向性，美国学者伯尔曼认为，法律“不只是一套规则，它是人们进行立法、裁判、执法和谈判的活动。它是分配权利与义务、并据以解决纷争、创造合作关系的活生生的程序。……法律有助于为社会提供维持其内部团结所需要的结构和完型；法律以无政府状态为敌”②。如同国家一样，法律的产生是社会契约的结果，法律的权威来自社会契约，同时法律又通过对各种契约的规定来调整不同领域的社会关系。法律和契约是一枚硬币的两面，法律通过具体法律关系的建立和维护推动契约精神的养成，反过来这种契约精神又提升了法律适用的效果，甚至有些时候使法律备而不用。“只有当人们联合为社会并彼此订立契约产生合理制度时，道德才能存在。造成民族不幸的道德丧失，不是人们的卑劣、邪恶和不正，而是他们法律制度的不完善。”③

在对待经济领域的失范问题上，我们离不开法律的调整，更离不开契约的规范，“既然失范在根本上是‘社会在个体身上的不充分在场’”，那么，要想使分化社会的团结成为可能，就必须重构日益微弱和模糊的集体

① 参见［法］埃米尔·涂尔干著，渠东译：《社会分工论》，生活·读书·新知三联书店2005年版，第89页。

② ［美］伯尔曼著，梁治平译：《法律与宗教》，中国政法大学出版社2003年版，第11页。

③ 罗荣渠：《西方著名伦理学家评传》，上海人民出版社1987年版，第568—569页。转引自罗建文、陆自荣、朱春晖：《关于经济秩序失范原因的伦理解析》，载《中国矿业大学学报（社会科学版）》2002年第2期，第23页。

意识；社会要想获得拯救和新生，就必须在个体身上降临，必须“道成肉身”（incarnate）。[①]法律和契约凝成的联结机制终会将各种失范行为消解，从而使秩序的脚步回归。法律是显性的社会契约，法律的表层作用在于抑制，其深层的魅力则在于弘扬。在遏制社会失范行为问题上，我们强调法律的严厉惩治，我们更看重法律内在的伦理基础，“法律中蕴含着伦理精神，它是道德法律化的必要条件……伦理道德仍是中国人最基本的价值观念与准则，因此中国的法律仍需以伦理价值为基础”[②]。在旅游市场失范行为的调控上，我们须臾离不开以契约为内核的法律机制。

---

① 孙帅：《神圣社会下的现代人——论涂尔干思想中个体与社会的关系》，载《社会学研究》2008年第4期，第86页。

② 夏玉珍：《中国社会规范转型及其重建研究》，华中师范大学2004年博士学位论文。

第一章　旅游市场失范行为法律调控原理

罗尔斯认为："一个法律体系是一系列强制性的公开规则。提出这些规则是为了调整理性人的行为并为社会合作提供某种框架。当这些规则是正义的时，它们就建立了合法期望的基础。它们构成了人们相互信赖以及当他们的期望没有实现时就可直接提出反对的基础。"①法律的基本功能是规范和强制，法律的附属功能是引导和疏解，要使得法律的效益最大化，就需要充分发挥法律调整机制的作用。旅游市场的失范行为以各种形式向法律秩序提出挑战，这决定了法律制度也必须分别回应而不可能快刀斩乱麻地毕其功于一役。我们之所以重视法律的功能，正是因为法律调控社会具有精细化的优势，法律能够对人们的社会财富的取得和占有进行合理的界分，它不像宗教那样对不信仰它的人毫无用处，不像纪律一样只约束少数范围的人，不像道德一样没有外在的、明确的强迫机制，不像政策口号一样只维持短时期的激情澎湃。法律就像一只刺猬，无论遇到多大的麻烦，它都会采用固有的姿态用自己特有的刺抵御一切外来风险：它被动、安静但却坚实、无畏。如果我们把法律的调控机制充分运用好，旅游市场秩序的好转和最终的规范就充满预期。

---

① ［美］约翰·罗尔斯著，何怀宏、何包钢、廖申白译：《正义论》，中国社会科学出版社2001年版，第233页。

一、法律调控理念

法律的调整对象是人的行为，在任何一个社会，趋利避害、避苦求乐是人的本性，满足人性的正当需求是功利主义的一般原则。通过法律的社会控制要立足于现实的人性基础，使人性的恶被最大限度地遏制，善能够被尽可能地发扬。对于旅游市场的整治，2012 年 7 月，原国家旅游局长邵琪伟同志在全国旅游局长研讨班上的讲话中曾指出，整顿旅游市场秩序要处理好治标和治本的关系："必须标本兼治，从'疏''堵'两方面寻找对策。'堵'只能治标不能治本；'疏'短期内成效不明显，必须疏堵结合。"上述讲话在很大程度上切中了旅游市场失范行为治理的要害。法律治理也存在策略问题，中国古代著名的政治家商鞅曾提出圣人治国的三个基本要素："圣人之为国也，壹赏，壹刑，壹教。壹赏则兵无敌，壹刑则令行，壹教则下听上。"[①] 其中，"赏"要做到"无有异施"，"刑"要做到"刑无等级"，"教"要做到"非功无利"。对于当下中国市场秩序的整治，这样的理念和方法仍有积极借鉴意义。

（一）制定良法

卢梭指出："公正的社会结构体系，制度化了的行为规则，是保证社会公正秩序的最主要武器。"[②] 旅游市场秩序的维护亦仰赖作为制度的法律规则，美国学者萨拜因曾一语中的地指出："当人们处于恶行能得到好处的制度下，要劝人从善是徒劳的。"[③] 因此，对于我国旅游市场失范行为的法律调控，首先是制定良法，充分发挥法律的止恶功能，在《旅游法》出

① 《商君书·赏刑》。

② 高兆明：《社会失范论》，江苏人民出版社 2000 年版，第 65 页。

③ ［美］萨拜因著，盛葵阳译：《政治学说史》，商务印书馆 1986 年版，第 633 页。转引自罗建文、陆自荣、朱春晖：《关于经济秩序失范原因的伦理解析》，载《中国矿业大学学报（社会科学版）》2002 年第 2 期，第 28 页。

台后，国务院已经开始启动《旅行社条例》的修订工作，《导游人员管理条例》等行政法规和规章的修订工作也将展开，地方各省、自治区、直辖市也基本上完成依据《旅游法》对本地《旅游条例》等地方性法规的修订，旅游行业标准也正在酝酿。的确，根据法治的逻辑进路，我们只有完成对从人大立法、行政法规、行政规章、地方性法规和规章的旅游立法全覆盖，才能从整体上构建起旅游市场法律调控的制度基础。

（二）严格执法

清末著名法学家沈家本在其著名的《法学盛衰说》中指出："有法而不守，有学而不用，则法为虚器，而学亦等于卮言。此固旷观百世，默验治乱之原。有足令人太息痛哭者矣！……法立而不守，而辄曰法之不足尚，此固古今之大病也。"[①] 的确，徒法不足以自行，法律制定得再好不执行也难以达到调整作用，要很好地执行法律，需要做到执法过程中三个维度的有机结合：即法律的压制、疏导和激励机制三管齐下，最终实现以契约为纽带的制度伦理化和伦理制度化。

1. 法律的压制

罗尔斯提出："即使在一个组织良好的社会中，为了社会合作的稳定性，政府的强制权力在某种程度上也是必需的。因为，尽管人们知道他们拥有相同的正义感，并且每个人都要求维持现状的安排，但他们可能还是缺乏完全的相互信任。"[②] 法律提供的标准有助于信任的达成，法律的惩罚措施使信任被强制执行。与其他社会调整方式相比，法律在执行上最大的优势就在于严格的惩罚性，虽然惩罚不是任何法律的终极目的，但是离开了惩罚法律终将会无所作为。目前，在我国虽然强调宽严相济的政策，但是对待严重危害社会秩序的违法乃至犯罪行为，在很多时候都是只能严而不能宽。在旅游市场领域，失范行为大都属于行政违法或者经济犯罪行为，

---

① 沈家本：《法学盛衰说》。

② ［美］约翰·罗尔斯著，何怀宏、何包钢、廖申白译：《正义论》，中国社会科学出版社2001年版，第238页。

如强迫交易、非法经营等，都是具有社会危害性的行为，对此应践行公法社会契约的理念，充分发挥公共权力的止恶职责，予以严厉惩处。执法者要本着对社会、对人民负责的精神，实现对失范行为的深度瓦解，进而对那些以为自己可以恣意妄为的错误观念进行解构。要实现这一点，首先，需要配备执法队伍，不仅单靠旅游行政主管部门来维持旅游市场秩序的做法应该有所转变，而且还要进一步强化现有的执法力量。目前，我国各级旅游行政主管部门在执法权限、人员和资金等方面普遍力量薄弱，很多时候难以担当执法重任。其次，需要执法者不任意突破法律法外开恩，否则会使执法对象存在错误的预期，即便以身试法也不心存顾忌。在中国法律史上，主张严格执法、去除例外的有识之士不乏其人，北宋著名的政治家、文学家欧阳修在其颇有影响的法论文章《纵囚论》中针对唐太宗李世民赦免囚犯一事①，指出："若夫纵而来归而赦之，可偶一为之尔。若屡为之，则杀人者皆不死。是可为天下之常法乎？不可为常者，其圣人之法乎？"在今人看来，欧阳修的观点未免显得过于偏激，但是欧阳修的"信义行于君子，而刑戮施于小人"的执法理念却有现实的借鉴意义。在我国旅游市场领域，对那些公然挑战国家法律秩序的行为采取严格规制的做法是必要且必需的。

2. 法律的疏导

如果说压制是在失范行为出现后进行的个别矫治，那么疏导则是在行为出现后进行向善的引导。如果法律的调整机制仅仅是处罚，那么法律就会沦为赤裸裸的暴力工具。在医学上，我们可以通过手术切除病灶来恢复病人的健康或挽救病人的生命，但是就旅游市场的失范行为而言，由于行为并非个案，因此仅仅靠惩处并不能从根本上消除市场机体上的整个毒瘤，即使暂时消除，如果我们没有遏制有害基因复制的机制，则失范行为还会卷土重来，因此我们还要另辟蹊径。正如有学者指出："如果市场（我

① 公元633年（贞观六年），唐朝迎来了贞观之治的太平盛世，唐太宗李世民下令假释了关押狱中的300余名死刑囚犯，并要求他们等到来年秋收后再回到狱中受刑，犯人们被释归家后第二年竟然悉数按时返回，李世民遂下令将他们全部赦免。

们可以将‘市场’广义理解为‘社会’）出现了失调，那么，首先要考虑的是既有的制度性安排出了问题，解决问题的办法不是否定个人的理性，而是设计一种新的制度机制。”[①] 也就是说，要发挥制度对社会的塑造功能不能仅仅关注对个案的惩治，而是要防止“法令滋彰，盗贼多有”的情况的产生。在对待旅游市场失范问题上，法律需要开拓使民向善的渠道，使行为人不通过违法的行为也有机会获得应有利益，如果具备了这样的机制，正常的渠道疏通了，就没有人会愿意舍近求远，甘冒风险地通过“绕道”的违法行为来获取利益。

3. 法律的激励

压制和疏导是在失范行为出现后采取的应对措施，在军事上即使百战百胜也不如不战而胜，在对行为调整的过程中要防患于未然，激励更是必要的。在著名的《国富论》中，亚当·斯密有这样一段经典的描述：“我们决不能指望从屠夫、酿酒师或面包师的仁慈中获得我们的午餐。我们只能从使他们关心他自己的利益中获得我们的午餐，我们要向他们讲述的不是他们的人道博爱，而是他们的私心。决不要向他们谈论我们自己的需要，而是要谈论他们的利益。”[②] 对于旅游市场失范行为的调控，我们也需要这样的激励机制，这既包括对执法者的激励，也包括对执法对象的激励。一直以来，我们习惯性地认为旅游市场秩序不佳在很大程度上是因为各级政府主管部门的执法不力。但是，我们还应该看到，政府也是在制度框架下人的集合，其职务行为和我们日常生活中的行为并没有截然不同的本质区别。同时，在行政法治不健全的情况下，抽象的社会契约观念不足以对政府工作人员起到直接的制约作用，政府执法中的各种不作为或偏差的出现也是有可能的。换句话说，政府工作人员并不是不食人间烟火的神仙，他们的职务行为也需要必要的激励，以使他们具有严格执法的动机和愿望。对于执法对象而言，激励的作用则在于使他们通过守法能获取全部的正当利益，关于激励机制的实现，有学者认为：“激励机制的设计应当满足两

① 高兆明：《社会失范论》，江苏人民出版社2000年版，第62页。

② ［英］亚当·斯密著，谢祖钧、孟晋译：《国富论》，中南大学出版社2003年版，第19—20页。

个原则：①参与约束：代理人（旅行社）执行合同后所获得的效用不能低于某个预定效用。②激励相容约束：代理人（旅行社）执行合同后，以自身效用最大化原则选择行动，其结果也使委托人（目的地旅游产品供应商）的效用最大化。”[①]也就是说，激励的机制在于通过合法方式平等互利地获利成为旅游经营的常态方式。从目标上讲，法律的激励机制在于通过止恶扬善建立起人和人之间的信任感，它亦是法律调控不可或缺的重要机制。

二、法律调控模式

根据法律规范对行为的调整模式不同，我们可以把法律规范分为义务性规范、禁止性规范和授权性规范。不同类型的规范对人们的行为调整方式不同，但是它们互相配合，统一将人们的行为纳入法律调整的轨道。对旅游市场失范行为的调控，也需要我们充分利用法律设定的三种行为模式要求，使旅游市场主体的经营活动按部就班。基于对法律功能的如此认识，法律对旅游市场的调控模式也表现为以下两种主要类型：

（一）义务性和禁止性规范

义务性规范是规定人们必须积极作出一定行为的规范；禁止性规范是规定人们必须不作出一定行为的规范。二者的区别在于：义务性规范设定了作为的义务，禁止性规范则是设定不作为的义务。二者的共同点在于：它们都体现了法律的国家强制性，其价值在于实现社会的基本秩序。在对旅游市场失范行为的法律调控过程中，强制性规范的实施是必要的，如对于实践中大量发生的旅游经营者肆意侵犯旅游者权益的行为，仅靠旅游者自身的力量难以维护其合法权益，需要国家公共权力的介入：一方面通过对违法行为的惩治，起到特殊的预防作用，使违法者不再重蹈覆辙；另一

① 靖继鹏：《信息经济学》，清华大学出版社2004年版，第360—361页。转引自汪季清：《旅游市场信息不对称问题及对策研究》，合肥工业大学2009年硕士学位论文。

方面通过严格执法对其他经营者起到教育和警示的作用，使其不以身试法。这样义务性和禁止性规范通过依靠法律制度的监管，最终使经营者能够做到通过制度的自律。

（二）授权性规范

授权性规范是指示人们可以作为或不作为、要求他人作为或不作为的规范，其基本价值在于保障人的自由。按照现代法治理念，以义务性和禁止性规范为表征的压抑型法并不是理想的调整模式，现代法治应该在自由与管制之间寻求一定的平衡，使法律关系主体能够充分认知自己的权利，并积极通过合法的方式来获得利益。就旅游市场调控来讲，旅游经营者和旅游者都应该充分认识授权性规范的调整意义，旅游经营者应该明确自己的权利的限度并不可任意逾越，旅游者更应该认识到自己权利的范围，树立珍视权利，能够且愿意为权利而斗争的理念。在旅游法律关系中，旅游者权利意识的觉醒能够形成合力，使经营者不再漠视其权利。授权性规范还充分考虑到市场主体的自主性，增强其选择的自由度，将平等、尊重、自由等理念楔入市场中去，有助于塑造自由竞争但和谐有序的市场环境。

三、法律调控方法

法律对行为调整是通过权利义务的初始配置并保证其动态流动的方式来实现的。就具体的调控方法而言，包括两种：一是规范的方法，即通过体现某种价值的原则和规则对人的行为提出直接要求；二是技术的方法，即通过具有技术性的标准和程式对人的行为进行规范。

（一）规范方法

亚当·斯密指出："由于人性中那些原始的自私的感情，我们会把自己的蝇头小利看得比陌生人的最高利益重要得多，切身利益所引起的快乐或悲伤、渴望和厌恶都远为强烈。”① 的确，斯密的观点指出了人性的弱点，也构成了以法律制度调控人的行为的伦理前提，法律的功能就在于通过制止人性之恶从而使人们生活得更好。通过法律对人的行为进行规范，发挥法律规范的伦理传递功能，使自然状态的人变成法律信念支撑下的人是法律实施的基本使命。法律以自己特有的逻辑结构对不同的人的行为进行整合，一般来讲，法律规范包括条件、行为模式的规定和法律后果的归结三个组成部分。法律规范的处理方法首先规定了本规范适用的条件，即只有条件出现时，才能导致规范的适用；行为模式的规定是对行为的规则，指明人们行为的方式和尺度，明确行为主体的具体法律权利和义务，它涵盖了前面提到的义务性、禁止性和授权性规范三种模式；后果归结是规定人们在做出符合或违反该法律规范规定的行为时，将带来什么样的法律后果，它包括肯定性的后果和否定性的后果。可见，法律的规范方法具有明确的指向性，它通过规制和引导将人们的行为纳入法律所设定的轨道上去，最终的目标是实现道德和法律的竞合，即法律的伦理化和伦理的法律化，使二者相得益彰地发挥社会调整作用。关于中国传统道德与法律的关系，黑格尔曾指出：“道德在中国人看来，是一种很高的修养。但在我们这里，法律的制定以及公民法律的体系即包含有道德的本质的规定，所以道德即表现并发挥在法律的领域里，道德并不是单纯地独立自存的东西，但在中国人那里，道德义务的本身就是法律、规律、命令的规定。所以中国人既没有我们所谓的法律，也没有我们所谓的道德。那乃是一个国家的道德。”② 从制度的角度来看，作为正式规则的法律和作为非正式规则的道德是最核心的制度，也是最基本的社会稳定器，我们只有在国家和民众两个层面实现道德和法律的充分融合，使两类规范的目标一致，才能在更大的程度上遏制社会失范行为的产生。

① ［英］亚当·斯密著，韩巍译：《道德情操论》，光明日报出版社 2007 年版，第 134 页。

② ［德］黑格尔著，贺麟、王太庆译：《哲学史讲演录（第一卷）》，商务印书馆 2009 年版，第 136 页。

（二）技术方法

就整个旅游产业来讲，虽然旅游行为本身的技术含量不高，但是旅游业涉及的社会关系范围十分广泛。从学科角度来讲，旅游学科的外延十分丰富，这决定了对旅游产业的研究需要糅合很多学科的研究方法，这些理论方法又成为指导旅游行业规范与发展的方法。尤其进入21世纪，旅游业的发展呈现出新的态势，《中国旅行社产业发展报告2014》提出：在游客消费行为散客化、商业模式在线化的双重影响下，传统旅行社产业正在淡出旅游经济体系的核心位置。基于第三次产业革命的旅行服务创新进程蓬勃发展则预示着一个旅游组织方式系统变革的时代正在到来，传统旅行社与旅行服务新业态的融合发展成为趋势。[①] 这样，对于有关旅游经营的新形式如电子商务营销等方面的关系需要作进一步的规制。旅游行业发展呈现出的新特点、新趋势决定了对旅游关系进行调整的法律规范也越来越具有技术性，法律规范在很多领域、很多情况下表现为调整的技术规范。所谓技术规范，有学者认为："是由对自然及人体的规律的认识和据之形成的操作程序转化而来的。这就是自然必然性同调整人与自然关系的技术规范的内在联系。通过这一联系，自然界的'自在的必然性'就转化成'为我的必然性'，即合规律的行为规范，进入生产领域。"[②] 在旅游市场监管问题上，技术方法既包括对其他学科的技术方法的移植，如统计学、经济学的方法；也包括管理学上特定的规则运用技术，如广西桂林市曾试点的针对旅游回扣的公对公模式、有地方旅游质监部门通过POS机进行执法记录，等等。科学的技术规范能够使伦理性规范的实施如虎添翼。

---

① 《中国饭店产业发展报告（2013—2014）》《中国旅行社产业发展报告2014》学术成果发布会在京召开，http://www.ctaweb.org/html/2014-12/2014-12-5-11-54-54974.html，最后访问日期：2020年7月22日。

② 徐梦秋：《规范的基础和自由的中介》，载《哲学研究》2001年第7期，第9—10页。

第二章　旅游市场失范行为法律调控的契约机制

“随着现代市场经济的发展，交易形式、交易内容、交易对象的复杂化，法律机制成为市场治理的主要机制。法律秩序是现代社会的主导秩序。”[①] 法律秩序是法律规范作用下的秩序，它塑造了行为的基本形式，并以强有力的方式否定其他不法的形式，将人和人之间的关系变为较其他关系更为清晰的法律关系，这种关系一旦被固化并形成常态，失范行为发生的概率就会大大降低，就像涂尔干说的：“既然规范体系是各种社会功能自发形成的关系所构成的一个确定形式，那么我们就可以说，只要这些机能能够得到充分的接触，并形成牢固的关系，失范状态就不可能产生。”[②] 在这样的状态下，每个人都会被朝着法律人的方向引导，这样“置身于具有健全制度、严密规范、严格法治的普遍联系与普遍以来的市场经济体系之中，每一个人只有通过交换才能实现自己的劳动，并从市场获得自身的消费资料”[③]。当人们都能够在有条不紊的法律秩序中生活，并按照法律的轨道来行进的时候，也就是市场失范行为寿终正寝的时候。

---

① 刘根荣：《市场秩序理论研究——从利益博弈的角度》，厦门大学2004年博士学位论文。

② [法]埃米尔·涂尔干著，渠东译：《社会分工论》，生活·读书·新知三联书店2005年版，第328页。

③ 高兆明：《社会失范论》，江苏人民出版社2000年版，第84页。

一、逻辑前提——通过契约的治理

（一）告别碎片化治理

在中国的旅游市场治理问题上，我们曾经投入了大量的人力和物力，但往往是欲速则不达，治理效果并不理想。可以说，我们的社会治理在一定程度上体现为碎片化治理的形态。从物理学的角度，一个盛物的器皿被打碎后，基本事实是其总质量和内在分子结构几乎没有什么变化，可是就原来的使用价值而言它已经变得几乎毫无用处，这些碎片再简单地组合在一起也难以达到原来的效用。换句话说，我们已经存在各种碎片，如果没有经过重新煅烧整合，就难以合成一个盛物的器皿。这一理论可以用之于对中国旅游市场的审视，我们曾多次打击挂靠承包、多次清理非法“一日游”、全国各地纷纷开展打击“不合理低价”活动等，历次专项行动其实都是碎片化的治理形式，这并非现代法治国家的常态做法。这种做法就等于我们在一次次抛出各个碎片，但是却没有形成一个像西游记中的孙悟空拿来收进妖魔鬼怪的宝葫芦，其结果如何不难预测。具体而言，中国旅游市场的碎片化治理主要体现在以下几个方面：

1. 领域碎片化

迄今为止，人们仍未就何谓“旅游”做出一个被普遍接受的定义。随着经济与社会的全面发展，旅游的概念变得越来越广泛，人们往往从不同的角度概括出旅游产业的外延范围。从横向来看，曾有人提出旅游产业涉及 8 大类 13 个行业；从纵向看，有学者认为旅游产业内部的行业由三个层次构成：“第一个层次为游览娱乐业（旅游资源开发经营者业）；第二个层次为旅行社业、旅游交通运输业、旅游饭店业和旅游购品经营业构成的行业群；第三个层次为对旅游业直接提供硬件、软件支撑和服务的行业群。”[①] 在

① 张陆、徐刚、夏文汇、杜晏：《旅游产业内部的行业层次结构问题研究——兼论旅游产业和旅游业的内涵及外延》，载《重庆工学院学报》2001 年第 6 期，第 23 页。

1995 年，世界旅游组织曾建议采用“旅游活动国际标准分类”，将旅游活动划分为完全属于旅游业的产业部门和部分涉及旅游业的部门两种情况，这样旅游活动在农业、渔业等 17 个行业中均有分布。[①] 目前，我们对旅游行业的内涵和外延的认识还在不断拓展。

总的来说，现代旅游活动的边界存在扩大化和模糊化的趋势。例如，这几年逐渐名声在外的河北省张家口市张北县到崇礼区的“草原天路”，本是一条为满足交通需要的县级公路，因为周边景色优美，后来成为旅游者竞相前往的知名景点，还曾一度收取每人 50 元的通行费，正可谓路因为走的人多了就成了景点。目前，全域旅游已经成为当代世界旅游产业发展的新趋势，一个几乎无所不包的旅游市场正在形成。与此同时，中国旅游市场治理的主责部门仍为职能有限的各级文化旅游行政主管部门，随着文旅融合的发展，中央到地方各级政府主管部门成立了文化和旅游部、厅、局建制的机构，但是面对庞大复杂的市场，文化和旅游政府管理部门的触角只能触碰到一个个碎片，它们很多时候没有能力将碎片整合起来。反过来，这样的管理体制又进一步造成了市场治理领域的碎片化，因为行政权力的不合理分割很难造成各自管理领域的无缝衔接。近年来，我们已经开始认识到旅游综合执法机制建立的必要性。2016 年 2 月，国务院办公厅发布了国办发〔2016〕5 号《关于加强旅游市场综合监管的通知》，该通知就旅游市场综合监管的领导体制、责任主体和社会监督等问题做了进一步的规定，尤其是规定了承担旅游行业监管职责的各类政府主管部门责任清单，在旅游综合执法机制的建立问题上迈出了较大的步伐。在此基础上，我们需要通过建立完善的旅游法治体系，充分实现行业治理领域的碎片化整合。

2. 过程碎片化

如果说治理领域的碎片化容易造成市场规范行为的局部性和不充分性，那么市场治理理念和措施的碎片化则容易造成治理过程的不完整性。

---

① 参见吴必虎：《区域旅游规划原理》，中国旅游出版社 2001 年版，第 12—13 页。

首先，在执法职能上，我国各级文化旅游政府主管部门兼有发展产业和规范市场的责任，而在境外的一些国家和地区，这两项职能往往有明确的分工，分别由不同的部门来承担。例如，新加坡、日本、我国香港地区和台湾地区等，政府把主要精力放在对本地旅游形象推广的问题上，旅游市场秩序的维护则由行业自律管理机构来承担，非常注意发挥旅游行业协会的作用。目前我国这种大而全的管理理念往往会造成若而虚的治理效果。

其次，在执法依据上，在法治相对完备的国家，依法治理成为常态，旅游市场管理规范的特殊问题并不突出，甚至很少需要针对旅游市场调控问题进行专题性研究，现有的行政法、民商法等诸多法律制度相对完善，它们基本上能够胜任对市场行为的调控职责。在我国，政府主管部门的执法行为一方面要做到依法行政，另一方面它们还需要考虑国家的政策方针及其发展变化。随着社会的发展和国家政策的调整，对旅游市场调控的方式和强度会有所调整，这也会在一定程度上左右执法者的执法意愿和心态。

再次，在执法裁量上，执法者不得不面对责任与利益关系的权衡：一方面，他们要考虑法律赋予他们的法定管理职责，履行执法责任；另一方面，在地方保护主义严重的社会环境下，他们还需要考虑地方的利益，有时甚至需要对一些短期有利于地方经济发展的不规范的行为网开一面。这种模棱两可的执法形态也决定了执法效果的不确定性。

最后，在执法的步骤上，碎片化的治理体现为执法行为的不连贯性，并由此导致对违法行为压制效应的不可持续性。客观上讲，根据行政法的基本原理，行政处罚等具体行政行为必须坚持一事不再理的法治原则，这决定了对违法行为的查处只能是一次性的惩罚，实践中很多违法者好了伤疤忘了疼，他们被处理后又重操旧业的情况也屡见不鲜。在一个商业伦理难以彰显的时期，如果民不畏罚，则以罚惧之的效果也并不理想；而如果要构筑起拦截社会失范行为的堤坝，则必须极大地提高违法行为的成本，重要的措施之一就是通过连接违法行为的惩罚和事后的持续警戒机制，使违法者再难以身试法，这就涉及全民信用体系建立的问题。目前，我国各级旅游行政主管部门的执法行为仍存在一定的任意性，虽然有时亡羊补牢式的治理方式也能在短期内取得一定的效果，但是未雨绸缪的规划治理更具有长远的意义。实践中，我们习惯采取的各种“专项打击”行动属于执法步骤上的碎片化治理，这虽能够解一时之快，但是却难以获得一世之安。因为行业治理有如海洋之波浪，只有不舍停息，才能最终大浪淘沙。2015年4月，原国家旅游局针对我国旅游者不文明行为失范的状况，发布了《游客不文明行为记录管理暂行办法》，对于旅游经营者这一方，我们同样可以采取建立不良信用记录，对违法行为进行公示等做法增加违法者的信誉减损成本，造成执法行为及其执法延续效果方面不存在碎片化，从而达到持续治理的目的。

（二）走向契约化治理

1. 以契约为基础

我们处在一个社会分工日益复杂的社会，复杂的社会分工造就了一个更容易产生效率的社会，也造成了社会矛盾逐渐复杂化的社会。在一个简单的社会形态下，解决纠纷往往依靠个人的权威就能够奏效，在一个存在错综复杂的关系的社会中，能担当此任的唯有契约。契约进一步淡化了个体的权威，使每个人都以主体的姿态存在，并充分参与对社会和个体事务的管理中去，因此契约规则应该是社会的通行规则。人类社会发展的历史规律表明，当今世界经济发达、秩序良好的社会，也必然是存在规范的契约制度和深刻的契约文化的社会。就旅游市场来说，应充分重视契约的价值，因为良好的市场秩序来自公法契约和私人契约的相得益彰，契约在最大程度上提供了一个社会的结构安排和行为尺度的基本标准。同时，契约使人们的社会行为判断标准简单化，因为只要是法律所设定的权力都是需要被维护的，只要是法律所认可的权利都是需要被尊重的。这样，我们就会有主见地判断旅游市场的各种行为，有信心地遏制中国旅游市场的失范行为，从而改变短视的、无长远规划的治理模式。很多时候，我们甚至不用急功近利地期待速效的结果，只需更多地关注对来自社会契约的权力和来自市民生活的权利的运用过程，因为当契约一以贯之地进行到底时，良好的结果最终是不言而喻的。同时，我们还需要认识到，契约也是一个非常苛刻的东西，其基本要求是任何的违约行为都必然招致相应的法律责任，契约责任通过对各类违约行为的围剿，达到驯服所有的社会主体都养成依约办事的习惯，反之一次恶意违约的行为得不到惩治，人们对契约的信心就会受到影响，一次恶意违约的行为能够得到预期的好处，违约的机会主义做法就会不断增长，如果我们不尊重契约，最后任何的契约都会变得毫无用处。

2. 契约链条贯穿性

契约可分为正式契约和非正式契约，有些学者将非正式契约看成自我执行契约。这里，我们更强调正式契约对规范行为的直接作用。奥利弗·哈特认为："正式契约对自我执行契约至少有两方面的影响。首先，正式契约越好，为当事人双方经过自我执行契约可利用的剩余越少。这就减少了当事人双方违背自我执行契约的动机，因为风险越少，机会主义获利就越低。其次，如果自我执行契约被违约，惩罚程度很低，因为双方在违约后没有信任的环境中，总是依赖正式契约……违约的动机就会出现。"[①] 可见，要改变碎片化治理的现状，我们还需要从过程中上型构公法契约和民间契约的衔接链条，这仅凭一方的努力是不够的。同时，我们要将契约式治理贯穿于对旅游市场失范行为调控的全过程。在旅游规划开发领域，强调公共旅游资源全民所有的契约权利属性，配置合理的实际权利行使主体，防止契约主体的虚置化，在具体开发环节，以契约明确各方的责、权、利；在旅游市场组织领域，强调企业内部组织关系的契约化，契约本身的合法化；在旅游市场经营领域，强调旅游经营者和旅游者关系契约的界定，对于欺诈和强迫的违约乃至侵权行为严格追究法律责任，保证对旅游者契约权利的彻底维护。

---

① ［美］奥利弗·哈特:《规范与企业理论》，摘自［法］埃里克·布鲁索、让·米歇尔·格拉尚编，王秋石、李国民、李胜兰等译校:《契约经济学理论和应用》，中国人民大学出版社 2011 年版，第 144 页。

总的来说，旅游市场上的所有交易行为都是通过契约来实现的。在结构上，旅游市场运营是系列契约的建立与互动过程，它涵盖以旅行社和其他旅游企业为核心的公司治理内部契约和与履行辅助人间的外部交易契约。对于整个市场交易过程而言，这些契约行为的目标都是希望以最小的成本追求利益的最大化，因此通过各种途径减少交易成本是理性的经济人却采取非理性做法的内在动机。可以说，旅游市场失范行为在本质上是契约运行链条的阻滞，它通过改变契约的常态结构并设定一套隐形契约结构来追逐利益，因此治理旅游市场失范行为的根本在于对法定契约结构的维护。对失范行为调控的法律机制是通过法律制度合理设定契约结构、动态调整契约结构并矫正被扭曲的契约结构来实现的，为此要积极弘扬契约精神、大力维护契约秩序、严厉制裁违约行为。

二、基本维度——契约制度与思维

（一）契约法律制度

前面关于契约的分类已经提到，旅游活动中的契约是不完备契约，不可能将所有的情形都规定进去，需要对契约作进一步的解释、需要配套的契约执行机制，因此违约的概率本来就大。以契约为基础，我们需要从多个维度入手进行调控。

1. 制度安排机制

（1）市场组织机制——适格主体

回顾我国有关旅游企业市场准入的法律法规，主要是关于旅行社的注册资本要求的规定。从1985年的《旅行社管理暂行条例》、1996年《旅行社管理条例》、2001年修订的《旅行社管理条例》到2009年《旅行社条例》，有关旅行社的注册资本要求经历了由低到高，但最终逐渐放松的趋势。2013年《旅游法》规定设立旅行社要有符合规定的注册资本，但是并没有明确具体的数额，第二年我国新修订的《公司法》取消了公司注册资本最低数额的一般性要求，规定法律、行政法规以及国务院决定对公司注册资本实缴、注册资本最低限额另有规定的，从其规定。这样，按照《旅行社条例》和2016年《国务院关于修改部分行政法规的决定》，旅游业务准入资格的注册资本要求仍规定为不少于30万元。笔者认为，对旅游市场来讲，过低的市场准入要求在一定程度上确实使得一些散、小、弱、差的旅游企业更容易产生；我们固然不能过分强调旅行社设立的最低门槛，但是更应该逐步建立使优质的旅行社做大、做强的机制。在历史上，我国旅行社的“身份”曾几经变化。在计划经济时代，最初总部设在北京的国旅和中旅两大社均为国有事业单位。“文革”后的1978年，国旅总社开始实行企业化管理，从而开启了旅游行业主体迈向市场的改革历程，1984年9月，国务院正式批准国旅总社改组为企业。1985年的《旅行社管理暂行条例》进一步明确旅行社必须是实行独立核算、自负盈亏的企业。由于当时仍处于计划经济体制之下，所以并未出现太多的市场问题。30多年后，中国的旅游市场格局发生了天翻地覆的变化，三大旅行社一统天下的局面早已不在，形成了鱼龙混杂的市场格局。在这样的背景下，法治的意义在于如果不能够将那些害群之马驱逐出去，则会形成新的市场不公，使优质的企业也难以为继。因此，我们在一定程度上降低准入门槛的同时，也要降低退出机制的门槛，设定一系列将不良的企业逐出市场，并不得再行进入的严厉规则。

（2）产权配置机制——清晰产权

在旅游资源规划开发领域，产权的合理配置十分重要。首先，产权配置要解决公共旅游资源归属不清的问题，明确不同资源的管理者和责任者，对于不同类型的旅游资源规划开发的原则应该不同：对于不可复制的自然遗产如文物古迹等，应该以原貌的维护为主，由政府有关部门，如文物局等部门直接管理修缮，保证旅游资源作为全民共有财产的性质；对于新建的旅游娱乐设施如迪士尼乐园、环球影城等，应该注意与生态保护和周边自然环境相协调，并尊重其他主体的产权；对于体现民族特色并具有历史价值的特定区域，如历史村落、古城古镇等，应以限制开发为主，不能破坏原生态的环境和氛围；对于国家或集体所有的自然资源如山脉、草原等，以维护自然生态系统的平衡性，避免因为旅游业的发展而破坏生态系统。为了不任意打破恰当的产权格局，要建立起民众和第三方机构对规划和开发的参与机制，如可进行重要景区的旅游规划听证。其次，要解决旅游规划开发的监督问题。笔者认为，关于旅游规划开发的原则，从本质上还是一个“限”字，即在旅游开发赚取经济利益和维护旅游资源的原生态之间做到适当的平衡，为此要建立健全对旅游资源开发利用的监督机制，特别需要尊重被开发地区的产权主体——原住民的意见和利益，使他们有权利决定自己栖息生活的基本空间状态。最后，要解决旅游产品的同质化问题，提升个性化的旅游文化服务。旅游的特色就在于旅游产品的区别性，如果各地千篇一律，则迟早会毁掉本来应该百花齐放的旅游市场。为此要培育专门化、专业化的旅游产品设计团队，鼓励旅游高等院校和科研机构与产业部门的交流与合作。

（3）权力分配机制——明确权限

关于旅游行业的主管机构及其管理权限，我国《旅游法》第八十三条做出规定：“县级以上人民政府旅游主管部门和有关部门依照本法和有关法律、法规的规定，在各自职责范围内对旅游市场实施监督管理。县级以上人民政府应当组织旅游主管部门、有关主管部门和工商行政管理、产品质量监督、交通等执法部门对相关旅游经营行为实施监督检查。”第八十九条规定：“县级以上地方人民政府建立旅游违法行为查处信息的共享机制，对需要跨部门、跨地区联合查处的违法行为，应当进行督办……”从《旅游法》的上述规定来看，仍没有改变原来的旅游管理权限分散的体制，很多事务大家都在管，有些事务却无人管的局面没有得到根本改观。《旅游法》颁布实施三年多来，我们在旅游管理的横向协作上已经采取了一些新的举措。2014 年 9 月，国务院成立了由原国家旅游局牵头，由中央宣传部、外交部、发展改革委等 28 个部门组成，由国务院汪洋副总理作为召集人的旅游工作部际联席会议，统筹协调全国旅游工作。此外，目前在全国海南、北京、云南、江西、广西、西藏等 16 个省、区、市先后成立了旅游发展委员会，在旅游业的管理体制上开始向统筹性和综合性管理发展。2018 年，新一轮国务院机构改革方案确立文化和旅游融合发展思路，国务院设立了文化和旅游部，地方政府设立了文化和旅游厅（局），这需要我们探索文旅融合背景下的新的旅游业管理格局及其具体的运行机制。

（4）责任承担机制——严格责任

在中国旅游业发展的初级阶段，行业自律精神还没有形成对旅游经营者的内在约束，以行政权为主导的旅游市场监管仍将在一定时期扮演市场秩序规制的主要角色，因此强化执法的效果尤为必要。意大利著名刑法学家贝卡利亚曾提出："仁慈是立法者的美德，而不是执法者的美德。"[①]在对社会生活的调整上，如果没有法律责任作为禁止僭越雷池的底线，则基本的社会秩序将无法得到维护。在对旅游市场失范行为的遏制上，法律要识别那些超过社会容忍最低限度的行为，并构筑起防止其越界的壁垒。例如，在旅游法制健全的香港，对导游有违职业操守的行为就做了严格、细致的规定，值得内地借鉴。香港《导游作业守则》Ⅲ"导游的专业操守"之12有关"接受利益"部分，就要求导游必须遵守香港《防止贿赂条例》第九条的规定[②]，根据该条规定如果导游无合法权限或合理辩解，在与导游业务有关的活动中，做出与旅游者利益相关的行为（如安排购物、购买门票等），或为第三方提供一定的机会，此类行为以索取或接受利益为条件或事后索取或接受利益，其行为就被认定为犯罪，第三方的对应行为也会被认定为犯罪。导游在收据、账目或其他文件中，对旅游者有利害

① ［意］切萨雷·贝卡利亚著，黄风译：《论犯罪和刑罚》，北京大学出版社2008年版，第110页。

② 在构成贿赂犯罪的主体身份上，香港的规定与内地有所不同。内地的刑法根据有关贿赂犯罪的主体不同，将此类犯罪区分为受贿罪和商业受贿罪，受贿罪是国家工作人员（含国家机关中从事公务的人员；国有公司、企业、事业单位、人民团体中从事公务的人员；国家机关、国有公司、企业、事业单位委派到非国有公司、企业、事业单位、社会团体中从事公务的人员；其他依照法律从事公务的人员）利用职务上的便利，索取他人财物，或者非法收受他人财物，为他人谋取利益的行为；商业受贿罪是指公司、企业或者其他单位的工作人员利用职务上的便利，索取他人财物或者非法收受他人财物，为他人谋取利益，数额较大的行为。而香港立法没有做主体身份上的区分，无论是政府公务人员还是私营机构人员，在职务行为中收受他人财物，只要没有经过雇主同意就被认定为是受贿行为。比较而言，香港的立法更加简化认定的标准，在反对贿赂犯罪问题上也更加严厉。

关系的要项上载有虚假、错误或欠妥的陈述并有欺骗故意的，将被认定为犯罪。但导游如果事先或事后及时取得旅游者的许可而索取或接受利益则不构成犯罪。香港通过刑罚机制的介入构建起防止导游胡作非为的法律堤坝。如果我们能够通过启动对商业贿赂、强迫交易等行为的刑罚机制，对具有社会危害性的违法犯罪行为进行惩处，对类似的典型案例将起到积极的示范效应。

2. 制度执行机制

（1）惩处机制

第一，夯实执法队伍。在中国，法治建设面临的最大问题是执法问题而不是立法问题。党的十八届四中全会通过的《中共中央关于全面推进依法治国若干重大问题的决定》指出："法律的生命力在于实施，法律的权威也在于实施。各级政府必须坚持在党的领导下、在法治轨道上开展工作，创新执法体制，完善执法程序，推进综合执法，严格执法责任，建立权责统一、权威高效的依法行政体制，加快建设职能科学、权责法定、执法严明、公开公正、廉洁高效、守法诚信的法治政府。"该决定同时提出要"推进综合执法，大幅减少市县两级政府执法队伍种类，重点在 10 个领域内推行综合执法"，有条件的领域推行跨部门综合执法，这其中就包括文化旅游行业领域。旅游行业的综合性特点决定了对旅游市场失范行为的调控要组建专门的执法队伍，明确执法责任，严格执法尺度，提高执法效能，增强法律的公信力，如前面提到的旅游工作部际联席会议制度就是一个积极的尝试。

第二，强化执法力度。止乱当用重典，当违法成本高到一定程度的时候，法律对违法行为的遏制还是明显的，如新加坡对严重扰乱社会治安者施以鞭刑，中国香港地区对违法吸烟者处以 1800 港币的罚款等都对潜在的违法者起到极大的震慑作用。在严格按照法定程序办事的基础上，对于违法者不能姑息纵容，不搞下不为例，否则会进一步增加今后执法的难度。实践证明，在中国现今的法律环境下，哪项执法的力度大并具有连续性，其效果就好。在这方面西方法治国家有成功的例证，如在 1957 年美国发生的著名的"小石城事件"，艾森豪威尔总统为了执行联邦最高法院布朗案的判决，竟然命令动用在“二战”中功勋卓著的部队，用武力护送黑人学生上学以捍卫国家的最高司法权威。此举示范效应显著，在这样强大的压力下并经过全社会的共同努力，美国的种族隔离政策最终被废除。这一事件足以说明，在执法问题上一定要魔高一尺道高一丈，执法者务必要以自己的决心让那些想以身试法者看不到希望，并最终养成循规蹈矩的习惯。

第三，提高违法成本。违法成本的高低在很大程度上也会影响违法的概率。在依法行政的社会背景下，首先要确保执法依据的科学性。按照《立法法》及现有行政法规和规章等上位法律文件的规定，可通过有关的行政立法对各种旅游违法行为做进一步细致的规定。其次要严格执行现有法律、法规的规定。具体说来就是对有违法行为的经营者企图以违法行为获利变得得不偿失，可考虑建立旅游企业诚信黑名单制度，对于上榜者及时公示，使违法者一旦违法，多年难以翻身，从而形成强大的心理压力。例如，在广西壮族自治区北海市，原银海区工商局根据市工商局的要求，升级旅游欺客宰客行为处罚机制，对有欺诈消费行为的海鲜餐饮店、旅游商品店经营户直接实施“零容忍”制，即经营户只要实施一次欺诈行为，就给予吊销营业执照，并请退出市场的处罚。[①] 目前来讲，我国旅游违法行为的违法成本仍普遍偏低，这样对以身试法行为的抑制程度有限。

（2）协商机制

在传统的社会管理中，我们习惯于采用强制规范的打压式治理模式，在严格落实法律规定的问题上，依法打压是执法的必然要求，但是在充分发挥法律的社会调整功能问题上，将打压作为唯一的治理手段是难以取得预期效果的。在一个逐步迈向回应型法的法治时代，一味地打压治理也容易导致国家权力对市场主体行为干预过深而忽略对其权利的尊重。在现代社会治理中，应该适度引入协商的机制，孔子曰：“道之以政，齐

---

① 苏晴、顾艳伟：《对旅游市场害群之马“零容忍”——广西区北海市银海区工商局提升旅游市场监管力度，确保景区（点）市场秩序良好》，载《中国消费者报》2014 年 3 月 3 日，第 A03 版。

之以刑，民免而无耻；道之以德，齐之以礼，有耻且格。”[①] 也就是说仅仅靠严刑峻法并不能够从根本上达到对人的行为进行彻底矫正的目的。康有为也曾说：“人之有所不为，皆赖有耻之心，若无耻心，则无事不可为矣。”[②] 因此，对待旅游市场的各类经营行为，我们也应该有所甄别，采用恩威并重的治理模式，为市场主体留出可协商解决的空间。例如，可引导弹性契约文化的建立，在国外很多国家服务机构人员收取小费是行业惯例，小费可以使服务者在获取利益的同时也获得劳动被尊重和认可的感觉。但是我国没有收取小费的文化，我国《旅游法》第四十一条规定了导游和领队不得向旅游者索取小费，但并没有绝对禁止导游和领队收取小费。如果建立起导游和领队人员通过提高服务水平获得认可的意识，旅游者对于导游和领队的劳动付出能表示感激的心态，则会形成旅游服务关系中更为和谐的氛围。

（3）示范机制

我们生活在一个榜样的力量不断弱化的时代，人们并不会在多大的程度上因为受到别人善行的鼓舞而使自己向善，对人的行为最重要的驱动机制是利益。但是，我们仍不能忽视对优秀旅游从业机构和人员的大力宣传产生的示范效应：首先，示范可以使优秀的业者更加自律，人们总是不愿轻易放弃自己曾经得到的美誉。其次，信誉良好的经营者会聚合更多的消费者群体，从而扩大自己的市场份额，使不良业者的市场份额逐渐减少乃至最终没有市场。从契约的角度来看，契约的订立能起到示范效应，有效益的契约会吸引更多的人缔约，无效益或低效益的契约会导致更多的人退出市场。最后，示范可以使旅游者和社会公众感受到社会正气的存在，对政府的管理行为和旅游市场主体的经营行为恢复信心。亚里士多德认为，“美德不是天生的；因为任何天生的事物都不能形成违背其本性的习惯。美德的伦理学要求我们发展习惯；发展正当的思维、正

① 《论语·为政》。

② 康有为：《孟子微·卷六》。

当的选择以及正当的行为"[①]。通过社会舆论的积极引导，能够弘扬内心的向善的价值取向，如原北京市旅游委和北京市交通台合办的"北京旅游榜样"电台专访节目，对优秀旅游工作人员进行表彰宣传，并将文字实录发布在旅游委的官方网站专栏中，这些做法收到了较好的社会效果。可以说，我们在多大程度上"扬善"会影响我们在多大程度上对旅游市场失范行为的"止恶"。

（4）常态机制

在中国式的社会治理中，反复下发"红头文件"和进行"运动式执法"是一大特色。迄今为止，我们仍没有告别这一传统治理方式。以对挂靠承包的整治为例，多年来国家旅游行政主管部门曾多次下发各类规范性文件，并由各级旅游行政主管部门具体实施，但其最终的整治效果并不理想（见表五）。

表五：整治挂靠承包的规范性文件

年份	名称	颁布单位	主要内容	处理措施
1993年7月	《关于贯彻中央6号文件促进旅游业健康发展的意见》	国家旅游局	严禁以承包名义搞个体经营旅行社业务。	对违法经营，不顾旅游服务质量，扰乱正常旅游市场秩序的旅游企业进行清理整顿，停止其经营旅游业务。
1995年11月	旅办发〔1995〕101号《关于进一步加强旅游市场管理的通知》	国家旅游局、公安部、国家工商行政管理局	重点打击无证、无照经营和超范围经营，包括"……旅行社搞私人承包或部门挂靠。"	在全国开展旅游市场专项治理活动。

① ［英］韦恩·莫里森著，李桂林、李清伟、侯健等译：《法理学：从古希腊到后现代》，武汉大学出版社2003年版，第48页。

续表

年份	名称	颁布单位	主要内容	处理措施
2009 年 6 月	《关于加强旅游服务质量和市场秩序监督管理工作的意见》	国家旅游局	查处旅行社超范围经营和非法转让业务经营权。	加强监督管理规范旅游市场秩序不是一次运动式的专项整治活动，而是依法履行职责、制度化、经常化、长期性的工作任务，“挂靠承包”等进行治理规范是近期的重点内容。
2010 年 11 月	旅发〔2010〕89 号《关于促进旅行社业持续健康发展的意见》	国家旅游局	规范旅行社业务机构和分支机构管理，杜绝出租、转让、出借旅行社业务经营许可证行为。旅行社应当进行服务网点的设立、备案、监管和业务经营机构的清理规范，确保服务网点和各类业务机构依法规范服务，摒弃部门挂靠承包等行为。	各级旅游行政管理部门及其质监执法机构要积极开展引导规范，对旅行社准许其他企业、团体或者个人以部门或者个人承包、挂靠的形式经营旅行社业务等转让、出租、出借、受让、租借许可证等行为，应坚决依法查处。
2011 年 2 月	旅监管发〔2011〕27 号《2011 年全国旅游监管工作要点》	国家旅游局	继续治理旅行社“挂靠承包”。	

续表

年份	名称	颁布单位	主要内容	处理措施
2011年2月	旅监管发〔2011〕30号《关于加强监督管理规范旅游市场秩序的工作意见》	国家旅游局	2011年，通过对各地区、各重点城市和重点领域、重点环节开展专项治理，使“挂靠承包”等行为得到有效遏制。	引导旅游企业规范经营，对旅行社准许或者默许他人以自己的名义从事旅行社业务经营活动，以部门或者个人承包、挂靠的形式经营旅行社业务等转让、出租、出借、受让、租借许可证等行为，依法查处。加强诚信建设，将违法违规企业和人员信息记入诚信档案，并可以建立黑名单，不良业者淘汰清理出旅游行业。加大对不符合条件、达不到标准旅游经营单位和服务者的淘汰力度，形成科学合理的旅游行业准入退出动态运行机制。
2011年4月	旅监管发〔2011〕55号《规范旅游市场秩序十大重点任务督察工作安排》	国家旅游局	对全面治理旅行社挂靠承包经营进行督察。积极督促引导旅行社规范内部管理、依法扩展网络和经营规模等工作情况。	常规督察、重点督察和集中督察。各级旅游行政管理部门和旅游质监执法机构按照《旅行社条例》及其实施细则查处旅行社挂靠承包经营违法行为的工作情况。
2011年8月	旅监管发〔2011〕186号《关于做好当前旅游监管工作的通知》	国家旅游局	按照本年度此前颁布的文件精神，结合实际，突出抓好对挂靠承包行为的治理。	严格执行国家旅游局转办、督办的工作要求。

上述情况说明，其实每一次新的执法行动都在验证前一次的执法目标已经落空。对于失范行为，通过各种“文件”“通知”进行三令五申已经起不到太多的作用。可以说，对于有违法倾向的经营者来讲，任何“运动式”和阶段性的执法反倒会造成违法者对违法责任承担的“审美疲劳”，进一步强化了其坚信能够逃避违法制裁的心理预期，使类似的行为反倒愈演愈烈；对于一般的经营者来讲，容易使其对常态的执法失去信心，对非法竞争对手得到应有惩罚的预期信心不足，因为在不同的时期，执法的尺度是不同的，进而对自己的行为也无所适从；从整个社会角度来看，这无助于普遍性正义准则的贯彻与实现，因为这种做法使得法律的恒常性、稳定性价值没有得到应有的尊重，法治应该是流淌不息的涓涓细流，而不应该是一时间风起云涌的波涛。

对旅游市场失范行为的法律调控要求我们告别这种传统的斗争性思维，并将现代法治思维作为精神底蕴。在很多时候，我们需要抑制嫉恶如仇的短暂冲动，虽然这种冲动在某一时期可能是最有效的，但是法律在更多的时候需要的是理性，只有理性才能实现常态的治理，防止类似的违法行为卷土重来。旅游市场失范问题积习已久，在业内圈子中也认为各种做法是习以为常。因此，在法治社会的构建中，应该建立法治化的新常态治理模式，以冷静平稳的方式维护旅游市场秩序，形成整治违法的制度体系。

（二）契约法律思维

伯尔曼指出：“在任何一个社会，法律本身都力促对其自身神圣性的信念。”[①] 契约精神是法律信仰的集中体现，它代表人们将法律视为虔诚的世俗化宗教加以膜拜的普遍信念。希尔斯指出，“市场经济在其早期阶段的成功，是建立在前市场社会的精神气质的肩膀之上的”[②]。在西方发达国家，契约精神已经成为根深蒂固的传统，正是这种契约精神，孕育了西方

---

① ［美］伯尔曼著，梁治平译：《法律与宗教》，中国政法大学出版社 2003 年版，第 18 页。

② 参见刘颖：《从身份到契约与从契约到身份——中国社会进步的一种模式探讨》，载《天津社会科学》2005 年第 4 期，第 49 页。

人的“诚信”观念。美国学者英格尔斯也提出：“如果一个国家的人民缺乏一种赋予这些制度以真实生命力的广泛的现代心理基础，如果执行和运用着这些现代制度的人，自身还没有从心理、思想、态度和行为方式上都经历一个向现代化的转变，失败和畸形发展的悲剧结局是不可避免的。再完美的现代制度和管理方式，再先进的技术工艺，也会在一群传统人的手中变成废纸一堆。”[①] 可见，中国旅游市场秩序的普遍好转仰赖市场契约精神的建立。如果说契约精神是作为抽象理念的气质，那么契约思维则是这种气质在具体问题上的展现。

1. 法律思维的概念

在任何一个社会，“如果人们只是迫于强力，或者迫于对强力的恐惧去遵守契约，那么契约团结必将会陷入一种险恶的处境之中，纯粹的外在秩序绝对不能很好地遮蔽冲突状态，这种冲突太普遍了，人们很难明确地限制住它”[②]。从心理学的角度来看，人的思维方式决定了人的行为方式。在旅游市场上，任何一项看似简单的交易行为其实都蕴含着复杂的内在逻辑。从交易的个体行为来看，由需求产生的动机促使人们产生从事旅游经营或消费行为的想法，在具体决策的过程中，这种想法又为多重因素所左右。一来，他们要认识到自己的处境，“假设有两个人，即买方与卖方，他们有机会进行一次交换。他们做出有效率的决定的能力，取决于他们所发现的自己所处的环境”[③]。二来，他们要对自己的处境进行评价然后做出选择，评价的过程就是思维的运行过程。在旅游市场上，主体行为的规范性亦受其思维方式的深刻影响，旅游市场法治化的内在推动力也在于旅游市场监管者所具有的法治思维和其引导的市场主体的法律思维。

首先，法治思维是市场有效管理的基础。什么是法治思维？2013 年

① 殷陆军编译：《人的现代化——心理·思想·态度·行为》，四川人民出版社 1985 年版，第 4 页。

② ［法］埃米尔·涂尔干著，渠东译：《社会分工论》，生活·读书·新知三联书店 2005 年版，第 340 页。

③ 乔迪·S. 克劳斯，史蒂文·D. 沃特著，金海军译：《公司法和商法的法律基础》，北京大学出版社 2005 年版，第 119—120 页。

党的十八届三中全会提出建设“法治中国”的目标。在这一总的目标的指引下，市场经济的各个领域都应该法治化，旅游市场法治建设是“法治中国”目标下的具体的法治。在党的十八大报告中，也曾提出法治思维对执法者的重要性，强调要“增强全社会学法遵法守法用法意识。提高领导干部运用法治思维和法治方式深化改革、推动发展、化解矛盾、维护稳定能力”。在这里，运用法治思维进行社会管理，是对各级社会公权力的掌握者的基本要求和他们应具备的基本能力。关于法治思维的含义，有学者认为：“法治思维是指按照法治的逻辑来观察、分析和解决社会问题的思维方式，它是将法律规定、法律知识、法治理念付诸实施的认识过程，直接关系到依法行政、依法办事的效果。”[①] 可见“法治思维”其实是依法治国的思维，即执法者在社会主义法治理念指导下运用法治的特有逻辑来分析和解决问题的思维路径。

其次，法律思维是市场有效运行的条件。我们知道，仅有执法者的法治思维而没有社会公众的基本法律思维，那么真正的法治仍难实现。法治化的状态要求所有社会主体在社会交往中按照自己的社会角色归属去进行行为选择，即以规范意识思维主导自己的行动。从公权力的角度，法治思维涉及依法行政和公正司法；从私权利的角度，法律思维涉及公民和社会组织对自己权利的珍视和对法律的尊重和遵守。固然，依法行政和公正司法是公民守法的前提，但是即使这二者均得到落实，但公民的权利意识和守法观念没有跟上来，法律思维没有内化为公民的行为依据，这样仍然会出现合理的公权力和不合理的私诉求间的冲突，法律秩序仍难以达成。

在《旅游法》实施过程中，法治思维和法律思维的契合更具突出意义。因为在中国的旅游市场上，旅游经营者的普遍性失范和旅游者的集体失语，构成了中国旅游业的独特风景，改变这一处境仅靠政府主管部门的孤军奋战是不够的，二者应该是互动的，“执政者主动、自觉和善于运用法治思维和法律手段治国理政，会促进相应国家、地区的法治实践，反过

① 罗志坚、万高隆：《法治思维：贯彻落实依法治国基本方略的必备要素》，载《宁夏党校学报》2012年第4期，第71页。

来，一个国家、地区的法治实践又会给予相应国家、地区执政者更主动、自觉运用法治思维和法律手段的动力、促力”[①]。没有这种相互呼应的常态秩序，真正的法治就不可能形成。本书在这里主要探讨旅游市场主体的法律思维。

在现代工商社会，市场主体的法律思维主要体现为在市场活动中的契约精神。契约精神也是法治社会的灵魂，人际交往的基本方式都是通过契约来实现的，契约意味着诚信、平等、自由与执着。对经营者来讲，契约精神是基本的经营品格；对旅游者来讲，契约精神是基本的生活方式。在旅游市场上，经营者的法律思维意味着它们发自内心地认为违法经营是应受惩罚的异质性行为，按照法律设定的规则进行经营是自己的基本义务；旅游者的法律思维意味着他们对自己的旅游权利充分认知，认为为权利而斗争是对自己的基本责任，“现代化的良序社会，是一个在一元法治基础之上的合理多元社会，在这个合理多元社会中，制度整合优先于道德整合，制度认同优先于道德认同，基准道德优先于价值信仰，世俗道德优先于神圣道德”[②]。

2. 法律思维的形塑[③]

（1）经营者诚信自律思维

从某种意义上说，旅游经营者在销售他们的旅游产品的同时其实也是在出售他们的信用。正是有了信用，人们才可以在市场上进行各种交换，经营者在进入市场时都对他人的信用充满希冀，同时也肩负维护信用的责任，“从经济学的角度来说，诚信的价值，在于它可以极大地降低企业与其他市场主体之间的交易成本，良好的信誉可以给企业带来实际的经济收

---

① 姜明安：《法治、法治思维与法律手段辩证关系及运用规则》，载《人民论坛》2012 年第 14 期，第 6 页。

② 高兆明：《社会失范论》，江苏人民出版社 2000 年版，第 224 页。

③ 有关论述参见拙文：《论旅游市场主体的法律思维——以〈中华人民共和国旅游法〉的实施为背景》，载《法学杂志》2015 年第 9 期，第 66—68 页。

益……才能使企业在激烈的市场竞争当中立于不败之地”[①]。从这个角度来看，在一个健康的旅游市场上，丧失基本的信用对于旅游经营者应该是灭顶之灾。那么，在中国的旅游市场上，为什么还存在广泛的不信用？从本质上讲，信用是一种对等的回报，对旅游者恪守信用也是旅游经营者的法律义务。任何经营者都是自我利益的最大化者，它们都通过两个方面的努力来获取利益：一方面通过在同业的竞争中胜出，占有更大的市场份额；另一方面在每一笔交易中，希望以更少的成本获取更大的利益。在一个不讲信用成为普遍情形的市场环境下，在一个不够成熟的市场条件下，在竞争中获胜主要靠的是价格，在交易中获利主要靠的是强迫和欺诈。这样，形成本来以信用为基础才能存在的市场却是靠非信用的市场行为来维系的尴尬局面，要改变这样的处境，亟须经营者市场行为模式的转变及法律思维的塑造。

在中国的旅游市场上，需要塑造的是常态的经营伦理。我国《旅游法》第六条规定：“国家建立健全旅游服务标准和市场规则，禁止行业垄断和地区垄断。旅游经营者应当诚信经营，公平竞争，承担社会责任，为旅游者提供安全、健康、卫生、方便的旅游服务。”目前，在中国的旅游市场上经营者之间的垄断经营并非突出的问题，最突出的问题是对旅游者的诚信问题。从商法的角度来看，作为营业性经济组织，旅行社是具有法人资格的商事组织，旅行社的经理和导游则是商事辅助人。这些不同的法律人格主体在利益上存在一致性也存在冲突，法律思维方式要求它们之间合理地界定权利义务，然后各司其职。按照契约精神，我们没必要指望经营者有多高的道德标准，而是要求它们具有按照法律设定的行为标准来实施自己的行为的意识，养成基本的经营伦理，如对于旅行社来讲，应该把《旅游法》作为自己从事旅游营业活动的宪法，一切按照旅游法设定的规则来行事；对于经理和导游人员来讲，应该将每次出团的旅游合同作为本次导游服务的总章程，不折不扣地履行自己在合同中约定的基本职责。这

① 陆冉旺、傅小菲、谢昆：《企业诚信失范剖析及其重构对策探索》，载《产业与科技论坛》2008年第9期，第222页。

样，作为市场经营主体的各个组成部分都能够心安理得、按部就班地践行规则，则法律思维成为常态。

需要特别指出的是，旅游经营者的法治思维是对法治治理模式认可的思维，这种思维其实是立法者和执法者的法治思维的衍生物，因为没有来自立法者的有效的制度供给和来自执法者的一以贯之、一如既往的执法行为，这种思维根本无法养成。从操作的层面看，监管者需要面对市场失范行为采取行之有效的整治措施，如需要对失范行为的违法成本制度设计，通过惩罚性违约金、商誉评价减损等制度提高违法成本；需要针对典型失范行为，如“挂靠承包”“不合理低价”“购物回扣”等行为的专门制度设计；需要对法律救济特定程序设计，建立法律责任归结的特有规则，如违法行为认定的举证责任倒置、严格责任的采用等。这样，旅游经营者的行为模式和法律后果就有明确清晰的界定，一旦违规，执法程序就顺理成章地启动。只有如此，在法律思维引导下的各种守法经营行为才能最终表现为经营者的习惯。

（2）旅游者的依法维权思维

在中国的旅游市场上，旅游者很少能够真正扮演“上帝”的角色，这一方面是由于旅游行业经营者的强势地位一直存在，另一方面也是由于旅游者对自己的权利没有很足够的认识。在一个民众的法律意识普遍淡漠的国度，旅游者在自己的权利问题上如果没有根本性的认识改变，则有可能对市场环境的畸变起到推波助澜的作用。对于旅游者来说，其契约精神的养成在于具有理性消费意识，尊重对方的权利，放弃攫取额外利益的念头；具有为权利而斗争的意识，不放弃自己一点点的权利。按照这样的思维方式，旅游者就需要对“不合理低价”或恶意的强迫和欺诈保持理性或不容忍的态度，并做到维权有度。在通常的逻辑下，商品和服务的价格和价值是相对匹配的，因此，参加明显低价的组团实际上是旅游者已将自己置于权利被侵犯的火山口，岩浆的迸发随时发生。因为按照基本的经营逻辑，这世间根本没有免费的午餐，你获取了利益注定要以某种形式偿付对价。可见，契约精神下的法律思维的第一个方面，就是要遵循等价交换的原则，旅游者应该认识到旅行社是以追求利益为目标的商事组织，不是慈善机构，想从它们那里获取额外的利益其实是天方夜谭。另外，即便是已经参加了“不合理低价”的旅游，旅游者也仍然可以理直气壮，按照法律的逻辑，无论如何旅游经营者在旅游合同中所列举的事项为有拘束力的承诺，一旦没有兑现就属于违约，并且不会因为组团的低价而减轻相应的责任，法律的思维方式允许旅游者得了便宜还不必卖乖；契约精神下的法律思维的第二个方面，就是要为权利而斗争。对于强迫和欺诈的行为，他们应该意识到自己的哪些权利被侵犯，不再做沉默的羔羊，同时做到维权有力、有理、有节，既要注意避免不必要的财产乃至人身损害，又要注意保存好相应的证据，为当场和事后的权利救济提供依据。只要旅游者作为一个群体都能用这样的意识来武装自己，那么他们将改变自己在旅游市场上的弱势地位，以一个平等的姿态立足于契约链条的一端。

这里仍需要特别指出的是，旅游者对于权利的维护和对法治的心态，也来自其权利被侵害后，能够获得公权力的有效救济，执法部门的严格执法或司法机构的公正司法都会推动旅游者的法律思维的养成和发展。可以说，当群体性的法律思维养成之时，也就是旅游市场的失范行为得到有效遏制之时，也只有在那时旅游市场主体才能真正各得其所，能够一起维护自己的尊严并尊重他人的权利，充分享受到法治带来的快乐和幸福。

三、主要环节——法律过程性调控

旅游市场治理问题也是一个法律问题，对这一问题的解决离不开所有的必要法律调控措施的采用。法律调整社会生活是全方位的，从法的运行过程的角度涵盖立法、执法和司法三个不同的方面，对于旅游市场失范行为的调控也可以分为立法调控、执法调控和司法调控，它们从不同的角度、运用不同的方式完成对旅游市场失范行为的治理。

（一）立法调控

按照契约的基本原理，如果契约的规则不甚明了，那么实践中发生纠纷的概率就会显著增高。如果将法律看成通行于整个社会的一套契约体系，那么法律规则的完备即契约无漏洞则是社会成员普遍履约的基本前提。当然，在我国的法治实践中，人们常犯的是立法依赖的路径错误，认为好的立法能够对本领域的社会问题毕其功于一役。其实不然，良法只是法治的开端。不过，如果对某些重要的规则立法存在漏洞或不清晰之处，则会出现对行为调整的制度供给不足问题。意大利刑法学家贝卡利亚指出："立法是一门艺术，它引导人们去享受最大限度的幸福，或者说最大限度地减少人们可能遭遇的不幸。"①

我国《旅游法》自颁布实施以来，虽然对旅游市场秩序的整治发挥了很大的作用，旅游市场秩序趋于好转，但是实践中也出现对有些问题《旅游法》未达到预期的调整的情况，需要进一步细化《旅游法》的有关规则。中国旅游市场的失范行为在大多数情况下表现为欺诈和强迫，因此填补这方面的法律漏洞是治理失范行为的前提，对此我们一方面要开发法治的本土资源，另一方面要学会利用法治的外来资源。例如，原国家旅游局〔2014〕旅发241号《关于贯彻党的十八届四中全会精神全面推进依法兴旅、依法治旅的意见》中就鼓励各地制定适合本地情况的地方立法："特别要抓住赋予设区的市地方立法权的契机，加快制定城乡居民利用自有住宅或其他条件经营旅游业务管理制度、'一日游'管理制度。"笔者认为，在立法调控方面，我们应该采取以下几个方面的措施：

1. 完善公权力监管制度

（1）信息披露制度

在旅游合同订立和履行的过程中，信息的获取是一个至关重要的问题，因为旅游者和旅行社的信息不对称往往成为旅游者利益被侵害的关键性因素。如果旅游者充分知晓了与自己参与的旅游活动有关的各类必要信息，则预防欺诈和其他各种外来风险的能力将显著增强，这也是为什么各国立法都普遍强调旅行社的信息披露义务之原因。中国旅游市场失范行为的产生与市场上"逆向选择"的存在关系密切，甚至可以说当下的市场状

① ［意］切萨雷·贝卡利亚著，黄风译：《论犯罪和刑罚》，北京大学出版社2008年版，第102页。

况就是普遍存在的逆向选择的结果。也即不正当竞争者通过拉低价格等方式扩充客源，从而进一步挤压了正常经营者的市场空间，从而逼迫后者也不得不效仿，使整个市场经营水平走向低端，市场产品质量下降，市场环境整体恶化。"逆向选择"是通过契约博弈的结果，其产生的根本原因是信息的垄断，也就是旅游者难以掌握旅游经营者提供服务的全部真实信息，因此要扭转"逆向选择"也必须从信息的再分配入手，"如果拥有私人信息的一方（旅游产品经营者）有办法将其私人信息传递给没有信息的一方，逆向选择就可能会消除"[①]。可见，信息资源的合理分配有助于良性的市场秩序的形成。

在信息分配问题上，法律的治理在于本着公平的契约观念，通过权利和义务的方式界定信息的发布义务及其法律后果，从而保障旅游者获得充分的信息进而做出理性的判断和选择。为此要建立信息披露制度，信息披露制度可以节约旅游者信息获取的成本，"通过一种契约设计来获取代理人的私人信息，使信息面向大众化、透明化，这样就在一定程度上解决了逆向选择的问题；设计激励合同使代理人从自身利益出发选择对委托人有利的行动，来解决道德风险的问题"[②]。在国外的旅游立法中，特别重视旅游经营者的信息披露义务。对于旅游者来说，虽然信息披露不能从根本上杜绝经营者的违约行为，但是信息披露的重要意义在于使双方的权利和义务更为明确，使经营者的欺诈空间缩小，同时也为旅游者在事后寻求法律救济提供了更多的证据支撑。根据信息披露的时间不同，我们可将其分为事前的信息披露和事中的信息披露。

事前的信息披露。它是旅游经营者在招徕旅游者的宣传材料中所做的事实陈述，强调信息的真实、准确。从比较法角度看，目前大多数欧盟国家，如西班牙、意大利等国都在有关包价旅游的专门法规或《旅游法》中特别强调旅游经营者的信息披露义务。意大利《关于旅游业市场体制的国家法规》规定了经营者对游客七个方面的信息告知义务，信息手册应该包

---

① 汪季清：《旅游市场信息不对称问题及对策研究》，合肥工业大学 2009 年硕士学位论文。

② 同上。

含的十一个方面的事项，行文中注重对经营者的信息披露要求，同时为旅游者设定了较为宽松的合同解除权利。意大利《206号条例》涉及对消费者的信息告知义务及其内容和形式上的要求，条例的附件中规定了四种不同类型和合同信息表，对各种合同中应该具备的内容作了极为详尽的规定，具有极强的可操作性，将条例本身的规定贯彻得淋漓尽致。其他国家，如俄罗斯在1996年通过的《俄罗斯联邦旅游业务基本法》也涉及相关内容。该法是一部综合性的旅游立法，该法在第四章“旅游产品的制造、推广和销售特点”中对旅游经营者或者旅游代理人的旅游产品销售合同进行了规定，在对旅游代理人的要求上，强调旅游代理人对自己、旅游经营者和旅游经营者的担保人的信息告知，使旅游者的知情权得到最大限度的保障。在我国香港地区，“所有的旅行社和旅行社的宣传品和推广资料被看成是旅行服务合同很重要的一部分，就是服务不能违反推广、说明里的所有内容。而宣传、说明里的条款包括了基本信息、行程安排、交通住宿餐饮标准以及额外的收费”[①]。

从合同法的角度来看，在订立合同之前，旅行社有义务向旅游者披露相关的信息，这是旅行社的先合同义务，其目的是充分保障旅游者的知情权。很多时候，旅游经营者为了招揽游客，还会发布一系列的宣传资料，有很多资料还具有很强的迷惑性，但是它们并不是合同的组成部分，一旦发生纠纷，旅游经营者也容易逃避责任。不过，由于旅游合同是特殊类型的合同，旅行社通过虚假宣传误导消费者的行为没有得到必要的民事制裁是显失公平的。笔者认为，对于旅行社违反先合同义务的行为，可以以缔约过失责任作为责任依据，令其承担相应的法律责任，赔偿旅游者预期利益的损失。从行政法的角度看，虚假宣传还会涉嫌违反《广告法》《价格法》等行政法律法规，可由监管部门追求违法者的行政责任。

在我国的旅游市场运营中，欺诈履行大量发生，旅行社往往通过误导

① 全国人大代表、香港旅游规划管理机构董事马逢国先生在审议旅游法草案的十一届全国人大常委会第三十次会议上的发言。引自席锋宇：《必须规范境外游收取押金行为》，载《法制日报》2013年1月12日，第5版。

性的陈述使旅游者受骗上当，英国法上的信息披露制度非常值得我们借鉴。从我国的立法来看，我国《旅游法》第三十二条规定："旅行社为招徕、组织旅游者发布信息，必须真实、准确，不得进行虚假宣传，误导旅游者。"该法还在第九十七条规定了对旅行社进行虚假宣传，误导旅游者的，可责令改正，没收违法所得，并处罚款的行政处罚措施。从规范类型的角度，《旅游法》仅做了禁止性规范的规定，如能从合同法的角度再进一步做义务性规范的规定，要求旅游经营者进行宣传即发出要约邀请的，要确保要约邀请信息的准确性，那么立法在旅游者权益的全面维护上会做得更加彻底。

事中的信息披露。它要求旅游经营者在与旅游者订立的旅游合同中，要对自己的履约信息进行充分、准确的披露。我国《旅游法》第五十八条规定了旅游服务合同应当采用书面形式，并包括"旅行社、旅游者"的基本信息。但在《旅游法（草案）》中，该条表述为"关于组团社、地接社的基本信息"，实际上对于组团社和地接社的基本信息的披露，可以使旅行社的任意转团面临更大的法律障碍，可见草案的规定似乎比立法实效会更好。另外，《旅游法》第五十八条规定没有包括导游人员的基本信息，这恰恰是旅游合同中作为强势一方的旅行社容易浑水摸鱼的地方。在旅行社挂靠承包现象比较普遍的情况下，张冠李戴式的组团、接团使旅游者对旅游合同的实际履行者往往并不知情，因此披露实际从事职务的导游人员的身份信息尤为必要。有人会认为，由于从旅行社组团到成行出团需要一定的时间，在订立合同之时往往并不能确定实际带团的导游人员。但是，这并不排除在旅游合同履行之前，旅行社通过其他各种方式对导游人员的身份进行披露，这样可以尽可能地防止旅行社雇用黑导游和挂靠承包的门市部履行合同，以进一步维护旅游者的利益。2016 年原国家旅游局报国务院的《旅行社条例（修订草案送审稿）》第四十条第二款规定："旅行社应当在包价旅游合同中载明地接社的名称、地址、联系人、联系电话等基本信息，并向旅游者作出说明。"这在对信息披露要求问题上做出了更进一步的突破，具有积极的意义。此外，在"互联网 +"时代，充分利用网络资源的信息传递功能，可能会让我们走出一条独辟蹊径的道路。此前，原国家旅游局在携程网启动了"互联网 + 导游领队"改革试点，它通过建立一系列信息系统：导游领队库、信息化管理与透明化展示系统、用户在线点评系统、自由行“微领队”服务体系、“当地向导”在线预约平台等，最终形成一个完整的“互联网+导游领队”管理与服务体系。[①] 此举具有一定的积极意义。不过，由于我国《旅游法》第四十条明确规定：“导游和领队为旅游者提供服务必须接受旅行社委派，不得私自承揽导游和领队业务。”因此，完全意义上的导游自由执业目前还不符合《旅游法》的规定，我们不能因此损害法律的权威以致破坏法治。另外，笔者还担心的一点就是在诚信文化没有充分彰显的现实商业环境下，各种形式的商业贿赂普遍存在，导游领队的评价与其自身的经济利益挂钩是必要的，但是导游领队通过不当方式诱导此前参团的游客提供好评亦未可知，因此制度的规定不能就到此为止，还需要建立确保信息反馈真实即对通过误导或诱导恶意赚取好评行为的惩处机制，避免由于制度供给不充分而减低制度效用情况的发生。

（2）信用制度

从本质上讲，旅游市场失范行为在很多情况下都属于失信行为，因此对市场失范行为的法律调控在很大程度上也在于信用机制的建立。信用是契约的题中应有之义，信用是契约精神的体现，同时对契约制度的完善有助于建立市场主体的信用，我们亦可以通过建立起有关信用的制度来完备契约，使信用机制能够有效地运转增强履约的保证。通过信用体系的建立，可以对经营者的资信进行客观的评估，以供消费者选择，也使经营者的违约行为最终得不偿失。具体来说，我们可以在以下几个方面建立信用制度：

第一，信用担保制度。关于信用制度，有学者从狭义的角度对契约制度和信用制度进行了区分，认为：“契约制度更多关注交易本身，注重合同的内容和条款，注重交易的安全性；信用制度则是更多关注交易主体偿

---

① 国家旅游局在携程旅游启动“互联网+导游领队”改革试点，https://www.sohu.com/a/58360861_180038，最后访问日期：2020 年 7 月 22 日。

还债务的能力，关注交易主体在既往契约行为中的表现。”[①] 笔者认为，即便对契约和信用难以做严格的区分，但是我们仍可对信用做最低限度的解读，它反映的是市场主体履约程度及偿债能力，如果一个经营者即便因条件发生变化自己不能从履约中获得好处，仍能够严格按照契约来履行自己的义务，或在发生违约时能够对对方予以积极有效的补偿，那么我们就认为这个经营者是守信用的。为此，我们一方面要强调对经营者的经营伦理塑造，更重要的是建立起能够对经营者违法经营进行规制，对旅游者进行及时补偿的制度。在我国旅游市场监管上，对旅游经营者进行信用监管的一项重要制度就是质量保证金制度。

1995 年，原国家旅游局颁布实施了《旅行社质量保证金暂行规定》。该规定第一次以行政规章的形式确立了旅游经营者的信用保证制度，规定旅行社因违约、未达到服务标准、破产等情况下，不承担或无力承担赔偿责任时，可用事先强制缴纳的质量保证金对旅游者进行赔偿，各类旅行社缴纳的保证金分别为 100 万元、60 万元、30 万元、10 万元不等，并在操作环节赋予了各级旅游行政管理部门较大的自由裁量权，该规定的实施细则还明确规定了各级旅游质量监督管理所（质监所）全面负责处理旅游投诉和旅游质量的监督与管理，并具体负责保证金理赔工作。同年颁布的《旅行社质量保证金赔偿暂行办法》和《旅行社质量保证金赔偿试行标准》进一步细化了各级旅游质监部门的管辖权和用质量保证金进行赔偿的程序和数额标准。2009 年国务院《旅行社条例》继续坚持了质量保证金制度，但在数额要求上有所变化。2013 年的《旅游法》第三十一条将旅游质量保证金命名为“旅游服务质量保证金”，在用途上也修订为用于“旅游者权益损害赔偿和垫付旅游者人身安全遇有危险时紧急救助的费用”，但是立法并未规定保证金使用的具体程序。

对于旅游服务质量保证金（原旅游质量保证金）问题，不同的学者存在不同的认识，近年来对质量保证金有两种不同的声音，很多人提出对保证金制度要进行改革乃至废止，但也有学者认为质量保证金在维护旅游者

① 巴劲松：《论民法的信用调整》，中国政法大学 2003 年硕士学位论文，第 20 页。

权利方面仍发挥着不可替代的作用。下面，我们先来看一下近几年我国关于质量保证金的理赔情况[①]（见表六）。

表六：2008—2013 年理赔金额情况

类别／年度	理赔金额人民币（万元）			国内游理赔金额	出境游理赔金额	入境游理赔金额
2008 年	697.6	企业	694.8	505	184.4	8.2
		质保金	2.8	2.8	0	0
	质保金赔偿比例		0.40%	0.55%	0%	0%
2009 年	693.3	企业	679.8	500.9	177.2	1.7
		质保金	13.5	12.8	0.7	0
	质保金赔偿比例		1.99%	2.56%	0.40%	0%
2010 年	1081.9	企业	1046.5	806.2	237.7	2.6
		质保金	35.4	7.8	27.6	0
	质保金赔偿比例		3.38%	0.97%	11.61%	0%
2011 年	1274.3	企业	1260.4	903.5	344.8	12.1
		质保金	13.9	0	13.9	0
	质保金赔偿比例		1.10%	0%	4.03%	0%
2012 年	1743.5	旅行社	1735.8	1007.4	721.3	7.1
		质保金	7.7	7.3	0.4	0
	质保金赔偿比例		0.44%	0.72%	0.06%	0%
2013 年	1637.8	旅行社	1597.2	834.1	758.5	4.6
		质保金	40.6	40.6	0	0
	质保金赔偿比例		2.54%	4.87%	0%	0%

通过上表可以看出，从 2008 年到 2013 年 6 年间，全国通过各级旅游质监执法机构进行的游客投诉赔偿金额为 7128.4 万元，其中旅行社理赔 7014.5 万元，但是动用旅游服务质量保证金理赔的金额为 113.9 万元，

① 本表根据 2009 年以来原国家旅游局官网《全国旅游投诉情况通报》汇总。

仅占 1.62%。本来质量保证金以预存款的形式为旅行社赔偿责任的履行增强了担保，但是上面的数据说明，旅游质量保证金制度似乎并没有发挥出与其设立宗旨相匹配的预期作用，其内在的原因值得我们去思考。通过调查我们发现，旅游质量保证金之所以适用得少，主要在于保证金的适用在以下几个方面存在一定的障碍：其一，保证金的性质不够清晰。从质量保证金设立的宗旨来看，是为了对旅游者遭受损害时进行及时赔偿和使旅游者在遭遇紧急状态时获得有效救助，属于一种民事权利担保。按照《民法典》的规定，担保物权由双方当事人事先约定，立法要求当事人在订立担保合同时明确约定担保的范围和权利实现的条件，但是目前关于质量保证金的规定由行政规章设定，旅游企业缴存保证金首先是一项公法的义务，作为担保物权利益相关者的旅游者对于质量保证金难以主动行使请求权，这在一定程度上弱化了质量保证金担保的私权属性，也使权利的最终实现面临一定的困难。其二，保证金执行者的权力不够清晰。旅游服务质量保证金的执行基础是文化旅游行政主管部门的行政裁决权和执行权。按照行政法治原则，行政权力的运用应该有法律、法规的授权，在行政权力运用范围界定不甚清晰的情况下，旅游服务质量保证金的适用就会存在诸多不确定性，使得质量保证金制度难以有效执行。其三，质量保证金执行的程序不够清晰。在行政权力运用的过程中，即便存在合法的授权，还需要切实可行的程序。目前，我国的质量保证金在使用的具体程序上也面临一定的障碍，如保证金虽然由金融机构托管，但是由于其所有权仍属于缴存的旅游企业，在执行过程中托管金融机构往往不愿意配合行政机关的执法，这也在很大程度上造成行政机关适用保证金制度的动机不强。

难以实现的权利不是真正的权利，旅游服务质量保证金面临困境的解决出路也在于将上述模糊的区域清晰化。其中，最重要的环节就是要凸显旅游者在保证金制度中的地位和作用，赋予旅游者申请以质量保证金进行赔偿的请求权，这样质量保证金的性质被进一步明确。有学者提出，除了在现有的立法框架下改进质量保证金制度之外，还应当考虑在未来的发展中，充分发挥市场主体的自律作用，再辅以必要的社会监督，为旅游公共赔偿基金的建立创设条件。[1] 的确，在现有的保证金制度有名存实亡意味的情况下，对旅游者的赔偿和救助我们可转而求助责任险和旅游公共赔偿基金。目前，在我国香港、台湾地区都建立了旅游公共赔偿基金，用于偿付旅游者在旅游活动中遭受的损失。我国内地也可以考虑采用类似的制度：其一，在性质上体现民事性。将公共赔偿基金定位于承担民事责任的准备金，由旅游行政主管部门监管经营者缴纳，由金融机构进行托管。其二，在使用上体现补充性。一般违约行为由经营者以自有可支配财政承担责任，出现《旅游法》规定的情形，以赔偿基金承担责任。其三，在具体程序上体现协商性。在旅游者投诉情况下，如果违法事实成立，经营者没有异议的话，才从赔偿基金中进行支付，以免经营者因不服处理提起行政诉讼，旅游行政主管部门如果败诉的话资金回转的麻烦。如果经营者和旅游者之间发生诉讼，旅游者胜诉的话则由人民法院执行部门以赔偿基金执行。这样，一方面可以将行政机关从对民事权利过度介入又难以胜任的尴尬境地中解放出来，另一方面又可以充分调动旅游者的维权意识，为其权利的充分实现提供有效的保障。

此外，在信用担保问题上，我们还可以引入对于旅游企业基于契约取得的财产，在契约履行完毕前由第三方托管的机制。例如，英国有关旅行社担保制度的一个特色就在于对旅游者预先支付的团款由第三方托管。《英国包价旅游法规》第二十条规定："合同另一方应确保消费者按合同规定或按合同计划支付的所有款项由英国境内某法人作为受托人保管，直至合同完全履行或消费者支付的某些费用已经偿还或消费者支付的某些费用因消费者取消合同而被没收。"第二十一条规定："合同另一方应确保消费者按合同规定或按合同计划支付的所有款项由英国境内某法人作为受托人为消费者托管，以支付消费者的包价旅游。"[2] 这种做法与我国通过第三方网络平台进行销售，同时由第三方进行监督的模式，如我国淘宝网的销

---

① 参见郑晶：《质量保证金的制度困境与旅游公共赔偿基金的建立——兼谈香港、台湾地区的经验》，载《旅游学刊》2013 年第 12 期，第 97—104 页。

② 韩玉灵、申海恩主编：《最新境外旅游法律法规汇编》，中国法制出版社2012年版，第8—9页。

售模式类似。在包价旅游的场合，当合同价款由现实利益变成预期利益的时候，对旅行社来说如果存在自己不当行为会导致最终收益难以实现的情况，旅行社在履约的过程中就会较以往尽更多的注意义务，这对旅游者来讲也是进一步增加了对方的履约保证。

第二，信用维护制度。目前，世界主要发达国家普遍建立了完备的社会信用体系，其核心是通过对失信者的信息进行记载和公示，使其在社会上因为信用缺欠而丧失从事商业或其他领域活动的资格，这样人们在实施失信行为时就会心存顾忌。我国《旅游法》第一百零八条规定：对违反《旅游法》规定的旅游经营者及其从业人员，旅游主管部门和有关部门应当记入信用档案，向社会公布。2015 年 7 月，原国家旅游局印发了《旅游经营服务不良信息管理办法（试行）》，实际上是建立了旅游失信行为的“黑名单”制度。目前，文化和旅游部尝试通过发布“旅游失信行为记录”等措施逐步建立完善旅游信用信息公示制度。笔者认为，在旅游信用信息公示制度建立的过程中，应该建立起一套完整的制度体系，而不仅靠通过媒体曝光失信记录等简单的手段，在旅游市场失范行为普遍存在的情况下，任何一种制度如果不与对应的法律责任挂钩，其约束力是有限的。建立旅游信用信息公示制度应明确以下方面的内容：其一，信用记录的记载和保存部门。需要明确由哪个或哪几个机构负责对旅游经营者失信记录进行登记和保管，以及对信用记录进行确认的程序。其二，信息报送和发布的范围。即各级文化旅游行政主管部门在信息报送上的分工，在多大范围内发布失信记录信息。其三，失信记录是否可以消除。即失信经营者如果能够认识到自己的错误，并积极采取各种补救措施，能否消除以往的不良记录。在我国有关的法律法规中，为了使行为人有改过自新的机会曾设定了复权的制度，如《公务员法》中第五十九条有关解除处分的规定。对于旅游经营者来讲，失信记录是对旅游经营者曾经发生的失信行为的客观记载，并不涉及对其行为的主观评价，因此只要事实无误就不应该随意消除，否则难以起到持久的约束作用。其四，记录信息的联网与共享。这一点是非常重要的，因为信用信息公示制度最大的意义在于维持失信记录对于旅游经营者的不利影响。为了防止不良业者在受到记录和公示后金蝉脱壳，继续另起炉灶重操旧业，必须对信用记录进行全国联网，并与其他行业实行信息共享；对于有严重失信记录的人员，对其相关的从业资格也进行必要限制，使其“一失足成千古恨”。

（3）赔偿责任制度

日本的《标准旅行社条款》是迄今为止各国关于旅游合同规定最为详尽的立法。总的来说，日本旅游合同立法基本是以旅游合同的运行过程为线索进行制度安排的，其中关于营业保证金和补偿金的规定内容十分详尽。如在每类合同的附表中都规定了合同的取消费和变更补偿金的具体计算方式。在作为合同附页的《特别补偿章程》中，对旅游者在遭受人身或财产损害的情况下，旅行社相应的补偿金支付责任或不支付补偿金的情况进行了具体的列举，甚至对于人身损害的伤残程度的对应支付标准都做了一一的列表说明。日本旅游合同立法的精细化值得我们去学习和借鉴。不过，在我国的立法中，普遍存在宜粗不宜细的问题，导致立法的可操作性不强，很多本来是设定规则的立法成了纲领性的宣言。我国的《旅游法》采用的是综合立法模式，有关旅游合同的内容仅为其中一章，规则的细致化程度可想而知，这可能导致旅游法中有关旅游合同的法律适用问题，还要借助其他民商事立法或通过司法解释的形式来具体细化，这会影响法律适用的权威性。因此，如果我们不能强化对旅游者的赔偿责任，对旅游市场失范行为的整治就会成为空谈。这其中最重要的就在于严格责任制度的普遍建立。

在一个完善的市场经济框架下，市场主体的行为受到两条主线的调整，一条是法律，另一条是行业的自律规则。在自律没有成为普遍性行为抑制方式的情况下，法律的意义就更加凸显，法律设定了市场容忍限度的底线，并通过配套的规则来坚决加以落实。从规则设计上看，目前通过适当的峻法来加重违规者的责任是必要的，对此可从民法的归责原则和责任主体入手，在衡平旅游经营者和旅游者之间利益关系的基础上，采用严格责任制度。

从合同法的角度来看，旅行社对其在合同中的欺诈、强迫等行为应承担违约责任。我国《民法典》第五百七十七条规定：“当事人一方不履行合同义务或者履行合同义务不符合约定的，应当承担继续履行、采取补救措施或者赔偿损失等违约责任。”总的来说，我国现行合同立法秉承的是严格责任为主、过错责任为辅的归责原则。就旅游合同来说，虽然在《旅游法》中以专章的形式加以规定，但是从《旅游法》行文来看，也没有明确旅游合同的归责原则。从合同的履行过程来看，在旅游行程中旅游者几乎完全在旅行社的安排之下进行各项活动，尽管旅游合同的履行中可能会出现各种不可预测的风险，但是实践中更多的现实损害是由于旅行社的不当行为造成的，在责任认定上存在大量旅游者难以判断的模糊区域，如果仅让旅行社承担过错责任，可能会纵容旅行社的违法行为。在当下社会，人们面临较以往更多的风险，各国立法普遍强化合同责任的补偿性，并适当体现惩罚性和制裁性，因此严格责任归责原则的采用显得十分必要。

在旅游合同关系中，旅游行为的多元性和复杂性决定了履行辅助人参与合同履行的必要性。2010 年 9 月，最高人民法院出台了《关于审理旅游纠纷案件适用法律若干问题的规定》(以下简称《旅游纠纷规定》)，首次提出了“旅游辅助服务者”的概念。按照《旅游纠纷规定》的解释，他们“是指与旅游经营者存在合同关系，协助旅游经营者履行旅游合同义务，实际提供交通、游览、住宿、餐饮、娱乐等旅游服务的人”。关于其权利和义务问题，按照最高人民法院的观点，在旅行社和旅游辅助服务者存在共同过错的情况下，二者应该承担的是连带责任。具体来说就是在违约的情况下，旅行社承担直接责任，旅游辅助服务者也要承担责任；在侵权的情况下，由旅游辅助服务者承担直接责任，而旅行社则可能要承担补充责任。在《旅游法》中，立法者明确使用了“履行辅助人”的概念。在责任分配上，《旅游法》第七十一条的规定与《旅游纠纷规定》对于违约责任的规定有所不同，《旅游法》规定的是组团社的直接责任，这样便利于旅游者实现其权利。在侵权责任上，《旅游法》规定了履行辅助人的直接责任，同时规定了组团社的责任，但并没有将这种责任界定为补充责任，赋予旅游者以选择权，这较《旅游纠纷规定》又前进了一步，强化旅行社在侵权情况下的法律责任，对保护旅游者的权益是有益的。

笔者认为，在旅行社与旅游者签订的旅游合同中，履行辅助人在大多数情况下与旅游者不存在直接的合同关系，如在餐饮、交通、住宿等活动中，履行辅助人都是按照事先与旅行社的约定履行合同，并最终与旅行社结算价款，他们与旅行社之间是委托关系，而并非旅游合同的当事人。但是，旅游合同履行的特殊性决定了他们在旅游合同中又是不可或缺的。因此，纵然履行辅助人并非合同的基本当事人，但是在界定旅行社对旅游者的义务时，对履行辅助人的相关法律责任进行必要的设定是必需的。由于履行辅助人是以旅行社的名义为旅游者提供服务的，其与旅行社的责任类似一种信托责任。对此我们可按照信托法的原理，界定旅行社与履行辅助人之间的关系，故在旅游合同的立法中，加入履行辅助人的信托义务条款也显得必要；如果仅仅通过事后责任的方式，则不能对旅游者权利的维护起到预先的保护作用，因此我国立法应建立履行辅助人的信托责任制度。

2. 发挥行业自治作用

在现代社会，介于政府和企业间的第三部门，如各类行业自律组织的作用越来越受到人们的高度重视。就旅游行业来说，人们对各行业协会在市场治理问题上发挥作用的预期与其扮演的角色之间还存在一定的差距。同时，市场经济组织的自我改进和发展会对良好市场秩序的形成起到积极的推动作用。

（1）发挥行业协会功能

我们先来看一则来自云南省西双版纳州的案例：

2003 年，为维护自律价格，云南省西双版纳州旅游协会建立了一项有关“旅游结算管理”的制度。根据这个制度设定的“先付款、后接待”原则，该旅游协会要求会员单位都必须通过协会设立的信息管理中心结算平台，进行组团社和地接社之间的团费结算，即买方旅行社先将交易款项足额存入结算管理机构账户，交易完成后由结算管理机构将款项划拨给卖方地接社、饭店和车队等。整个旅游结算信息系统又分为 5 个子系统，即旅行社子系统、景点子系统、酒店子系统、客运公司子系统、旅游协会管理子系统。[①] 这样，旅游协会通过对旅游企业间结算关系的强行介入，试

---

① 参见殷章馨：《旅游协会行业管理职能和机制研究》，湖南师范大学2008年硕士学位论文。

图以此杜绝旅行社之间拖欠团费情况的产生。2013 年，云南省工商行政管理局做出云工商竞争处字（2013）第 01 号《工商行政管理机关行政处罚决定书》，决定对西双版纳州旅游协会处以罚款 40 万元的行政处罚，原因在于西双版纳州旅游协会在 2009 年 5 月分别组织当地的 46 家酒店、15 家景点和 2 家旅游客运汽车公司，在 2011 年 3 月组织 20 家旅行社签订《西双版纳州信息管理系统诚信服务自律公约》，进行行业经营垄断，构成不正当竞争。按照自律公约的要求，本地旅行社接待团队需通过协会的信息系统，组织旅游景点的具体线路、接待车辆、入住的酒店都要由协会指定。这样不仅限制了外地旅行社进入本地市场的资格，也使本地没有入会的旅行社难以争取到更多的市场份额。但是，令人不解的是处罚并没有遏制住当地旅游协会继续违法的冲动，在受处罚后协会的权力不仅没有受到限制，反而变本加厉，直到 2014 年发生了在全国造成恶劣影响的旅游界的"10·20 事件"[①]。

通过上述案例，我们发现在旅游市场秩序规范之路上，西双版纳州旅游协会可谓成也萧何败也萧何，它在一定程度上为解决旅游市场的某些积习问题进行了有益的尝试，同时也犯了矫枉过正的错误。实际上，我国旅游立法对于旅游行业组织作用的有效发挥寄予了一定期望。《旅行社条例》第五条规定："旅行社行业组织应当按照章程为旅行社提供服务，发挥协调和自律作用，引导旅行社合法、公平竞争和诚信经营。"《旅游法》第八条规定："依法成立的旅游行业组织，实行自律管理。"透过西双版纳州旅游协会正反两个方面的案例，我们有必要对旅游行业协会的地位和其在市

---

① 2014 年 10 月 20 日，因未按自律公约安排使用车辆问题，西双版纳旅游汽车公司人员与景洪市旭荣汽车租赁行人员发生冲突，造成 3 人轻微伤、1 人轻伤，并滞留数十名游客 4 小时。2015 年 1 月 9 日，西双版纳州委、州政府召开通报了调查处理结果：终止州旅游协会对西双版纳旅游信息管理系统管理、维护的授权，取消西双版纳旅游信息系统所有代收费用和旅游企业之间结算对旅游团队行程单制作的不合法设置，叫停西双版纳州旅游协会违法检查协会外车辆的行为，并责令撤换协会直接负责人。对事件中的 48 名违法人员进行了处罚，其中罚款 9 人，行政拘留 13 人，警告 26 人。详见王万春：《西双版纳整治旅游问责 9 官员》，载《东方早报》2015 年 1 月 10 日，第 A08 版。

场治理中的作用做进一步的反思。

第一，重视行业协会的功能。

完善的市场治理应该是政府监管、行业自律和企业自治三者的有机统一。虽然政府监管必不可少，但是行业自律在维护市场秩序方面的功能不可替代，因为行业自律有助于形成企业的自生秩序。对于任何一个行业，都必然存在行业团体间的制约机制，这种机制能够促成市场的稳定性。有学者曾提出“团体压力原则”，即人在团体中时常带有的顺从团体压力的倾向。因此，可以组建“压力集团”，由此形成的团体压力迫使其成员接受某些共有的道德原则，放弃某些非道德原则，从而弘扬优良作风，监督抑制某些不良行为和作风。压力集团一方面可以敦促政府制定和颁布各种有关规范企业营销活动的立法；另一方面可以迫使企业转变经营思想，要求企业的经营活动不仅实现长期利润最大化，还要考虑消费者的长远利益及社会利益，遵循社会公认的道德标准。[①] 在旅游市场上，行业协会在一定程度上可以扮演这样的“压力集团”的角色。行业协会在维护市场秩序方面的优势主要体现为以下几个方面：其一，行业协会具有获取信息上的天然优势，可减少信息获取成本。从契约的角度来看，违约程度的高低在很大程度上受契约关系链条紧密程度的影响，一般来说，“政府和企业之间的委托代理链条过长，信息缺失过多，造成其相当一部分行政权力无法落实……行业协会和会员之间的委托代理链很短，因此权力委托和代理关系将比政府企业间更有效”[②]。行业协会由本行业的成员构成，对行业的经营特点、信息乃至某些内幕行为有更为确切和深刻的把握，能够以较小的成本发现和解决问题。其二，行业协会具有自我监督的动机，可克服政府监管的惰性。在很多情况下，获取利益是人的行为最有力的动机，而对行政权力的掌握者来说，他们并非市场经营主体，因此不仅缺乏监管的直接动力，而且在具体的监管措施上也缺乏统一的认识和方法。对于企业则不

① 参见李姗姗：《基于博弈论视角的营销道德失范研究》，载《商场现代化》2011 年 4 月（下旬刊），第 45 页。

② 周勇：《依托行业协会实现行业有效治理的研究》，中南大学 2004 年硕士学位论文。

然，市场资源有一个总量，经营者之间存在市场份额此多彼少的关系，任何对行业整体利益的损害都意味着对自己利益的剥夺，因此监督的动机对他们来说是发自内心的。行业成员之间存在利益上的合作和竞争关系，决定了他们进行行业管理的动机往往较政府更为强烈。其三，行业协会具有激励机制，可降低市场管理的成本。整个行业的全面发展对每个企业来说都是一种利好，而政府监管的目标是维护市场的基本秩序，即维护底线。对于企业来说，如果所在行业的品质得到整体提高，则容易在更高端的平台上获得新的秩序。在这方面行业协会可以发挥积极的引领作用，行业成员自我管理更能培育其作为市场主体的事业心和责任感。其四，行业协会的自我管理具有事先性，可克服政府监管的滞后性。由于对本行业的经营特点熟悉，行业成员可以更为准确地预测行业经营中可能出现的各种问题，并更容易提出可行的解决方案；而对于政府管理者来说，他们往往是在出现问题后通过对当事者进行处罚等方式进行事后治理，这难以起到有效的预防作用。由此看来，行业组织自我管理的最大优势在于通过利益相关者的集体力量遏制群体内的异质因素的产生而达成一种内生秩序，这其中最重要的手段是声誉机制和退出机制。“声誉机制主要是以建立企业信用制度，恐吓进行集体抵制等集体惩罚的方式实现的。行业协会将会员在每一次交易中的信用情况记录到协会的诚信系统，并使会员企业的诚信信息可以公开查询，从而减弱交易双方的信息不对称程度，使成员的一次性博弈演变为与行业协会间的重复博弈，短期投机行为变为长期合作行为。如此，行业协会通过声誉机制对整个行业进行约束。”① 退出机制的作用在于能够及时甄别行业成员的经营状态，以集体的力量将害群之马驱逐出去，以保持群体队伍的纯洁性。

从历史的角度来看，纵观人类商业文明发展的历史，从早期的简单商品经济社会到现代的信息网络社会，各社会行业的自治组织——行业协会就一直存在，并在不同时期发挥着不同的作用。当下在对旅游市场失范行为的调控问题上，行业组织的功能更不容忽视。目前，很多国家都建立了

① 王张娜：《政府与行业协会在行业治理中的关系》，山西财经大学2013年硕士学位论文。

旅游业的行业协会，它们不仅通过制定规则来加强行业的自律管理，还在行业内部成员的沟通和协调问题上发挥着重要的作用。从契约的角度来看，行业协会以成员间的私法契约机制代替了政府管理的公法契约，符合当下社会治理模式的发展趋势。涂尔干曾指出："治疗邪恶的真正办法，就是为经济秩序中的职业群体赋予一种从未得到过的稳定感。目前，同业行会和法团就是那些彼此还不能长久结合起来的个体所组成的集体，它们必然会转变为界限明确的、有组织的团体。"[①] 有了这样的团体发挥作用，我们就离稳定的秩序更近了一步。

关于旅游行业协会的主要职能，主要体现为以下方面：

其一，制定行业规则。由于行业协会的会员来自各行业组织，它们之间是竞争与合作的关系，这决定了它们维护整个行业形象诉求的一致性和对行业违规行为较强烈的低容忍性，因此在维护行业秩序方面比作为第三方的政府具有更强的主动性和积极性，对秩序的维护在很大程度上是通过制定行业规则来实现的。此外，旅游行业协会还可以通过制定各种行业技术标准来进一步明晰规则，使本行业庞大机器上的每一颗齿轮都能得到有效的运转。

其二，进行自律管理。在市场经济体制下，行业协会可与政府互相配合完善社会治理，尤其是在现代法治社会，政府权力的进一步压缩更符合以社会自治为趋势的社会发展进程。这需要对行业协会的功能有充分的认知和科学的设定，并对团体自治的文化进行不断的培育。在当下，政府应进一步转变职能，进行适度放权，把一定的事情交给行业协会来做，并通过监督行业协会来保证市场监管行为的合法性和有效性。例如，在英国，除了官方的旅游管理机构，还有许多民间行业协会，如"英国饭店与餐馆协会""英国导游协会""英国旅行社代理人协会"等。[②] 他们各自为政，

---

① ［法］埃米尔·涂尔干著，渠东、付德根译：《职业伦理与公民道德》，上海人民出版社2006年版，第12页。

② 参见郝索：《外国旅游管理体制比较研究及对我国旅游业改制的启示》，载《人文杂志》2001年第3期，第79—81页。

并在自己的领域发挥着举足轻重的作用。实践证明，在现代的市场经济国家，行业协会的自我管理正在发挥越来越重要的作用。例如，在我国香港地区的旅游业界，香港旅游议会的地位举足轻重。在公众服务方面，旅游议会主要处理旅客的查询与投诉；在行为规制方面，旅游议会制定了《会员作业守则》《会员计分制》等多项管理和惩戒规则，很多规则细致、明确而具体。例如，在《导游作业守则》Ⅲ“导游的专业操守”的第九项规定：“导游只可安排旅客前往所属旅行社指定的登记店铺购物，有关店铺必须已事先经旅行社向议会登记，及承诺旅客于购买货品后如有不满，可于六个月内（内地入境旅行团）/14 天内（海外入境旅行团）将货品交还，以办理全数退款手续。导游须于安排购物前将六个月（内地入境旅行团）/14 天（海外入境旅行团）百分百退款保障的资料通知旅客。”这样严格的规则，使得从业人员在实施有违行业操守的行为时注定心存畏惧。此外，行业协会还可以通过公约等形式，设定企业的准入与退出标准，设定内部纠纷解决的各种方法，一旦这些机制得到有效的运行，良好的市场秩序的获得就会水到渠成。

第二，注重行业协会制度建设。

目前，我国旅游业已经建立了全国性的和很多地方性的行业协会，它们之间存在一定的纵横交错关系。从纵向来讲，建立了全国性的旅游行业协会——中国旅游协会和地方性的旅游行业协会，如各省、自治区和直辖市的旅游协会；从横向来讲，根据行业类别不同，存在不同领域的行业协会，如旅行社协会、旅游饭店协会、旅游景区协会等。行业协会作为联系旅游行业组织的桥梁和纽带，在推动旅游行业的发展中起到了一定的作用。当然，在很多协会的章程中，也都提到了发挥行业协会在规范旅游市场秩序中的作用问题。

成立于 1986 年 1 月 30 日的中国旅游协会是我国第一个旅游全行业组织，具有独立的社团法人资格，其宗旨是：“依法设立、自主办会、服务为本、治理规范、行为自律。”① 该协会章程中规定的主要任务就包括组织

① 参见中国旅游协会官网，http://www.chinata.com.cn/node/106，最后访问日期：2020 年 7 月 24 日。

会员订立行规、行约并监督遵守，维护旅游市场秩序。此后，其他地方性协会也陆续成立。例如，北京市旅游行业协会成立于1993年，其任务也包括："研究并解决涉及全行业的有关问题；规范会员单位的企业行为，保护企业合法利益；帮助会员单位在市场经济中成为自我约束、自我发展的经济实体。"[①] 从其章程内容来看，主要是"服务、自律、协调、代表"四个方面的职能。[②] 在最近的北京市旅游发展规划中，已经提到要扩大行业协会职能的做法。上海市旅游行业协会成立于1990年3月，原名上海市旅游协会。2004年3月，更名为上海市旅游行业协会。协会的任务包括：制定本行业行规、行约，"建立行业自律机制，推动行业诚信建设，维护行业公平竞争和良好的市场环境"[③]；参与制订、修订并组织实施本市旅游行业相关技术标准、质量标准、服务规范和职业道德准则，参与行业资质认证；根据法律、法规授权或受行业主管部门委托，开展行业统计、行业调查、行业检查和评比、发布行业信息、公信证明、价格协调以及本行业市场准入的规范和管理工作。从上述几家协会的章程看，上海市旅游行业协会的章程对协会在加强行业自我管理，促进行业自律，维护旅游市场秩序方面的职责强调得更为突出。

就我国现有的立法来看，有关旅游行业协会的内容规定得比较简单，立法强调的仍是政府主导的市场监管模式，要发挥行业协会在维护市场秩序方面的功能，需要处理好三个方面的关系，即政府和行业协会、行业协会和行业协会、行业协会和会员之间的关系：

首先，政府与行业协会的关系——职能定位。这里，必须解决的是政府主管部门和行业协会的关系定位问题。目前，世界主要旅游业发达国家和地区旅游行业协会的组织模式主要有三种类型：其一，纯粹的民间机构，

① 参见北京市旅游发展委员会官网，http://www.bjta.gov.cn/wnjg/lyxyxk/xkjj/324763.htm，最后访问日期：2018年7月24日。

② 参见顾晓园、韩玉灵、翟向昆：《北京市旅游行业协会发展现状与对策研究》，http://www.bjta.gov.cn/lyzl/dybg/06slyjdybg/164596.htm，最后访问日期：2018年7月24日。

③ 见上海市旅游行业协会官网，http://www.shtour.org/OO0101，最后访问日期：2020年7月30日。

如美国的民间型行业协会。行业协会都是由参加者自愿组织起来的私人民间组织，他们在官方机构注册后开展活动，政府不干预行业协会的活动，并给予税收等方面的优惠。其二，具有一定官方性质的机构，如日本的政府型行业协会。行业协会承担政府分散过来的一部分管理职能，具有准行政机构的性质。其三，半官方半民间机构，如中国香港地区的中间型的行业协会。行业协会具有半官半民性质，政府拨给协会部分经费，对它的活动有一定的影响。虽然如此，但从基本属性上来讲，境外的旅游行业协会大都是由旅游企业自愿组织起来的、非政府的、自治自律的民间团体组织。[①] 当然，行业协会组织形式上的不同，并不意味着行业协会按照自己的意志独立履行职能受到限制。就旅游行业来讲，旅游业发达国家的政府行业主管部门的主要职责并不是市场规制而是市场促进，对市场行为微观调节等方面的大部分职能大都是由行业协会来承担的，如在爱尔兰、新西兰等国，行业协会承担着饭店及餐馆的等级划分工作；希腊、法国的旅游行业组织致力于与旅游行政管理机构密切配合，避免市场的恶性竞争；韩国的自律机构旅游协会也承担旅游市场监管机构的职责。[②] 而在我国，目前旅游行业协会在很大程度上仍扮演着政府的附庸角色，很多旅游行业组织的主要活动是在政府的指导下进行的，协会的主要负责人也是由旅游行政主管部门的领导担任的。这样，旅游行业协会在旅游市场治理中的积极性和主动性难以得到有效发挥，通过行业自律遏制市场失范行为方面的优势没有被充分利用，从某种程度上来说这也是社会治理上的资源浪费。不过，近年来旅游行政主管部门对行业协会的重视程度已经越来越高。

笔者认为，在政府与旅游行业协会的关系问题上，应建立起政府和行业协会间的社会契约关系，明确行业协会定位不是为政府管理本身服务的，不是为了陪衬政府职能的履行，而是为维护会员的整体利益而存在并以服务和自律为其基本宗旨。在功能定位上，政府的职责在于维护市场秩

---

① 参见曾明华：《国外旅游行业协会模式的比较与借鉴》，载《企业家天地》2007年第12期，第40—41页。

② 参见刘咏希：《我国旅游市场监管法律制度建设探讨》，暨南大学2009年硕士学位论文。

序，运用行政权力的强势地位打击严重侵害旅游经营者整体利益的行为（如非法一日游等）和严重侵害旅游者基本权利的行为（如强迫购物）。同时，政府要为行业协会有成效地开展工作提供积极的帮助，对于属于行业内部管理方面的事务，应尽可能交由行业组织自己来处理。这不仅对于承担过重监管职责的政府主管部门是一种解脱，也符合各国旅游市场管理以行业治理为主的趋势。

其次，行业协会之间的关系——关系协调。目前，我国众多的旅游行业协会之间的关系没有理顺。立法对于全国性行业协会和地方性行业协会之间的关系，各类旅游行业协会之间的关系都没有明确的界定，这样各级、各类行业协会各自为政。在这种零散的状态下，旅游企业是否加入行业协会全凭自己的喜好，行业协会无论在对旅游企业服务还是在行业内部管理的覆盖面上都存在显著不足，协会的整合功能和凝聚效应难以体现。以几个全国性的旅游行业协会为例：成立于 1997 年 10 月的中国旅行社协会（CATS）是在国家民政部门登记注册的全国性社团组织，2014 年入会单位共有 1145 家，其中会员单位 840 家，理事单位 305 家，常务理事单位 102 家，会长、副会长单位 23 家。[①] 而在同年全国共有旅行社 26054 家[②]，这样协会的会员覆盖率仅为 4.39%；成立于 1986 年 2 月的中国旅游饭店业协会（CTHA）经中华人民共和国民政部登记注册，具有独立法人资格，目前共有会员 1600 余家，其中会长和副会长单位 29 家、常务理事单位 150 家，理事单位 243 家。[③] 同年全国星级饭店共有 11687 家，会员覆盖率约为 13.69%；中国旅游景区协会会员有 129 家[④]，而 2014 年全国共

① 见中国旅行社协会官网：http://cats.org.cn/xiehuigaikuang/jianjie，最后访问日期：2020 年 7 月 24 日。

② 此处关于旅行社、星级饭店和旅游景区的数量均来自国家旅游局：《中国旅游统计年鉴（2014）》，中国旅游出版社 2014 年版。

③ 见中国旅游饭店业协会官网：http://www.ctha.com.cn/detail-4-61-162.html，最后访问日期：2020 年 7 月 24 日。

④ 该数字为根据中国旅游景区协会官网列举的景区会员和其他会员名单整理，https://www.chinataa.org，最后访问日期：2019 年 7 月 20 日。

有旅游景区企业 2025 家，会员覆盖率约为 6.37%。可见目前我国各级旅游行业协会在受众上还属于仅囊括个别企业的小众群体，在这样的成员构成比例下，难以形成独立的集体形象、团体的凝聚力、统一的服务标准和有力度的管理模式，要想使其发挥对整个行业的引领和监督作用确实不易。

笔者认为，为了强化旅游企业行业自我管理的职能，可参照律师行业管理的模式。在律师行业，所有执业律师均为地方律师协会的会员，并同时成为中华全国律师协会的会员，律师协会全方位承担着对律师从注册到执业管理和惩戒的全部职能。在旅游行业，有些国家和地区也采用类似的做法，如日本就建立起统一的行业协会体制，规定每家旅游企业都必须加入对应的行业协会。在中国香港地区，根据 2002 年立法会通过的《旅行代理商条例》，到港旅行代理商必须为旅游业议会会员。再如，香港酒店业协会有 81 家会员，立法虽未强制所有酒店都成为酒店业协会的会员，但是会员单位实际上提供香港 90% 以上的客房。[①] 在此基础上，旅游行业协会还需要进一步加强国际交流与合作，可进一步参加世界性的旅游行业组织。只有在国际化的背景下，并融入世界性的旅游行业体系，我国的旅游行业才能进一步更新观念，在一个更高端的平台上良性发展。

行业协会和会员——管理创新。在完成旅游企业对行业协会的皈依后，我们需要对行业协会和会员的关系问题做进一步的研究探讨，即对旅游市场失范行为进行调控的问题上行业协会究竟能有多大作为？我国《旅游法》实施后第一个修订的《云南省旅游条例》第五十条规定："旅游行业组织应当对其会员单位推行诚信等级评定、信用监督和行业失信惩戒制度，并向社会公布。会员单位应当接受旅游行业组织的自律规范和约束。"这一规定完全符合对现代行业协会组织的功能定位。笔者认为，我国的旅游行业协会在与会员的关系问题上，可以从市场准入、维护竞争秩序和惩戒违规行为等几个方面入手，承担其自律管理的职能：其一，承担资格授

① 参见曾明华:《国外旅游行业协会模式的比较与借鉴》，载《企业家天地》2007 年第 12 期，第 40 页。

予职能。我国可以借鉴其他国家的经验，对各类旅游企业和人员的资质评定工作可进一步交由协会承担，以进一步减轻旅游行政管理部门的负担。其二，建立企业资信记录。目前，中国旅行社协会在这方面已经有一些积极的尝试。在信誉评级上，中国旅行社协会实行了认证制度和积分制度。认证制度就是在该协会的官网上公布被认证旅行社的品质认证确认信息、成为会员的年限、工商登记的全部信息、单位简介、分支机构及门市。尤其是有关该企业的良好信息、提示信息和警示信息。目前，通过中国旅行社协会认证的会员单位有 1567 家。[①] 会员积分是对会员参与协会活动获得加分和因为违规行为被扣分后的总得分记录（见表七）。其三，建立信息系统。在将所有的企业纳入行业协会管理的范围后，为真正建立起对企业的评价机制，可利用现代电子商务交易系统的独特优势，使行业协会成为旅游交易的基础性平台。采用类似淘宝网的经营模式，使旅游产品交易都通过行业协会的交易平台来进行，在这个平台上行业协会扮演着交易规则制定者和交易秩序维护者的角色。旅游消费者可以按照同样的标准甄别各个旅游企业，并对其服务和信誉进行评价，造成强者越强弱者越弱的局面，最终将不法的经营者彻底逐出市场。

表七：中国旅行社协会会员计分规则 [②]

加分事项	加分规则	扣分事项	扣分规则
参加协会组织的活动	10 分 / 次	违规使用标志	–10 分 / 次
网站：会员登录	0.2 分 / 次 / 天	违规使用证明商标	–10 分 / 次
网站：提供信息	1 分 / 次	拖欠会费	–10 分 / 次
网站：留言建议	0.5 分 / 次	受行政当局处罚	–15 分 / 次
网站：法律咨询	1 分 / 次		
在官方杂志《旅行业》发稿	2 分 / 篇		

① 参见中国旅行社协会官方网站：http://cats.org.cn/huiyuan/search，最后访问日期：2020 年 7 月 24 日。

② 表格数据为根据中国旅行社协会官网综合整理而成。

第三，营造行业协会发挥作用条件。

旅游行业协会功能的发挥离不开必要的基础性条件。目前，我国各级旅游行业协会普遍存在组织、人员和经费等方面资源显著不足的情况，使得行业协会功能的有效发挥存在一定的障碍，这种状况需要改善。首先，组织结构不够科学。目前，各级旅游行业协会大都采用松散型的组织形式，其内设结构和组织章程都没有统一的标准，这样在职责的设定和具体事务的分工上缺乏明确的要求，在效能发挥上就存在问题。其次，人员配备不足。作为自律型组织，行业协会往往需要一定数量的专职人员，专司管理和服务职责，尤其在行业自律管理中会面临许多专业性的问题，需要掌握专门技能的人员去解决。最后，经费来源渠道单一，经费存在不足。由于行业协会为民间机构，没有基础性的经费来源，如果仅仅通过缴纳会费的方式会影响会员的积极性，因此需要开拓自己筹措的渠道。对旅行社协会来讲，可以将活动经费与现行的旅游服务质量保证金制度挂钩，将质量保证金的利息作为协会的活动经费，也体现出谁贡献谁管理的原则。当然，这方面还可以和《旅行社条例》第十七条规定的降低保证金缴存数额的规则相配合，越是信誉好的旅行社越可以少缴纳。

第四，建立健全行业协会的自我约束机制。

对行业协会自身，其管理力度究竟有多大也是一个问题。有人会认为，对于中国旅游市场的失范行为，作为掌握国家公共权力的各级政府部门多年来都奈何不得，旅游行业协会作为不掌握公共权力资源的第三部门，又能在多大程度上发挥作用呢？的确，旅游行业协会确实不掌握国家权力，因此在对失范行为的惩罚上几乎不会采用什么代表国家强制的措施。但是，我们需要意识到的是行业协会在维护市场秩序上的核心价值不在于惩处而在于预防，行业管理的机制在于制定行业准则并执行，将会员的行为纳入行业标准的轨道，而这并不需要公共权力的介入。在此，我们还不能忽视另外一个问题，就是行业协会也需要自我约束，实现律他同时的自律。在经济生活的任何领域，过大的权力都容易导致腐败，我们在倡导扩充旅游行业协会权力的同时，也要防止另一种情况的产生，即旅游行业协会利用自身的地位制定妨碍市场竞争的规则，这样非但不能维护市场秩序，反倒破坏现有的秩序。前面关于西双版纳州旅行社协会垄断市场行为的事例也充分暴露出行业协会可能被用作扩充权力、谋取团体利益的工具，如行业协会利用与会员缔结公约的优势进行垄断经营，包括联合价格、分割市场、抵制竞争等[①]，接受个别企业商业贿赂打压其竞争对手，利用团体优势降低行业标准损害消费者利益等。例如，前几年发生的“三鹿奶粉”事件与奶制品行业协会任意降低行业标准也存在一定的关联性。在当下的中国旅游市场，政府监管和行业自律应该是互相配合的关系，政府既要监督市场经营者，也要监督行业协会，行业自律也需要适度的他律。只不过政府对行业协会的监督不再是对各类行业管理行为都越俎代庖，而是要按照法治的精神，依法规制行业协会的行为，使其真正成为市场秩序的捍卫者。

（2）推动企业组织创新

企业的可持续发展在于创新，就单个企业来讲，旅游企业的创新活动主要表现在四个方面：产品创新、市场创新、管理创新和技术创新。[②]通过创新，企业能够凭借一己之力做大做强，这也是对市场的贡献，作为市场有机体的细胞，市场的良性发展还在于能够使一批优质的企业脱颖而出。要改变中国旅游企业普遍散小弱差的局面，需要进行企业组织的创新，使优质企业具有品牌效应，并从根本上摒弃违背信用的做法。当下，我国旅游行业产业升级是大势所趋。有学者认为，旅游产业的特点决定了实行集团化经营的必要性，“旅游活动是一项综合性的消费活动，集吃、住、行、游、购、娱为一体，若要满足旅游者的各种需求，众多行业或部门只有联合起来，冲破行业或部门的界限才行”[③]。目前，我国旅游市场秩序混乱的一个重要原因就是很多企业的经营活动远超自己的实际经营能力，这在很大程度上埋下商业欺诈和强迫行为发生的隐患。旅游企业实现规模化经营

---

① 刘俊廷：《我国旅游行业协会限制竞争行为问题研究》，载《商》2014年第16期，第175页。

② 参见郑世卿：《中国旅游产业组织演化研究（1978—2008）》，上海社会科学院2009年博士学位论文。

③ 郝索：《外国旅游管理体制比较研究及对我国旅游业改制的启示》，载《人文杂志》2001年第3期，第82页。

的好处一方面在于专业的大企业更有能力完善地组织各类旅游活动和处理旅游活动中的各种专业问题，另一方面在于具有品牌效应的大企业会更加注重自己的信誉，往往不会为一时的蝇头小利而为所欲为。世界一些著名的旅游企业，如美国的运通公司、日本的 JTB 旅行社等都是凭借自己的规模效应在百年的经营历程中保持着持续稳定的发展势头，成为全球范围内业界的成功典范。目前我国能够在国际上有一定影响力的知名旅游企业还是凤毛麟角，知名企业的示范效应的作用发挥有限。

就企业的组织创新来说，我国的旅游企业要做大做强还需要积极探索新的经营模式。例如，肯德基、麦当劳等快餐企业采用的都是连锁加盟经营的模式，而且在中国乃至全世界的餐饮市场运行良好，这些行业的经验值得借鉴。实践中，旅游企业采取集约化经营的模式，值得一提的“广之旅”品牌特许加盟模式，“广之旅”的前身是广州市旅游公司，经过一系列的品牌塑造，目前“广之旅”已经成为一个比较响亮的品牌，并运用品牌的优势进行扩张，它要求在广州市内的营业门店必须自己独立经营，以便保证控制权，在省外吸引小旅行社以特许经营的方式加入“广之旅”的阵营。但是，在其他地方这种做法不具有普遍性，如我们查阅了一些总部设在北京的规模较大的旅行社的门市介绍，虽然它们在京的门市部也星罗棋布，但是几家旅行社的官网上都没有门市部负责人的介绍，因此给人感觉门市部人员的真实身份不好确定，存在出现问题的隐患。2014 年 8 月 25 日，人民网上还曾刊载了专题报道[①]，提出了旅游行业普遍存在的企业分支机构过多，造成服务质量得不到有效保障的问题。因此，旅行社的连锁经营还需要保证不被滥用，否则我们前面提出的挂羊头卖狗肉的挂靠承包问题也会卷土重来。旅行社如果考虑采用连锁经营等模式，必须做到对分支机构的实际控制并将其全部信息进行充分、完整的披露，才能真正积累信用，在市场竞争中立于不败之地。

① 张希：《康辉旅行社屡遭投诉　子公司过多旅游服务质量难兼顾》，http://news.ifeng.com/c/7faEMMvMwuG，最后访问日期：2020 年 7 月 24 日。

3. 移植建立域外制度

在我国《旅游法》制定的过程中，虽然立法者经过了广泛而深入的社会调研，但由于不同的利益群体都希望自己的诉求能在立法中有所体现，这期间存在不同利益的冲突，立法的最终文本往往是各种利益妥协的结果，就《旅游法》来讲也是征服监管者、旅游企业和旅游消费者等各方利益博弈的结果。在博弈的过程中，以往相关法规中的一些偏差和不足得到一定程度的纠正和弥补，同时由于立法者过于坚持稳妥的立法原则，一些特色的、前卫的制度尤其是境外立法中的某些先进制度未能在立法中得到体现。有些制度学界此前已经进行了反复的、充分的论证，达成了较为广泛的共识，但是仍未得到立法者的足够重视，导致立法在相关领域的规定仍止步不前。在这里，我们觉得仍有必要将其提出来再做思考，以期发挥这些特色制度在对旅游市场失范行为整治中的积极作用。

（1）精神损害赔偿责任制度

对于旅游合同违约是否适用精神损害赔偿问题，我国法学界、旅游管理学界近年来进行了广泛的探讨。我们认为，精神损害赔偿的意义在于能够为旅游者提供更为全面的救济，使旅游经营者在从业过程中尽到更为谨慎的注意义务。从我国现行民事立法的角度来看，精神损害赔偿也具有现实的法理基础。

第一，法理基础。

旅游行为的基本目标在于旅游者获得精神上的愉悦，这种愉悦具有物质基础但最终得到的是一种精神感受，这决定了对旅游者的精神感受的维护成为旅游合同有别于其他民商事合同的基本特征。这主要体现在以下几个方面：

合同的标的。一般来讲，因违约而产生的合同赔偿责任主要指的是对合同相对人财产性利益损失的赔偿，具有明显的物质性。但是，就旅游合同来说其标的是旅游经营者提供的满足旅游者精神愉悦的旅游产品，它不具有直接的财产性权益属性，这导致旅游合同违约责任承担问题上的特殊性。很多时候，在旅游经营者违约乃至侵权的情况下，旅游者的财产并没有受到损害，但是本可以通过合同正常履行所带来的精神利益满足却难以获得，如果我们仍坚持合同利益损害的财产赔偿责任原则，这对旅游者的权利救济是不充分的，甚至会在很大程度上纵容旅游经营者的违约或侵权行为，因此旅游合同违约造成他方精神利益损害应当予以赔偿符合我国《民法典》第五百八十四条的规定。

合同的目的。合同作为当事人实现自身利益的依据，渗透着当事人订立合同的基本目的。一般来讲，旅游合同为旅游者带来的利益更多的是各种精神感受，而并非直接的物质性财富，在合同没有得到很好履行的情况下，旅游者可能还要被失望、沮丧、惊恐乃至愤怒等情绪占据，这些不良的心理体验对旅游者也是实实在在的损害，其危害程度有时较物质损害更甚，如果对此不予以赔偿，则显失公平。

第二，立法参考。

——英美法国家和地区

英美法国家为判例法国家，对于非财产损害赔偿的制度也是通过判例被逐渐确认的。在英国，法院支持在特定类型合同中的精神损害赔偿，其中最为关注的就是合同的目的即为满足精神享受的情况，英国著名的法官丹宁勋爵在其办理的案件中就秉承了这样的观点，并且得到后来其他法官的普遍尊重。美国法也基本持同样的态度，但是在对精神损害赔偿的适用上，立法仍持较为审慎的态度，《美国合同法第二次重述》第 353 条规定："对于情绪障碍所产生的损害，受损方不得获取赔偿，除非违约同时造成了身体上的伤害，或者合同或违约是如此的特殊以至于严重的情绪障碍成为一种极易发生的结果。"

——大陆法国家

在大陆法国家，一般认为旅游度假也是一种商业利益，具有财产上的价值，因此可以以财产赔偿予以恢复。《德国民法典》第 651F 条规定："（1）游客在不影响其减少费用或者预告解约权的情况下，可以要求因不履行的损害赔偿，但旅游瑕疵是基于不可归责于旅游举办人的事由的除外。（2）旅游无法进行或者明显受损害时，游客也可以因无益地使用休假时间而要求以金钱作为适当赔偿。"可见，德国立法承认旅游者可以提出精神损害赔偿。法国、瑞士等国立法也存在类似的规定。

——国际法规范

在有关的国际法文件中，对违约精神损害赔偿一般也持支持的态度，如1994年国际统一私法协会《国际商事合同通则》提出，由于合同不履行造成相对方肉体或精神上的痛苦等非金钱性质的损害，如失去生活的某些愉快、丧失美感等也应予以赔偿。在区域国际法领域，1998年欧洲合同法委员《欧洲合同法原则》也涉及对违约造成的非金钱损失可要求赔偿的问题。

通过前面的分析，不难看出规定旅游合同违约的精神损害赔偿是大势所趋，我国立法没有与时俱进不能不说是一个缺憾。旅游合同违约精神损害赔偿存在现实的立法基础，因为在实践中旅游合同违约和侵权往往存在责任竞合，而精神损害赔偿于我国《民法典》中做了明确的规定。根据《民法典》的规定并结合旅游合同标的和目的的特殊性，笔者认为旅游合同精神损害赔偿构成要件应当包括：其一，旅游经营者存在违约行为；其二，违约行为造成旅游者严重的精神损害，即合同目的落空并因此产生严重的不良情绪；其三，违约行为与精神损害之间存在因果关系；其四，旅游经营者在主观上存在过错。

笔者建议我国在以后修订立法的时候可对此做出类似规定："因旅游经营者不履行或不完全履行合同造成旅游者精神损害，导致合同目的难以实现的，旅游者有权请求旅游经营者承担精神损害赔偿责任。"

（2）瑕疵担保责任制度

在旅游合同履行的过程中，旅游经营者实施的任意改变行程、增减景点、提供服务不到位等失范行为在实质上为瑕疵履行行为。近年来，我国的学者对此问题也进行了大量的论述，关于能否在旅游合同立法中设定瑕疵担保责任也存在一定争议。

第一，法理基础。

合同法的主要目标就是保障当事人合法订立的合同的目的。实践中，由于受各种主客观因素的影响，往往会出现合同履行的瑕疵，使合同履行出现障碍。在旅游合同履行的过程中，由于旅行社和履行辅助人的故意或过失导致履行瑕疵的情况不在少数，为了对旅游者提供充分有效的救济，很多学者主张在我国的旅游合同立法上，建立瑕疵担保责任制度。对于何谓瑕疵担保责任，有学者认为，是指“有偿合同中的债务人，对其所提出的给付应担保其权利完整和标的物质量合格”[①]。我国合同法上对这一制度的设定存在不同的认识。梁慧星教授认为，我国民法采用了瑕疵担保责任，且此种责任为无过错责任。[②]有学者则认为，我国法律并未确认瑕疵担保责任，当事人违反担保义务被作为不适当履行来对待，应当承担违约责任。[③]如果单纯从条文表述来看，我国《民法典》中的确没有出现有关“瑕疵担保责任”字样的规定。《民法典》第五百七十七条规定：“当事人一方不履行合同义务或者履行合同义务不符合约定的，应当承担继续履行、采取补救措施或者赔偿损失等违约责任。”《民法典》第六百一十七条规定：“出卖人交付的标的物不符合质量要求的，买受人可以依据本法第五百八十二条至第五百八十四条的规定请求承担违约责任。”可见，明示的违约责任的规定是我国合同责任制度的主流，但是我们尚不能得出我国《民法典》完全排除瑕疵担保责任适用的结论。从《民法典》第五百七十七条规定来看，我国合同法采用的是无过错责任原则，这种归责原则与英美法系中的严格责任存在一定的区别，即我国合同法坚持保护接受给付一方当事人利益的理念下，却没有建立相应的配套制度予以落实，而这样的制度需求在旅游合同领域显得尤为突出。有学者认为，“在功能方面，瑕疵担保责任能够为买受人提供更为全面的救济：如买受人享有请求减价、更换、重做，请求赔偿，解除合同等权利”[④]。对于旅游合同来讲，类似的需求就是存在的。

按照我们将旅游合同界定为商事合同的做法，在权益义务分配上，应

① 参见缪慧琴：《旅游合同瑕疵担保责任研究》，厦门大学法学院2008年硕士学位论文。

② 参见梁慧星：《论出卖人的瑕疵担保责任》，载《民法学说判例与立法研究》，中国政法大学出版社1993年版，第164页。

③ 参见王利明：《违约责任论》，中国政法大学出版社1996年版，第198页。

④ 缪慧琴：《旅游合同瑕疵担保责任研究》，厦门大学法学院2008年硕士学位论文。

当贯彻对旅游者权益进行保护的理念，让作为经营者一方的旅行社承担品质保证义务。这种主张在现行立法中也是有相应依据的，如我国《消费者权益保护法》第二十三条规定："经营者应当保证在正常使用商品或者接受服务的情况下其提供的商品或者服务应当具有的质量、性能、用途和有效期限……经营者以广告、产品说明、实物样品或者其他方式表明商品或者服务的质量状况的，应当保证其提供的商品或者服务的实际质量与表明的质量状况相符……"2004 年原国家旅游局颁布的《旅行社质量保证金赔偿试行标准》第二条也规定："因旅行社的故意或过失未达到合同约定的服务质量标准，造成旅游者经济损失的，旅行社应承担赔偿责任。"虽然上述立法没有明确提出旅行社的瑕疵担保责任，但是相关规定的确是违约责任不能完全涵盖的。与违约责任比较，瑕疵担保责任在救济方式的适用顺位、构成要件、责任的严重程度、责任的性质、责任的轻重、能否以特约排除等方面均存在不同。因此，有学者提出："应当明确将违约责任与瑕疵担保责任分别开来规定。每一项制度的规定都为旅游者的权利救济开辟了一条途径，我们应当将这些途径打通，并连接成一张权利保护网使得侵害旅游者合法权益的任何一种行为都无法逃脱权利保护网的围剿。"①

第二，立法参考。

《德国民法典》第 651c 条就旅游合同履行中的瑕疵担保责任做了规定："旅游举办人有义务，按保证的品质提供旅游，而不具有取消或者减少其价值或者其通常效用或者合同预定的效用的瑕疵。"

瑕疵担保责任制度的意义在于为旅游者维护自己在合同中应该享有的利益提供了更为坚实的法律基础，为旅游者行使求偿权并敦促旅游经营者按照合同的约定认真履行全部义务奠定更坚实的依据。在我国旅游市场秩序没有得到有效的规范，一部分旅游经营者运用偷梁换柱、以次充好等方法对旅游者肆意进行巧取豪夺的市场环境下，瑕疵担保责任可以进一步增加不法经营者的违约责任成本，促使其自律合法经营，从而对市场秩序的

---

① 缪慧琴：《旅游合同瑕疵担保责任研究》，厦门大学法学院 2008 年硕士学位论文。

规范起到积极的推动作用。

笔者认为，我国的《旅游法》在今后修订时也应契合中国旅游市场违约率偏高、旅游品质得不到充分保障的现实，规定相应的瑕疵担保条款："旅游经营者应保证其实际履行行为符合合同约定的条件和品质，否则旅游者有权要求旅游经营者减少相应的费用或终止合同。"

（3）时间浪费损害赔偿制度

旅游合同标的的特殊性在于其为非物质性行为，并且以一定的时间经过为基本形式。很多时候，旅游合同履行中违约或侵权行为的直接后果就是旅游者本来获得精神愉悦的机会失却并且对应的时间被浪费，因此在有些国家和地区的立法中规定了时间浪费损害赔偿制度。这一制度以叠加责任的形式，加重了旅游经营者因自身过错而造成旅游者期待利益失去的义务负担，对于遏制旅游经营者的肆意违约行为起到积极的作用。

第一，法理基础。

旅游合同的标的是旅游者的精神利益满足，从形式上讲旅游合同的履行表现为一定时间的经过。有别于其他民事合同，旅游合同特别关注在旅游时间段旅游者处于预期的观光休闲状态。在旅行社因故无法履行合同的情况下，已经预定行程安排取消，使得旅游者在原定的这段时间难以安排其他事，原本用于休闲度假的时光便归于空白，从而造成时间浪费，这对旅游者来说也是一种损失，应该在法律上获得有效的救济，这就产生时间浪费及其相应的请求权问题。

第二，立法参考。

在境外立法上，德国对时间浪费请求权问题做了相应的规定。《德国民法典》第651f条规定："旅游活动无法完成或者受到严重的阻碍，旅游者也可以要求对浪费的休假时间给予适当的金钱赔偿。"

笔者认为，境外立法关于时间浪费请求权的规定值得借鉴，它通过责任制度的介入，确保旅游者获得更多的权利救济渠道。如果我国的立法也引入类似的机制，则旅游经营者的违约概率会大大降低。从旅游者的角度来看，很多情况下，因未达到约定的成团人数解除合同，虽然旅行社不存在过错，但是为了安排出行，旅游者往往会事先做一定的准备，如果因组团人数不足而取消行程，则可能会打乱旅游者事先的安排，并很有可能产生额外的损失；从旅行社的角度来看，旅游行程能否成行，是旅行社作为商事主体在其营业活动中应该面对的固有商业风险，其解除合同可以避免因履行而造成的损失，但将这种风险的后果一律都由旅游者来承担是不公平的。对于行程取消，我国《旅游法》规定了组团社应当退还已收取的全部费用，其实这是不言而喻的必然义务，立法并没有涉及对旅游者因此造成的时间浪费进行补偿的问题，即旅游者信赖利益的补偿请求权，这对旅游者的权利救济同样是不充分的。因此，我们应该参照德国民法典的做法，规定时间浪费损失赔偿请求权制度。

通过上面的分析，笔者建议我国立法做出相应的规定："由于可归责于旅游经营者的事由致使旅游无法进行时，旅游经营者应当承担适当的赔偿责任。"

（4）新态旅游制度

首先，我们分析对组织游学活动的法律调控。

在国外法治发达国家，游学的整个过程都被纳入法治轨道。各国的做法各有千秋，有学者曾专文予以介绍："在美国，1910 年成立的美国夏令营协会承担着全美夏令营项目的认证、宣传、管理等职能。针对每个夏令营活动，该协会都会开展前期的效果、安全等方面的专业论证，对承办方资质、从业人员资格进行审查……在法国，根据最高行政法院有关规范夏令营接待中心的法令，承担住宿服务的接待中心必须具备法定的条件，政府会委派专人对其进行不定期检查……在澳大利亚，学生夏令营必须有监护人或者临时监护人陪同……在日本，文部省将修学旅行纳入教学任务中，并对小学、初中和高中的修学旅行细节作出详细规定。"[①] 在德国，《德国民法典》第 651l 条立法专门设计关于"游学居留"的规定，规定了旅游组织者负责游学学生在客居家庭的住宿、监管和照顾，为游学学生在接受国正常上学创造条件，同时学生可以随时解除合同，此时组织者要负责学生返程，不过增加的费用由游学者承担。

① 参见凯文：《规范游学行业且看国外如何做》，载《深圳特区报》2013 年 8 月 26 日，第 B12 版。

通过上述各国的做法可以看出，各国普遍重视游学活动中组织者的组织能力和监护职责、接待方的接待能力，尤其是游学目的的实现和旅游者的安全保障。为了推动行业自律和市场规范，美国国际教育发展协会（American International Education Development Council）[①] 在其 2013 年 4 月 11 日举办的国际教育发展论坛上发布了国际游学十大标准，从组办和接待机构资质、学习形式、学习时间、课程比例、学习内容、教师配备等方面提出完善的游学计划应该具备的条件，较为全面地涵盖了对游学的基本要求，以保障游学市场的良好秩序和游学目的的实现。由于游学的宗旨是通过“游”来“学”，前文关于游学市场失范行为的描述表明，它和普通的团队游的区别在于如果没有“游”好，“学”就难以实现，甚至有时会适得其反。为了进一步规制游学市场的失范行为，笔者认为应强调游学组织者的社会责任和法律责任，从以下几个方面做出明确的规定：

第一，明确法律依据。虽然教育部在 2014 年制定了《研学指南》，但是其适用范围较窄，没有涵盖社会机构举办的游学活动，而那恰恰是失范的重灾区。同时从《研学指南》的层级上看，仅为国家教育行政主管部门制定的规范性文件，不具有行政规章的性质，《研学指南》没有明确规定执法机构和法律责任，这样其执行力会存在问题。由于游学兼涉教育政府管理部门和旅游政府管理部门主管的事项，因此我们要明确二者对游学市场监管的权限和分工，明确旅游行政管理部门在其主管权限内对游学的监管职责。笔者认为，当务之急应该由教育部协同文化和旅游部共同制定有关游学的部门行政规章，涵盖针对大、中、小学生群体的所有游学事宜，并对公办学校、私立学校和社会办理游学机构区别对待，明确其各自组织游学活动的权限，以及在委托旅行社办理的情况下，旅行社在接待游学服务中的具体职责。

---

① 该协会是总部设在纽约的国际性教育组织，致力于发展和促进世界各国与美国教育机构的交流与合作，目前已经在中国设立直属分支机构——美瑞德国际教育，并陆续在北京、天津、长沙、武汉、烟台、常州等地设立办公室，主要项目包括国际高中、国际游学、国际交换生、教师派遣培训、友好学校搭建、留学咨询、考试培训等。

第二，明确法律规则。《研学指南》在很多细节问题上做了较为详细的规定，可作为未来制定行政规章的基础，但是在以下几个方面还需要做进一步的规定：其一，明确市场准入条件。要分别规定各种机构举办游学活动的条件，即对公办学校严格限制，防止其背离服务宗旨，褪变为营利机构；对民办学校严格管理，防止其本末倒置，忽略在校教育；对社会机构严格规范，防止其扰乱市场，侵害学生权益。其二，明确从业人员资质。《研学指南》规定："带队教师要熟悉目的地国家和地区的情况（含相关法律规定情况），具备强烈的责任感和较强的执行力，拥有良好的语言沟通和组织协调能力。"但是其中并没有涉及教师在对学生学习的引导方面应该发挥作用。规章应该规定带队老师和出境领队应该具备对学生本次游学活动的专业指导能力要求和明确的教育职责，防止出现只学不游的情况。其三，明确收费规则。《研学指南》规定："学校及其工作人员不得从组织本校学生参加境外研学旅行活动中牟取经济利益。"但是这种看似严格的做法其实在现实中很难落实，如果这条规定被完全执行，很可能会出现学校不愿再组织学生进行游学活动的情况。这里，我们不能完全忽略学校合理的利益要求，但要严格控制学校将组织游学作为谋利的手段。因此，规章应该规定公办学校组织游学活动在扣除必要的管理成本后，可有微利但不应过度获利；对营利机构的利润有所控制，民办学校和社会机构组织游学活动则要做到质价相符，不能牟取暴利。其四，明确法律责任。尤其严格规定游学组织者的安全保障义务和游学期间的学习安排，如明确游学的目的，游历和体验的地点与学习的匹配度，从而分清观光游览和游学的界限。

第三，注重行业治理。在学校作为举办方的情况下，制止游学市场失范行为可发挥教育行政主管部门的监管职能，通过若干强行性规范规制各类学校的组织游学活动。在社会机构作为主办方的情况下，制止游学市场失范行为则要发挥文化旅游行政主管部门的监管职能，同时还要发挥旅游行业协会的作用。2014 年 10 月，中国第一家有关游学行业的互助机构中国国际游学行业联谊会宣告成立。该协会的服务范围包括："行业信息发布，人才推荐，项目对接，ERP 和 APP 等游学管理系统使用，协助加入其他世界性留学协会等，并提供永久免费的会员服务。”[①] 这应该是未来游学行业协会的雏形。随着游学市场的逐步扩大，旅游行政主管部门应倡导专业的游学行业协会的建立。游学行业协会可制定详细的行业标准，要求成员达到标准的要求，同时还可以在总结经验的基础上制定游学合同范本，要求成员予以采纳。合同范本中应详细规定有关游学必备的所有条款和相应的违约责任，使这块三不管的区域被真正管起来。

其次，我们分析对组织自助游活动的法律调控。

对于营利性的自助游活动失范行为的调控重点在于对旅游者的安全保障义务的落实。为此，要在以下几个方面采取相应的措施：

第一，严格准入制度。目前，我国的各种俱乐部在很大程度上处于无人监管的状态，各类户外俱乐部的人员及设施并没有明确的标准。在美国，实行户外领队持牌人制度，“户外组织的申报要经过青少年司法局、青年服务局、教育部、家庭服务部等部门的认可，每年还要上交一定的管理费，这充分保障了探险旅游组织的正规运行，确保了其在户外探险旅游运动与户外探险安全保障的专业性。”[②] 因此，我国应尽快制定有关俱乐部组织旅游活动的规章，对户外活动的组织者和领队建立严格的资格认证制度，组织机构应该具有专业的户外组织知识和经验，在设施和人员配备上达到法定的要求。领队应该具备专业的户外活动技能和多年的从业经验，如对恶劣天气判断、发生意外情况下的救援经验等，在每次组织户外活动中应提前充分准备预案，确定相应的责任人员。

第二，完善组织机构。目前，我国的户外俱乐部存在无序的竞争。为了防止残酷恶性竞争损害这一方兴未艾的市场，必须建立起它们互相协调发展的机制。在这方面，仍需要发挥行业协会的作用，通过建立完善的会员章程，设定俱乐部的准入机制和组织户外活动的基本要求。有学者提出，

---

① 参见曹尔寅：《游学谁来监管？行业协会认证成有效手段——中国国际游学行业联谊会成立》，载《留学》2014 年第 21 期，第 38 页。

② 参见王龙飞、姚远：《美国户外探险旅游发展经验及其启示》，载《体育文化导刊》2011 年第 6 期，第 39 页。

要“借助于户外联盟（协会）这一更高平台，通过及时交流俱乐部发展信息，各俱乐部可实现户外线路资源和户外经验、安全技术等信息的共享”[①]。以行业协会为平台，俱乐部可以在以下几个方面进行合作和自我约束：其一，可进行俱乐部建设方面的交流，如训练基地的建设和维护、日常的管理流程等，提高俱乐部的管理水平；其二，可进行专业活动方面的交流，如安全培训、线路开发等，进行多方位合作；其三，进行行业自律，确定行业标准，如产品价格、服务质量要求等，维护行业管理秩序；其四，形成品牌效应，培育健康的市场。

第三，完善责任制度。目前，我国有关旅游安全保障责任的立法比较零散。1990 年 2 月，原国家旅游局颁布了《旅游安全管理暂行办法》，但是该规章主要规定的是各级旅游行政主管部门在旅游安全管理上的责任和旅游安全事故处理的程序，对于旅游经营者的安全保障责任义务没有做明确的规定。1994 年 1 月原国家旅游局发布的《旅游安全管理暂行办法实施细则》第六条确定了旅行社、旅游饭店、旅游汽车和游船公司、旅游购物商店、旅游娱乐场所和其他经营旅游业务的企事业单位是旅游安全管理工作的基层单位，并列举了这些单位的安全管理工作职责，其中第十三项规定：“开展登山、汽车、狩猎、探险等特殊旅游项目时，要事先制定周密的安全保护预案和急救措施，重要团队需按规定报有关部门审批。”对公共部门在安全保障方面的义务，我国《民法典》第一千一百九十八条也做了概括性规定：“宾馆、商场、银行、车站、机场、体育场馆、娱乐场所等经营场所、公共场所的经营者、管理者或者群众性活动的组织者，未尽到安全保障义务，造成他人损害的，应当承担侵权责任。因第三人的行为造成他人损害的，由第三人承担侵权责任；经营者、管理者或者组织者未尽到安全保障义务的，承担相应的补充责任。经营者、管理者或者组织者承担补充责任后，可以向第三人追偿。”此外，2003 年最高人民法院《关于审理人身损害赔偿案件适用法律若干问题的

---

① 张西林、王曼娜：《户外运动俱乐部规范发展探究——以湖南省为例》，载《体育科技文献通报》2009 年第 6 期，第 97 页。

解释》第六条对“安全注意义务”进行了进一步的界定：“从事住宿、餐饮、娱乐等经营活动或者其他社会活动的自然人、法人、其他组织，未尽合理限度范围内的安全保障义务致使他人遭受人身损害，赔偿权利人请求其承担相应赔偿责任的，人民法院应予支持。因第三人侵权导致损害结果发生的，由实施侵权行为的第三人承担赔偿责任。安全保障义务人有过错的，应当在其能够防止或者制止损害的范围内承担相应的补充赔偿责任……”

上述行政规章和司法解释涵盖了对户外运动组织者的活动预案设计和报批制度，以及事后的责任分配规则，但是对于组织者在充分有效预防危险的发生和保障旅游者事后赔偿得到实现方面的规定并不全面。笔者认为，为了防止户外运动危险的发生，应该进一步强化有关的责任制度：其一，明确活动组织者的救助义务。组织者需具备必要的救助能力并在危险发生后实际履行了救助职责才能免除责任。其二，在责任认定上采用过错推定方式。活动组织者如不能证明自己没有过错，就推定其存在过错并为此承担责任。其三，建立责任保险制度。原国家旅游局、原中国保险业监督管理委员会 2010 年 11 月联合颁布了《旅行社责任保险管理办法》，规定了旅行社应投保责任保险，保险责任包括旅行社在组织旅游活动中对旅游者的人身伤亡、财产损失承担的赔偿责任和对受旅行社委派并为旅游者提供服务的导游或者领队人员的人身伤亡承担的赔偿责任。尽管该办法规定的内容很详细，但由于是针对旅行社的专门规章，没有也不可能将户外活动组织者包含进去，因此在对户外活动参与者的救济上显得不足，建立针对户外运动的相对完善的责任保险制度是十分必要的。其四，建立体育、旅游和市场监督管理等部门的合作管理机制，使这一领域不成为市场监管的空白。由体育部门进行市场准入监管、文化旅游部门进行市场行为监管，将户外活动组织者视同旅游经营者进行全面管理。

（二）执法调控

在旅游市场秩序维护的问题上，执法调控是遏制旅游市场失范行为不可缺少的一环，要做到公共权力的运用和行业自律的互相配合。没有行业自律，政府会忙得不可开交，没有政府权力的介入，违法者就会更加肆无忌惮。在旅游市场秩序的执法调控上，境外的做法值得借鉴。例如，在我国香港地区，有三个主要的旅游市场管理机构，即香港特区政府旅游事务署、香港旅游发展局和香港旅游业议会。它们之间存在明确的分工：其中旅游事务署为特区政府部门，其主要职责是制定政府的旅游业发展政策和策略，并统筹与业界的联系，协调旅游业的发展；旅游发展局是代行政府管理职能的法定机构，其主要职责是对香港旅游目的地的宣传和形象推广；旅游业议会则是旅游市场秩序的主要监管机构，它和旅游事务署下设的旅行代理商注册处共同肩负规范和管理经营外游和地接业务的旅行社的工作，它还负责日常监管外游和入境旅行社，目标是维持旅游业的高专业水平，保障游客和旅游业者的双重利益。[①]这样，政府管制和行业自律密切配合，使香港的旅游业发展一直保持着良好的品质。目前，我国内地的各级旅游政府主管部门大都为综合性的管理部门，在实践中存在管理范围过于广泛而分身乏术，自身的“身份”界定不清而人微言轻等诸多问题。与此同时，原国家旅游局旅发〔2014〕241号《关于贯彻党的十八届四中全会精神 全面推进依法兴旅、依法治旅的意见》对旅游行政执法提出了新的要求，提到“要完善执法机制，将运动式执法转变为常态化监管，提升执法效益和治理效果”。笔者认为，在政府主管部门对旅游市场调控的问题上，其主要职能应体现在三个方面：维护市场规则底线、解决市场外部性问题、监督行业协会自律。维护市场规则底线意味着对于严重损害旅游市场秩序的行为如欺客、宰客等行政违法乃至犯罪行为进行严厉的打击，绝不姑息纵容，否则违法者会更加有恃无恐；解决市场外部问题意味着政府要履行好服务职能，对于市场自身所不能解决的问题，如旅游资源的无序开发问题进行有效的监管；监督行业协会在于在不干涉行业协会自主管理的基础上，引导行业协会发挥在维护市场秩序中的基础性作用。为实现上述三项主要职能，对旅游市场失范行为的执法调控需要做好以下几方面的工作：

① 参见周鹏：《香港旅游业管理体制和运行机制管窥》，载《中国旅游报》2012年7月6日，第11版。

1. 建立健全执法组织

在以往有关旅游市场秩序维护的研究中，我们往往过分关注旅游执法权力运用的规则问题，但是如果没有有力的执法队伍，设定再好的目标都难以获得，就像有学者所言："没有国家权力本身的廉洁公正、高效有序、规范制约，法律对社会的整合控制亦是水月镜花。"① 目前，我国旅游执法状况不容乐观。首先，旅游执法队伍作为行政主体地位不明确。一是各级各地旅游行业行政主管部门设置标准不一。目前，在省级和地市级政府基本都设立了文化和旅游厅（局），在区县一级大部分地方也设立了文化和旅游局，也有的为将文化、旅游与体育政府管理职能合并成立相应的主管部门。在文化和旅游政府主管部门内部，各地负责具体行政执法的机构一般为旅游质监部门和旅游执法（监察）大队，实践中质监部门大都为事业单位编制。虽然按照《行政处罚法》的规定，它们可作为法律、法规授权的具有管理公共事务职能的组织，在法定授权范围内实施行政处罚，但是由于没有行政编制上的保障，执法队伍就处于相对的不稳定状态，人员的执法能力也有待提高。二是执法人员在数量和设施上显著不足。如我们曾调研的河北省 A 县，该县有 12 个乡镇，人口近 40 万人，总面积近 740 万平方公里，但是县文化和旅游局在编人员只有 18 人，其中一线的实际执法人员只有五六人。在旅游旺季，很多旅游景区也要派出有关人员配合执法，这样实际的执法人员有近一二百人，这些单位大部分是自收自支的企业或事业单位，并不具有执法权，其执法效果更是可想而知。可见，在旅游执法队伍的建设上，我们赋予了执法部门太多的责任，却没有配备他们履行这些责任的必要条件，如果这些基础性的要素不解决，依法治旅的实现就难以最终实现。

要解决队伍建设问题，我们认为需要做好以下几个方面的工作：

首先，要明确各级旅游行政主管部门执法人员的国家公务员身份，根据当地旅游资源分布和旅游产业的发展状况，适当确定旅游行政执法队伍的编制。为进一步贯彻实施《旅游法》，目前全国各省、自治区和直辖市有的已经完成、有的正在进行地方《旅游条例》的修订，现有的各地《旅

---

① 高兆明：《社会失范论》，江苏人民出版社 2000 年版，第 110 页。

游条例》中有关加强旅游执法队伍建设的规定仍显不足。有个别涉及执法队伍建设的也没有规定具体的措施，如《云南省旅游条例》第三十九条做出规定："县级以上人民政府应当加强对本行政区域旅游业监督管理的统筹协调，建立旅游市场监管行政执法与行政监察联动工作机制，督促有关部门依法履行职责。"但是对于具体工作机制是什么立法并没有进一步明确。可见，对于执法队伍建设问题，在地方人大看来是各级政府的事情，但是没有相应的地方立法作为依据，旅游执法队伍的配置全凭地方政府领导的重视程度，整齐划一的执法队伍难以形成。

其次，执法队伍建设还在于组织机构的创新。在很多旅游业发达的国家和地区，都建立了专门的旅游执法机构——旅游警察队伍，如希腊、俄罗斯、乌克兰、以色列、约旦、伊朗、阿根廷、秘鲁、肯尼亚、埃及、印度、泰国、马来西亚、尼泊尔、柬埔寨、美国的关岛和夏威夷等国家和地区。在旅游业发达的希腊，旅游警察的数量已经达到了常规警察的15%左右。[①] 在把旅游业作为支柱产业的泰国，在20世纪70年代就设立了旅游警察。如今，约有一千名旅游警察的警力分布在泰国全国的重要景区内，其主要任务是为游客提供便利、给予帮助，并处理侵害游客权益的各类案件，这些旅游警察都具有基本的英语会话能力，随着近几年中国游客的增加，旅游警察中还加入了会说汉语的人员。[②] 在组织职能上，泰国的旅游警察还负责调查处理诸如伪造或假冒商品、欺骗旅游者等不法案件，具有类似我国工商行政执法人员所具备的职能。[③] 有学者认为，旅游警察的存在可以让游客意识到自己随时处在保护中，是对游客的友善和礼遇，也是旅游法制健全的表现。[④] 可见，专业化的旅游警察队伍不仅能够在旅游景区设身处地地维护旅游秩序和旅游者的安全，还能够及时高效地解决不甚

① 参见李保荣：《一些国家的旅游警察制度简介》，载《中国旅游报》2006年9月1日，第11版。

② 参见《各国旅游警察救助攻略》，http://travel.sohu.com/20140303/n395832671_1.shtml，最后访问日期：2020年7月24日。

③ 参见李保荣：《一些国家的旅游警察制度简介》，载《中国旅游报》2006年9月1日，第11版。

④ 参见樊志勇：《进一步完善旅游监督管理》，载《旅游学刊》2011年第3期，第8页。

复杂的旅游纠纷，从而进一步树立一个国家旅游业“高大上”的形象。就我国的旅游市场运营状况而言，建立旅游警察队伍更具有迫切性、现实性和可行性。其迫切性在于在我国重点城市“非法一日游”、强迫旅游交易等非法经营旅游业活动猖獗，而旅游行政执法部门对于这些行为没有执法权，旅游警察可以综合以往各部门联合执法的优势，对此类违法行为进行常态的打击。2015 年国庆“黄金周”期间，曾发生南京的游客在青岛用餐时，被索要“天价虾”用餐费事件。[①] 在整个事件处理的过程中，公安、工商和物价部门因在执法权限和时限上有不同的标准，在处理上存在分工与协调的问题，从而使旅游者难以在第一时间获得有效的救济，如果有专门的旅游警察队伍来处理类似的旅游欺诈、强迫行为，那么在案件受理和查处等各个环节上会极大地提高效率，使旅游者的权益得到更切实的维护；其现实性在于目前依法行政已经越来越成为行政机关及其工作人员在公务活动中的共识，我国《旅游法》第八十三条仅规定了县级以上人民政府旅游主管部门和有关部门对旅游市场实施监督管理、对相关旅游经营行为实施监督检查，但是由于对立法的理解不同，会形成各地执法机制的不健全，旅游警察作为统一的执法队伍在执法标准和尺度上能够有统一的把握；其可行性在于旅游警察需要的是小而精的队伍，如需要具有良好的外语基础、沟通能力和专业的法律知识，随着我国公务员队伍素质的整体提高，在人员的选择上不会存在太大的问题，同时正如在世界其他国家一

① 2015 年 10 月 4 日，四川游客肖先生一家在青岛“市北区善德成烧烤店”用餐，其间肖先生点了一道菜“蒜蓉大虾”，菜单上标价 38 元，但是在结账时商家提出要按照 38 元一只收费，并说已经在菜单上标明，据该价目单显示，“海捕大虾 38 元”，旁边没有标明计价方式是按“一个”还是“一份”，在价目单的最下方，有“以上海鲜单个计价”的说明，不过在点餐时商家并没有问肖先生要点多少只。同时，另外一名来自南京的游客朱先生也遇到同样遭遇，朱先生点的一盘“蒜蓉大虾”包括 40 只虾，被索要 1520 元的餐费，加上其他菜的消费，共计 2175 元。后来肖先生、朱先生报警，警方出警后认为这属于价格纠纷，没有执法权，建议他们找工商部门和物价部门，但物价局因已经下班，值班人员称要等到过完节才能解决，又让周先生打“110”解决，后当地派出所方面出面协调，当着警察的面朱先生和肖先生分别支付 2000 元和 800 元的餐费才得以脱身。据旅游者称，在餐后结账发生争执时，店老板还拿着棍子对他们进行威胁。参见孟亚旭：《青岛工商调查“大排档天价虾”》，载《北京青年报》2015 年 10 月 6 日，第 A05 版。

样，旅游警察队伍是紧凑高效的机构，建立相应的组织也不会过于增加景区所在地地方政府的财政负担。目前，在这方面我们已经走出了可喜的一步，2015 年 10 月 2 日，我国首支旅游警察支队——三亚市公安局旅游警察支队被正式批准成立，并在国庆黄金周进驻三亚市民游客中心，承担起维护三亚旅游市场秩序和旅游治安环境的重任。[①] 运行近四年来，该机构发挥了很好的作用，成为高效维护旅游者权利的重要力量。截至 2018 年 9 月 20 日，我国各地已设立旅游警察机构 437 家，但旅游警察的具体职能并不相同。2017 年 1 月，北京市公安局成立了“环境食品药品和旅游安全保卫总队”，总队下设旅游支队，旅游支队主要开展旅游类违法犯罪案件的侦办工作，并参与配合市级旅游行政部门的执法活动，双方建立健全日常联系、信息交流、情况通报、鉴定检测、案件移送等工作机制，做到力量统筹、信息联通、资源共享、依法管理。总的来说，北京市的旅游警察承担了多项职能，但是在有的方面仍显不足，这也是我国目前对旅游警察队伍定位中存在的普遍问题，有学者认为，目前“旅游警察还只是旅游监管和执法的一个环节……这个定位目前尚处在警察介入旅游监管的初级阶段，并没有改变多部门执法的格局。治安与刑事执法如何与部门的行政执法协调、衔接，形成合力，仍需要细化。”[②] 下一步，我们应该继续总结这方面的经验，在全国范围内的重要旅游目的地因地制宜地建立具有综合职能的、体系化的旅游警察执法队伍。

---

① 参见黄媛艳：《三亚设立全国首支旅游警察支队》，载《海南日报》2015 年 10 月 3 日，第 1 版。据报道，三亚旅游警察支队设为副处级机构，下设综合保障大队、侦查大队、业务指导大队、市场秩序管理大队 4 个正科级大队。其主要职责是专职维护三亚市旅游市场秩序和旅游治安环境；负责办理社会影响重大、涉及侵害旅游活动参与者人身和财产安全的违法犯罪案件；联合旅游、工商、交通等职能部门开展旅游联合执法，严厉打击破坏旅游市场秩序的强买强卖、销售假冒伪劣商品、非法经营、诈骗、强迫交易、商业贿赂等违法犯罪案件，共同维护市场秩序；依法监督、检查、指导各旅游景区景点的内部安全保卫工作；接受游客的报警、求助，指导各派出所对辖区内的景区景点开展秩序维护、巡逻防范、服务游客等工作。可见，其工作范围是十分广泛的。

② 木须虫：《旅游执法还需不断完善》，载《中国旅游报》2015 年 10 月 28 日，第 004 版。

2. 建立激励监督措施

在对旅游市场失范行为的执法调控中，按照公法契约的要求，一方面，要提高执法人员主动执法的积极性；另一方面，还要对权力进行制约，防止权力的滥用。这决定了建立相应的激励机制和监督机制的必要性。

（1）激励措施

可以说，旅游市场秩序整治的效果在很大程度上依赖旅游市场执法者的执法意识，而执法意识的养成则需要合适的激励机制。尤其在我国现有的旅游执法体制下，执法人员面临人员少、任务重等种种不利因素，如果没有有效的激励机制，执法人员的积极性和主动性就更难发挥出来。其实，即使在一个公共权力配置合理、法治较为完备的社会，行政执法权的自由裁量权也是普遍存在的。虽然有《行政处罚法》等行政法律规范的制约，但是在具体的情境下的执法行为还在于执法者的策略选择。有学者认为："执法策略有三种：'宽大'（即放过所有嫌疑人，无论其是否违法）、'滥用'（即处罚所有的嫌疑人，无论其是否违法）和'搜索'（即调查证据，只惩罚违法者）。"[①] 这三种情况在法治发展的不同状态下都是存在的，良好的法治状态要求执法者摒弃"宽大"和"滥用"等非法治的做法，而能够一如既往地将违法者绳之以法，这就需要对执法者进行持续而有效的激励。在行政执法领域，激励在于使执法者履行职务行为成为一种自觉，能够以履行自己的法律义务为天职，并且以达到预期的执法效果作为行为的目标。一般来说，激励包括物质激励和精神激励两个方面，物质激励能够进一步调动执法者的积极性和创造性，精神激励能够增强执法者的荣誉感和成就感，二者是互相配合的关系，仅有精神激励没有物质激励，精神激励就会被虚化为空中楼阁；仅有物质激励没有精神激励，可能慢慢将执法者引向唯利是图的歧路。

在旅游行政执法领域，为了达到激励的效果，必须坚持契约精神，强调执法者责权利的一致性，并完成三个方面的基本转变：第一，从情感到

---

① 张慧莲、沈伟基：《监管者的最优激励问题》，载《山西财经大学学报》2006 年第 1 期，第 105 页。

制度的转变。以往我们常常愿意虚构脱离现实的纯粹理性人的存在，并习惯于为执法人员营造一个不切实际的高远理想，而忽略了执法者的基本人性和对其应有的人文关怀。因此，在对执法人员的激励问题上，不能仅靠领导者的个人意志的鼓励，而是要形成基本的激励制度，预先明示执法行为应该带来的正效应，使执法效益的后果对执法者的影响具有确定性，在执法组织和执法者之间架构起有关具体的激励措施的显性契约。第二，从道德到利益的转变。有学者认为："我国公共部门激励机制过去过分强调组织目标而忽视个体现实需要，重精神激励而轻物质刺激"[①]，其结果必然导致激励调控乏力，因而要正视这些人的"经济人"属性，但也要防止过分依靠物质刺激的倾向。在当下民众普遍追求物质利益的社会背景下，对执法者过于虚幻的诱导有时其效果可能会适得其反，为此要正视执法人员也是社会普通个体的利益诉求，甚至使他们因为执法行为的业绩取得某些正当的、应得的利益。第三，从暂时到恒久的转变。作为社会生活中最广泛的公权力，执法权运用的一个基本要求就是执法行为的持续性和稳定性，执法者要以平静的姿态代替一时的冲动，以法治的心态代替随意性。由于我们没有建立一套使执法人员树立一以贯之的执法信念的机制，执法行为往往需要领导者进行事前的动员鼓舞，以维系彼时的热情，在新法颁布之初如此，在新政策出台之初也是如此，周而复始，长此以往，执法的效能会不断减损。

当然，激励机制有效发挥作用还需要具备某些基本的条件，即激励也要具备一定的物质基础，在一个结构安排不甚合理的体系中，每个部分都难以完整地发挥其作用。对于旅游执法的激励机制来讲，还包括为执法的顺利进行尽可能创造便利条件，这其中重要的基础性条件包括两个方面：

其一，执法组织结构合理。由于旅游行业涉及面十分广泛，所以无论从《旅游法》还是从各地《旅游条例》的规定来看，都强调政府各有关旅游行业管理部门的联合执法，联合执法的优势在于能够发挥各方力量，针

---

① 参见王沛：《产品质量监督行政执法激励机制研究》，国防科学技术大学2007年硕士学位论文。

对重点问题集中进行整治。但是从管理学的角度来看，多头的管理由于分散了其中的激励效用和责任量度，会造成各执法主体执法欲求降低，执法组织的多元结构弱化了对执法者的激励机制。如果通过有效的整合，将执法组织机构从多元过渡到一元，才能使激励机制有效地发挥作用。目前，我国与旅游相关的执法事项在实践中呈现多头管理的状态（见表八）。

表八：我国目前与旅游相关的政府执法部门及其执法事项

序号	部门	与旅游市场秩序相关执法对象	与旅游业有关执法事项
1	文化旅游	旅行社、旅游饭店、景区、文化娱乐场所	提供的旅游服务、设施和活动的合法性
2	公安	旅游经营者和非法经营者	强迫交易、非法经营
3	市场监督管理	旅游经营者和非法经营者	非法经营、垄断等不正当竞争
4	物价	旅游经营者	景区门票
5	质监	旅游经营者与辅助人	旅游服务设施的质量
6	交通	旅游经营者和非法经营者	交通安全
7	城建	旅游经营者和非法经营者	旅游场所的建设和维护
8	林业	旅游经营者和非法经营者	林业资源的维护
9	文物	文物保护单位	文物保护单位的监管
10	宗教	宗教场所	宗教旅游场所
11	食品药品	餐饮场所	食品安全
12	劳动保障	旅游行业用人单位	劳动保障条件和劳动合同
13	安监	旅游经营者与辅助人	旅游场所服务设施的安全

上述机构应该进行一定的整合，即使在执法队伍上不能建立统一的机构，但是在执法的工作机制上应该明确相关事项的具体执法主体，防止执法权力的空白和重叠的发生。

其二，执法设施完备。随着信息化时代的到来，执法的技术手段也在不断更新，好的方法一直被束之高阁，则在很大程度上会产生执法的时滞性。如原国家旅游局 2002 年颁布实施的《导游人员管理实施办法》规定了国家对导游人员实行计分管理的制度，按照该实施办法的规定，导游人员计分实行年度 10 分制，如一次扣分达到 10 分，则不予通过年审。该实施办法规定的初衷很好，规定年审不过则不能从事导游职务，以期达到对导游人员的失范行为约束作用。但是在实践中我们了解到，在地方的实际执法中，很多地方执法部门进行执法检查的手持机没有配套的芯片，扣分无法统一上传到最终的集中管理部门，导致这一制度实际上并没有得到落实，对导游人员的惩处机制无法建立起来。在中国基本仍是上行下效的行政管理体制下，很多措施如果没有有效的顶层设计，则地方执法机构的积极性就难以发挥出来。因此，建立信息共享的执法机制也是十分必要的。

（2）监督措施

执法效能的取得在很大程度上还在于对执法行为的有效监督，监督的意义在于一方面能够督促旅游执法部门及其工作人员可以正确、合法和及时地履行市场监管职责，另一方面能够防止旅游执法部门及其工作人员滥用职权，避免损害旅游经营者乃至旅游者的合法权利的情况发生。就目前我国的旅游执法监督来说，虽然要监督执法机构及其工作人员滥用职权，但是更重要的是督促他们主动依法履行职责，杜绝行政不作为。从监督体系上看，对我国的旅游执法进行监督包括三个层面的监督：首先是人大的执法监督，2006 年颁布的《中华人民共和国各级人民代表大会常务委员会监督法》规定："各级人民代表大会常务委员会每年可选择若干关系改革发展稳定大局和群众切身利益、社会普遍关注的重大问题，有计划地对有关法律、法规实施情况组织执法检查。"如在《旅游法》实施一周年之际，全国人大常委会就组织了对《旅游法》实施工作的执法检查，并通过了《关于检查〈中华人民共和国旅游法〉实施情况的报告》。其次是政府内部的行政监督，即旅游执法部门的上下级监督、政府内部的监察监督。上下级监督主要在于监督下级部门对各项旅游市场整治措施的落实，执法监察监督主要在于纠正旅游执法中的不当行为。最后是新闻媒体和群众的社会监督。社会监督在于及时反映旅游市场中存在的问题，促使旅游执法部门认真执法，及时解决问题。这三者是互相配合，缺一不可的关系。对于旅游市场失范行为的调控效果在很大程度上依赖对执法行为的有力监督，监督的有效性在很大程度上也来自对于监督者的激励机制，只有监督者有意愿、有能力进行监督，才能达到监督的目的。为此要进一步明确人大和政府等监督义务主体的责任，调动社会监督主体的监督积极性。

3. 建立执法的技术保障

近年来，旅游市场失范顽疾的久治不愈也促使旅游政府主管部门不断集思广益，试图通过各种手段的综合运用来遏制失范行为愈演愈烈的势头，这其中就包括大量技术手段的运用。笔者认为，在运用公共权力对社会生活进行调整和管理的问题上，技术手段主要包括两个方面：一是管理上的技术手段，如前面提到的导游计分制度；二是科学上的技术手段，如交通管理上对于违章车辆的摄录系统的运用。执法技术手段的合理运用有助于实现对旅游市场秩序的科学规范。

（1）规范行为。在我国的旅游市场经营活动中，强迫交易的行为经常发生，经营者的无赖行为常常使旅游者有苦难言。例如，在广西壮族自治区北海市银滩，一些餐馆采取各种卑劣手段宰客，游客一问价就难以脱身，不法商家肆意高价强卖。为此，北海市银海区工商局进行了严厉的整治，要求餐馆对任何商品都要明码标价，清晰记载商品名称、价格和计量标准等主要信息，并提醒顾客点菜完毕后与海鲜餐馆同时在点菜单上签名确认，菜品才能被送到厨房烹制。[①] 这样，当地海鲜餐馆宰客的歪风得到了有效的遏制。其实，在规范旅游市场秩序的问题上，各级各地旅游行政主管部门只要善于发现问题的实质，终究会提出问题的解决办法。

（2）市场评价

为了发挥社会监督的作用以解决旅游市场秩序问题，原国家旅游局于 2015 年 2 月 25 日印发了《全国旅游市场秩序综合水平指数工作方案》。方案提出要形成“旅游市场秩序综合水平指数”，对一地旅游市场秩序综合水平指数确定采用定量与定性相结合的方法。指数满分为 100 分，然后根据评价指标得分情况将旅游市场秩序综合水平指数依次划分为 4 个等级，初步确定以下等级标准：A 级（≥ 85 分），B 级（≥ 75 分，<85 分），C 级（≥ 60 分，<75 分），D 级（<60 分）。国家旅游局委托第三方评价机构按照评价指标体系要求进行信息采集、汇总和处理，每季度形成对各省

① 参见苏晴、顾艳伟：《对旅游市场害群之马“零容忍”——广西区北海市银海区工商局提升旅游市场监管力度，确保景区（点）市场秩序良好》，载《中国消费者报》2014 年 3 月 3 日，第 A03 版。

（自治区、直辖市）旅游市场秩序综合水平指数的评价报告，同时委托有关机构对评价报告进行核验。[①]其主要指标体系见表九。

表九：全国旅游市场秩序综合水平指数评价体系
（旅游秩序指数 TOI）（2015 年）

评价指数	评价内容	评价要点
游客监督指数（30 分）	旅游投诉案件情况 6 分	1. 旅游投诉案件总量占当地接待游客量的比例。
	旅游投诉案件受理情况 15 分	2. 旅游投诉案件受理率。
	旅游投诉案件处理效果 9 分	3. 旅游投诉案件结案率。
媒体监督指数（15 分）	媒体曝光旅游案件情况 5 分	4. 媒体曝光的旅游案件数量。
	媒体曝光旅游案件处理情况 10 分	5. 媒体曝光旅游案件的处理情况和社会舆论评价。
实地核查指数（40 分）	国家旅游局督办的旅游案件处理情况 8 分	6. 国家旅游局督办的旅游案件及其处理情况。
	国家旅游局组织明察暗访发现的案件处理情况 7 分	7. 国家旅游局通过组织明察暗访发现的旅游案件及其处理情况。
	省级政府和旅游主管部门督办的案件情况 10 分	8. 省级政府和旅游主管部门督办的旅游案件处理情况。根据督办的案件数量和依法查处情况得分。
	地市级政府和旅游主管部门查处案件情况 15 分	9. 地市级政府和旅游主管部门查处的旅游案件。根据查处的旅游案件数量和依法处理情况得分。
满意度指数（15 分）	游客实际感受 15 分	10. 根据游客对旅游市场环境、市场秩序、行业服务、投诉处理等方面的满意度调查结果得分。

上述做法的出发点是好的，但是要落到实处还有很多工作要做。笔者认为，这里有四个方面的问题需要解决：第一，本项工作工程浩大，具体

---

① 参见《国家旅游局将开展全国旅游市场秩序综合水平指数测评》，http://www.gov.cn/xinwen/2015-03/01/content_2823636.htm，最后访问日期：2020 年 7 月 22 日。

实施步骤复杂。需要出台细节的操作方法。第二，各个省、自治区和直辖市的整体情况未必能全面反映出具体个案的情况。整体评价的数据需要具有普遍性和全面性。第三，这项工作的持续性。需要将其作为常规性的工作坚持开展下去，不可半途而废，否则会前功尽弃。第四，各级文化旅游行政主管部门并非垂直领导，对于制度的落实没有必要的奖惩机制。需要建立保证制度实施有效性的具体机制。

（3）诚信记录

在旅游市场领域，建立对作为商事主体的旅游企业的评价机制十分重要。目前，全国很多地方的旅游政府主管部门都建立了本地旅游企业评级制度，并通过相关的旅游政务网站予以公布。但是在实际中我们了解到，旅游者平时很少登录相关的网站去查询这些信息，往往也不会因为参加某项旅游活动就刻意去了解旅行社的诚信记录信息。因此，诚信记录的意义在于应通过立法明确规定旅行社和导游、领队人员在自己的网站、营业场所的显要位置披露相关信息的义务。此外，还有必要建立缔约者违约劣迹提示制度，即规定导游人员的导游证应和诚信记录卡要同时使用。在签订旅游合同时，应在自己的名称下面注明本企业的资质和信用等级，注明导游人员的诚信记录状况。在导游活动开始之前，要向旅游者提示相关信息，如没有提示就属违规行为，并承担日后获得不利评价的后果。

（4）不法网站甄别

随着信息技术的发展，网络日渐成为旅游经营者营销的主要渠道之一，旅游者获得的大部分旅游活动信息也都是通过网络来实现的，众多的不法经营者也常常在网络上直接或仿冒其他正规旅游企业的网站，宣传虚假信息、欺骗招徕旅游者，然后在随后的组织旅游活动中实施各种不法行为。如果不对这些非法的网站进行打击，清除这些害群之马，就不能获得旅游市场秩序的全面好转。为此，旅游行政主管部门和网监部门要密切配合，清理旅游市场网络环境，甄别各类违法网站，予以曝光和查封，从而遏制不法信息的发布源头。

（5）退出制度

在我国某些旅游景区的运营中，存在管理上的混乱问题。例如，有的旅游景区管理不到位，造成资源的闲置和浪费，有的景区层层转包。为此，国家旅游局就提出，要进一步建立健全服务等级“退出制度”。2015年10月9日，国家旅游局就对部分景区做出处理决定，河北省秦皇岛市山海关景区因存在价格欺诈等问题被取消5A级资质；云南省丽江市丽江古城景区等6家5A级景区因欺客宰客情况严重等问题被严重警告；内蒙古自治区锡林郭勒盟多伦湖等4家景区因环境卫生差等原因被取消4A级资质。[①]2019年7月31日，文化和旅游部对山西省晋中市乔家大院景区予以取消质量等级处理，对辽宁省沈阳市沈阳植物园景区、浙江省温州市雁荡山景区、河南省焦作市云台山景区、广东省梅州市雁南飞茶田景区、四川省乐山市峨眉山景区和云南省昆明市石林景区6家5A级旅游景区予以通报批评处理，限期3个月整改。[②]类似的退出和警示制度，对旅游景区的规范化经营会起到较好的推动作用。

4. 完善法律程序

旅游执法程序比较复杂，很多时候法律实效严重滞后。由于《行政处罚法》等上位法的要求，对于行政执法规定了较为严格的程序，这对于依法行政保障公民和企业的基本权利是必要的。但是由于执法程序较为复杂，处理期限较长，这样难以取得较好的实效。我们在调研中了解到，如由于旅游经营存在一定的季节性，在行政处罚做出期间，由于文书尚未生效，违法从业人员仍可以操持就业，等到行政处罚做出后，有的被处罚的从业人员已经无从找到，法律的教育和警示作用无从发挥出来。类似的情况在我国很多行业中都普遍存在，目前我国正在考虑制定《行政程序法》，对此笔者认为可在未来的《行政程序法》中设定禁止特定行为的禁令制度，同时对于证据确凿、事实清楚的违法行为可以设定“先予执行制度”，以发挥法律的有效监管作用，做到在保障企业的基本权利的同时，又能够追

---

① 冯亚涛、张希：《山海关被取消5A资质丽江古城等6家5A景区被严重警告》，http://travel.people.com.cn/n/2015/1009/c41570-27678964.html，最后访问日期：2020年7月22日。

② 田虎：《下半年全国已处理上百家不达标4A、5A级景区》，http://travel.people.com.cn/n1/2019/1010/c41570-31392322.html，最后访问日期：2020年7月22日。

究不法从业者的法律责任。

（三）司法调控

司法是落实社会正义的最后一道出口，在对旅游市场失范行为调控的问题上，如果司法权能够有效运作，旅游者的权利能够得到切实维护，则更容易架构起整治失范行为的法治体系。司法调控机制主要是通过针对旅游纠纷特点建立和完善专门司法机构，以及扩大旅游司法判决的社会影响来实现的。

1. 小额诉讼法庭制度

（1）理论基础

旅游纠纷解决的公平和效率对于旅游市场秩序的状况会产生很大影响。如果旅游维权诉讼的成本过高，则不法从业人员在实施违法行为的问题上就会减少顾虑，甘愿冒险的概率就会增大。对于旅游纠纷来说，由于侵权行为发生时旅游者往往身处异地，很多情况下对于侵权行为发生的判断具有滞后性，事后维权需要较高的时间、经济和精力成本。同时，由于旅游经营者和旅游者之间存在严重的信息不对称性，旅游者的全部活动几乎都听凭经营者的安排，在旅游活动中处于弱势的地位，因此无论从侵权事实发现到准备诉讼的调查取证都面临较大困难。这决定了在现行的司法制度之下，如果不为旅游者开一条诉讼维权的绿色通道，旅游者在经营者侵权或违约的情况下往往选择忍气吞声，就会助长不法经营者的嚣张气焰，使他们更加有恃无恐。在当前的旅游市场环境下，旅游者通过诉讼维权的情况确实不多，我们常常将其归结为旅游者的法律意识不强，但是其实未必都如此，对此我们还需要做更多的思考。有日本学者提出："权利放弃的增多，不能完全归咎于权利主体的法律意识低下，应从法律制度方面反省权利实现机制是否存在问题。"[①] 确实，我们也需要思考我们的司法制度是否能够为旅游者维权提供更便利的救济渠道。在对旅游市场失范行

① ［日］小岛武司著，陈刚、郭美松等译：《诉讼制度改革的法理与实证》，法律出版社2001年版，第61页。转引自梁雄文：《论小额诉讼程序》，中国政法大学2005年硕士学位论文。

为的司法调控方面，为了减少旅游者的维权难度，我们可以借鉴很多发达国家的做法，设立便于诉讼的小额诉讼法庭制度。

目前，世界上很多国家设立了小额诉讼制度。在20世纪中后期，随着西方国家经济与社会的全面发展，社会关系日趋复杂化，民事诉讼案件显著增加，法院不堪重负，在这样的背景下很多国家如德国、日本、英国等都修订了民事诉讼法，规定了针对小标的纠纷简化诉讼程序的小额诉讼制度。其实，小额诉讼作为一种简易的诉讼程序早已有之，苏格兰早在1797年就建立了县小债法庭，郡的小债法庭也于1826年建立，审理诉讼标的为5—8英镑的小额案件。不过，虽然很多国家和地区都在立法上设定了小额诉讼程序，但是在审判组织上是否建立专门的小额诉讼法庭做法不一。[①] 在我国，近年来关于小额诉讼程序问题成为民事诉讼法学界研究的一个热点。我国《民事诉讼法》第一百六十二条规定："基层人民法院和它派出的法庭审理符合本法第一百五十七条第一款规定的简单的民事案件，标的额为各省、自治区、直辖市上年度就业人员年平均工资百分之三十以下的，实行一审终审。"2015年施行的最高人民法院《关于适用〈中华人民共和国民事诉讼法〉的解释》（以下简称《民诉法解释》）第十二部分，专门规定了"简易程序中的小额诉讼"，对新《民事诉讼法》中有关小额诉讼的内容做了进一步的解释性规定。近年来，国内的一些学者也开始倡议建立适用小额诉讼程序的专门司法机构——小额诉讼（索赔）法庭。2011年，最高人民法院《关于部分基层人民法院开展小额速裁试点工作的指导意见》提出在全国90个基层法院开展试点工作。随着这项工作的逐步推进，可以说目前小额诉讼程序作为民事诉讼简易程序的一部分在我国已经被确立下来，现在我们面临的问题是，旅游纠纷是否可以适用小额诉讼程序？是否应该建立审理旅游纠纷的专门审判组织？

按照《民诉法解释》第二百七十四条的规定，适用小额诉讼程序审理的有八类有关金钱给付案件，同时在第九项规定了："其他金钱给付纠纷。"

---

① 参见刘仲屹、王保民：《小额诉讼程序及其在我国民事诉讼法修改中的完善》，载《比较法研究》2012年第5期，第91—93页。

可见，我国目前的小额诉讼程序在立法旨意上将其定位于主要适用于权利义务关系明确的小额给付之诉。虽然《民诉法解释》的第二百七十四条第八项规定了“物业、电信等服务合同纠纷”，但并没有对旅游服务纠纷进行单列，这可能会成为旅游纠纷适用小额诉讼程序的障碍。但是，我们应该看到《民诉法解释》在第二百七十五条还列举了不适用小额诉讼程序审理的四类案件和“其他不宜适用一审终审的纠纷”，旅游服务纠纷并没有被列入排除小额诉讼程序的范围，这样《民诉法解释》实际上为旅游服务纠纷采用小额诉讼程序留出了空间。在以往的论著中，也曾有学者提出建立审理旅游纠纷的小额索赔法庭的建议：“鉴于它诉讼标的小，审判原则灵活，程序简捷，费用低的优点，小额索赔法庭为消费者提起诉讼提供了便利条件……将快捷简便原则的理念渗透进立案、审判、执行的各个环节以便高效及时地解决旅游纠纷，维护旅游者权益。”[①] 目前，各地业已成立的小额速裁法庭在小额案件的审理上取得了一定的经验。在前述的小额速裁试点工作中，有的地方法院就成立了专门的审判机构，并在更广泛的范围中适用小额诉讼程序。例如，广西壮族自治区南宁市兴宁区法院的小额速裁庭于 2011 年 9 月 1 日成立，至 2012 年 6 月 30 日，该庭共受理小额速裁案件 162 件，案件主要是合同类纠纷，其中挂靠经营合同纠纷达到 59 件。在诉讼标的上，1 万元以下的有 93 件，1 万元至 5 万元的有 69 件。[②] 随着社会经济的发展和社会纠纷的多元化，小额速裁法庭审理的案件类型还会越来越广泛，其功能的发挥也会越来越充分。

基于以上的分析，我们认为依据中国的现行法律规定，立足于中国的司法实践，并借鉴国外立法经验，我国建立若干审理旅游纠纷的小额诉讼法庭具有理论基础和现实依据。首先，旅游纠纷案件大多为小额案件。关于小额诉讼程序诉讼标的额，我国《民事诉讼法》第一百六十二条规定：“……标的额为各省、自治区、直辖市上年度就业人员年平均工资百分之

---

① 孙佳薇：《我国旅游业市场规制法律问题研究》，山西财经大学 2012 年硕士学位论文。

② 参见韩秋花、覃瑞晟：《小额速裁程序适用情况司法统计分析》，https://www.chinacourt.org/article/detail/2012/07/id/537211.shtml，最后访问日期：2020 年 7 月 25 日。

三十以下的，实行一审终审。”根据国家统计局的统计数字，2013 年我国城镇单位就业人员平均工资为 51483 元，其 30% 为 15445 元；平均工资最高的北京市为 93006 元，其 30% 为 27902 元；平均工资最低的河南省为 38301 元，其 30% 为 11490 元。[①] 就目前我国旅行社组织的团队游的情况来看，国内游的团费很少有超过 1 万元的，出境跟团游的团费一般也不超过 3 万元。在因旅游购物产生的纠纷中，标的超过几万元的情况也比较少见，在因自费项目和改变行程产生的纠纷中，一般至多也就涉及几千元。因此，旅游纠纷在很多情况下也具有“小额”的属性。其次，旅游纠纷具有较强的地域性，旅游者在身处异地的情况下若想获得有效的救济，就需要在程序上进一步简化。根据《民事诉讼法》和《民诉法解释》的有关规定，小额诉讼程序在审判组织上采用独任审判方式，实行一审终审制。在开庭准备上，当事人不需要举证期限和答辩期间的，可立即开庭审理。在裁判文书上，可仅记载当事人基本信息、诉讼请求、裁判主文等主要内容。这些都为旅游纠纷的解决提供了方便条件。当然，对于审理期限、诉讼费用交纳标准等相关事项，《民诉法解释》仍没有做出有别于其他普通程序的规定，这方面还需要做进一步的规定，如案件在一个月内审结，诉讼费较为低廉等。这样，在较低的诉讼门槛下，旅游者在寻求司法救济问题上就会进一步减少顾虑。再次，旅游纠纷的解决大都以调解为主。以往在没有司法权介入的情况下，对旅游纠纷的解决大都通过投诉的方式，我国的旅游质监部门在处理投诉的问题上往往以促成当事人之间达成调解协议为主。与行政权相比，司法权的最大优势在于能为当下纠纷的解决提供最终方案。实践中，我国目前小额诉讼法庭审理的案件也大都注重调解。例如，前述广西壮族自治区南宁市兴宁区法院小额速裁庭审理的 162 件小额案件，调解结案的达到 157 件。小额诉讼法庭以调解为主的做法也契合了旅游纠纷的通常解决机制。最后，旅游纠纷投诉解决的效力不强。目前，旅游投诉仍然是旅游者维权的主通道。受理投诉的是各级旅游质监部

① 数据来自国家统计局 2014 中国统计年鉴“城镇单位就业人员平均工资和指数”，http://www.stats.gov.cn/tjsj/ndsj/2014/indexch.htm，最后访问日期：2020 年 7 月 25 日。

门，从机构属性上来看，质监部门大都属于旅游政府主管部门下设的事业单位，属于法律法规授权行使执法权的社会组织而不是一级行政机构，其执法力度有限，而且在权利救济上，不具有终局性。在投诉处理的过程中，旅游质监部门也往往会组织当事人进行调解，但是其调解既不属于司法框架下的诉讼调解，也不属于民政事务框架下的人民调解，其效力有限。在目前旅游质监部门的职能定位没有得到根本改变的情况下，其执法行为的权威性和执行力都存在很大问题，即使旅游质监部门促成当事人达成调解协议，但是调解协议明显缺乏强制执行力，这样会影响到其在纠旅游纷解决问题上的公信力。

（2）实践经验

基于上述思考，我们认为在条件允许的情况下，可在重点旅游城市和主要旅游景区设立专司旅游纠纷案件审理的小额速裁法庭。其实早在2002年，海南省三亚市就建立了全国第一家旅游巡回法庭，专门审理旅游纠纷案件，在其他地方也已经有类似的做法。在2013年《旅游法》颁布实施后，很多地方都在积极探索旅游纠纷处理的新机制，并对旅游小额诉讼法庭的建立表现出很大的兴趣，但是就目前各地旅游小额诉讼法庭建立和设置情况来看，在机构设置和审判机制上还存在不同的模式：

第一，从组建机构来讲，分为单一法院模式和行政与司法衔接模式。前者以海南省三亚市为代表，主要指的是由基层人民法院在系统内部直接设立专门审理旅游纠纷的小额法庭。2002年，海南省率先在三亚市设立了旅游法庭，实行巡回办案，快立快审快执，主要受理旅游经营活动中存在的炒房、出售假冒伪劣产品、强买强卖、非法收取回扣等旅游纠纷案件。到2010年2月，该法院民一庭和3个旅游巡回法庭共处理旅游纠纷案件95件，结案标的金额50.6万元，旅游非诉案件132件。① 旅游法庭发挥了积极的作用。后者指的是旅游政府主管部门和人民法院建立协作机制，将旅游投诉处理和司法审判前后衔接。2013年12月27日，上海市新组建

---

① 参见袁定波：《全国首家旅游法庭运行8年受案逾三成涉餐饮欺诈炒房》，载《法制日报》2010年4月15日，第5版。

了上海旅游事务受理中心，其“旅游纠纷巡回审判点”“旅游纠纷调解中心”同时挂牌，在徐汇区、杨浦区两区先试点成立“旅游纠纷审判专项合议庭”。同时，旅游局在人民法院设立“旅游纠纷调解工作室”。这样形成了真正意义上的旅游行政主管部门和司法部门的联动机制。①

第二，从审判机制上来讲，分为常设法庭模式和巡回法庭模式。前者指的是在影响力较大、规模较大的旅游景区，尤其是在特定的风景名胜区等远离城市景区，设立专门的旅游速裁诉讼法庭。例如，2007 年湖南省张家界市武陵源区人民法院创建的旅游速裁法庭，该法庭配备 5 名工作人员，法官 24 小时全天候值班。到 2012 年，法庭共办理旅游纠纷案件 327 起，接受游客咨询 5253 人次，案件调结执结率 100%，游客满意率 100%。②再如，2014 年 5 月 30 日，湖北省神农架林区旅游速裁法庭正式成立，主要对法律关系单一、基本事实清楚、当事人争议不大的案件进行快速裁决。③后者指的是通过在重要景区设立配合旅游投诉部门的巡回审判点对进入司法程序的旅游纠纷进行处理。例如，2014 年 5 月，苏州旅游部门和法院系统联手建立了旅游纠纷诉调对接机制“旅游纠纷巡回审判点”。“审判点”由苏州市旅游局与姑苏区人民法院联手，在旅游资源较为集中的姑苏区率先成立，在机制上将旅游行政管理部门的调解处理方式与人民法院的诉讼处理方式有机结合，苏州市旅游质监所负责日常接待和调处工作，姑苏区法院每月 15 日派驻 2 名法官与质监所工作人员共同协调旅游者权益纠纷。对经法院、质监所调解不成的典型案例，由法院进行巡回审判。对标的额符合要求的案件，利用小额诉讼程序及时处理。④

---

① 参见丁宁、汝乃尔:《上海旅游巡回法庭诞生记》，载《中国旅游报》2014 年 1 月 10 日，第 1 版。

② 参见傅召平、曾妍、孟全富:《武陵源：“旅游法庭”24 小时在线》，载《人民法院报》2013 年 3 月 9 日，第 5 版。

③ 参见李彦睿、汤文飞:《神农架设立旅游速裁法庭》，载《湖北日报》2014 年 6 月 4 日，第 6 版。

④ 参见梅璎迪:《苏州建立旅游纠纷“巡回法庭”》，载《新民晚报》2014 年 5 月 27 日，第 A27 版。

可见，目前我国旅游小额诉讼法庭的建立和运新机制可谓各有特色，但是其终极目标是一致的，就是希望能够通过司法手段迅速调处旅游纠纷，保护旅游者权益，促进旅游市场秩序的好转。正如有法官提出的："旅游纠纷具有发生地点异地化、涉案价值小额化、涉及关系复杂化以及纠纷主体群体化的特点。"① 这些特点决定了建立行政和司法的协作机制是必要的。笔者认为，在发挥小额旅游诉讼法庭的功能问题上，应做到以下几点：其一，各地需要因地制宜，正确处理好旅游行政执法和司法的关系。旅游市场管理的法治化程度决定了旅游市场的规范化程度，法治运行良好在于权利被更加珍惜，权力得到更合理的配置。鉴于旅游纠纷的特点，我们应该认识到司法权作为消极性权力在旅游市场治理问题上并非扮演着急先锋的角色，比较而言司法权解决纠纷效率偏低但成本却较高，也不可能承担起对所有纠纷的解决。因此，在旅游纠纷处理上，要分清两种不同权力的界限，使其各司其职：对明显违法的侵权行为，仍要发挥旅游执法部门的查处作用；对于旅游经营者的违约行为，则可鼓励旅游者通过诉讼机制维权。其二，由于旅游纠纷的突发性和获取证据的时限性要求较高，采用巡回审判模式有可能造成调查取证的困难。因此，采用在重要景区设立固定的小额速裁法庭的做法是比较可取的，虽然这可能会造成一定的资源浪费，但是能够形成旅游者维权的常态机制。同时，应发挥旅游市场秩序维护问题上行政权与司法权的协作机制，像上海地区的做法，整合两类资源建立投诉与诉讼相衔接的机构，同时按照不同的权力属性分工合作，共同维护旅游者的利益。在具体业务上，人民法院还可凭借专业优势对旅游执法部门发挥一定的业务指导作用。

2. 指导案例发布制度

司法权的消极性决定了在对旅游市场失范行为进行法律调控的问题上，需要通过具体的司法活动彰显法律的尊严，传递法治精神，普及法律知识，并防范以身试法者。近年来，各地旅游纠纷案件不断涌现，有关旅

① 参见丁宁、汝乃尔：《上海旅游巡回法庭诞生记》，载《中国旅游报》2014 年 1 月 10 日，第 1 版。

游行政主管部门开始尝试与人民法院协商获取旅游案例并通过官方网站、新闻媒体进行发布，试图以此使旅游者进一步加强防范意识和维权意识，使不法经营者实施违法行为的成本进一步提升。例如，上海市高级人民法院副院长盛勇强提出，上海市高级人民法院就准备与旅游政府主管部门密切配合，“联合旅游局定期向社会发布和宣传典型案例，引导旅游者依法维权，推动旅游经营者诚信经营”[①]。这种做法具有积极的推广意义。

就旅游纠纷来讲，虽然不同的纠纷类型多样但是其共性因素也十分明显。以北京市为例，原北京市旅游委在2015年全年受理的224件有效投诉案件中，主要反映的问题可以归结为以下四类[②]：一是“出境押金”问题，主要是个别旅行社收取游客“出境押金”逾期未退。二是旅行社游览项目违约问题，如擅自变更旅游行程，减低服务标准，减少游览景点，压缩游览时间、增加自费项目。三是旅行社安排购物纠纷，如增加购物次数，延长购物时间以及因购物退货产生的纠纷。四是外来因素介入的纠纷，如由于旅行社之间发生两社团款纠纷从而侵害游客权益；由于不可抗力或第三方原因导致游客和旅行社产生合同纠纷、致使行前解约、行程中退费、行程后补偿等问题。从不同类型问题的时间分布上看，我们发现一些共性的问题几乎每个季度都有投诉，如增加购物次数和自费项目，减少景点，第三方原因导致合同不能完全履行等，旅游侵权和违约问题大多数案件都似曾相识。如果我们能够总结出主要旅游纠纷的典型案例来指导相关案件的处理，尤其是有关旅游经营者法律责任承担方式和范围的案例，就会在一定程度上逐渐形成旅游纠纷的常规化司法处理机制，为此我们可以探索发挥案例指导制度的优势。

2010年，最高人民法院发布了《关于案例指导工作的规定》，中国案例指导制度开始逐步建立。我国的案例指导制度在一定程度上借鉴了英美

---

① 参见丁宁、汝乃尔：《上海旅游巡回法庭诞生记》，载《中国旅游报》2014年1月10日，第1版。

② 根据原北京市旅游发展委员会2015年1—4季度北京地区旅行社服务质量投诉公告汇总，http://www.bjta.gov.cn/xxgk/cxgs/index.htm，最后访问日期：2018年7月20日。

法国家的判例制度，但是又不完全等同于判例制度。按照《关于案例指导工作的规定》，所谓指导性案例是由地方各级人民法院或社会各界人士通过一定的程序向最高人民法院报送的“对全国法院审判、执行工作具有指导作用的指导性案例”。指导案例由最高人民法院确定并统一在重要司法媒体上以公告的形式发布，各级人民法院审判类似案例时应当参照指导性案例。可见，案例指导制度的宗旨在于通过指导案例发布机制，进一步统一相关案件的处理尺度，达到个案的法律公正。同时，指导案例的反复适用可以进一步传递法律的要旨，树立“类似案件类似处理”的程序正义观念。就旅游纠纷来讲，如果我们能够在相关领域发布若干指导案例，则不仅可对以后类似纠纷解决提供可遵循的依据，在提高纠纷解决的效率的同时降低纠纷解决的成本，还能够通过法律思维的传递对旅游经营者起到一定的预警作用，更能够在一定程度上培育旅游者的依法维权意识。例如，在 2015 年，北京市某区人民法院曾就贺某与某国际旅行社因出境游漏掉原告机票预订导致旅游合同履行不能案件做出判决。近年来，中国出境旅游人数大量增加，与此同时出境旅游纠纷也逐年增加，其中因旅行社在办理出入境证件或预订交通、宾馆服务过程中因个别环节出现问题导致旅游者行程出现问题的情况屡屡发生，如果能将类似的案件作为指导案例，则会在这个问题上引起旅游经营者和旅游者的高度重视，并对以后大量类似纠纷的解决起到很好的示范效应。笔者从北京法院信息网上检索到的“旅游合同”案由案件为 329 件，其中被告为某联合国际旅行社有限公司的因返还每人 6 万元的出境旅游保证金的判决（裁定）有 109 件，这一系列案件皆因为旅行社下属营业部聘用的工作人员收取出境旅游保证金后据为己有而没有入账，导致旅游者不能获得保证金的返还，北京市各区法院的一审判决都判决案件原告胜诉。这一系列案件的影响力是巨大的，如果能够发布，对旅游者会起到重要的预防和警示作用。

就目前从法院的渠道来看，自从 2010 年最高人民法院开始发布指导案例，截至 2017 年 3 月最高人民法院共发布 16 批 87 件，还没有发布有关旅游纠纷的指导案例。随着旅游业的迅猛发展和旅游纠纷大量增加，各级法院、有关旅游机构或人员选取典型旅游纠纷指导案例报送最高人民法院发布是有一定的必要性的。笔者认为，就旅游纠纷司法方法解决来说，由于旅游违法行为存在的问题比较集中，指导案例的示范效果会比较明显。我们在条件成熟时可以考虑在如下四个方面进行指导案例的发布：旅游合同缔约过失纠纷、旅游购物安排及商品质量纠纷、旅游景点增减和增加自费项目纠纷、境外滞留保证金纠纷。当然，由于国家最高司法机关发布的指导案例统摄范围较为广泛，旅游纠纷案例还显得不够“主流”，这样可以考虑鼓励地方各级人民法院针对典型旅游纠纷案件发布本辖区范围内的参考性案例，各级旅游行政主管部门可以进一步对指导案例进行宣传，以充分发挥司法权在维护旅游市场秩序方面的重要功能。

第三章　契约机制下的典型失范行为法律调控

一、严格监管规划开发

目前，我国有关旅游市场开发问题没有统一的规则可循，旅游开发处于无序的状态。在经济利益的驱动下，各种破坏性开发行为屡见不鲜，某些珍贵旅游资源的不可复制性决定了如果我们不尽快加以规范，那么若干年后一些代表中国传统生活方式和富有东方文化魅力的旅游资源会丧失殆尽，其后果是万劫不复的，为此我们必须坚持依法进行开发，依法管理开发。

（一）调控基础

产权合理、清晰的配置能够在很大的程度上减少交易成本。很多旅游资源作为公共产品的属性也决定了在这一领域产权主体不清晰的情况更容易产生，从而导致管理上的责任主体缺位。我国《宪法》第九条和我国《民法典》物权编第二分编都规定森林、山岭、草原、荒地、滩涂等自然资源，在所有权上除法律规定属于集体所有的外都归国家所有，同时宪法特别提出对自然资源的合理利用和保护问题。而森林、山岭、草原、荒地、滩涂等亦是重要的旅游资源，这些旅游资源从所有权关系上归国家或集体所有，即公有。公有产权较之私有产权的优势在于能够在更大的程度上让人们普遍分享资源利益，使资源能够在更大的范围内被有效利用，其缺点在于如果没有严格的立法界定和规制，有可能会出现旅游资源管理主体的虚置化，进而造成旅游资源开发的无度与浪费。因此，为了防止这一弊端的出现，我们必须解决两个基本问题：其一是将产权管理的具体主体确定下来，不能出现缺位或重叠，一般来讲管理者是能够真正承担起管理责任的组织，在进行委托开发或管理时要履行严格的程序；其二是将管理主体的责任确定下来，尤其是对违法作为或不作为的具体责任要有明确规定，综合运用刑事责任、行政责任和民事责任来规范各类违法行为。

（二）具体措施

1. 规范规划开发领域

为了明确旅游资源的产权关系，遏制旅游开发市场的失范行为，各类承载历史文化元素的旅游资源的产权主体应由国家统一规定确定，以最大限度地克服市场的外部性问题。

首先，要完成对旅游资源的统计。目前，我国很多地方旅游主管部门都在进行或已经完成旅游资源的调查统计工作，以摸清自己的家底。例如，吉林省在2007年到2008年用两年的时间完成了对全省的旅游资源普查工作，普查组调查和记录的旅游资源单体共20719个，通过调查搞清楚吉林省旅游资源分属8个主类、30个亚类、144个基本类型，并确定了不同层级的单体旅游资源。最后得出本省旅游资源的总体情况，即吉林省旅游资源总量丰富，类型多样，自然旅游资源占显著优势，资源平均品质高，优良级旅游资源较多，各类资源的丰度和品质差异显著，同时，旅游资源分布呈大分散、小集中格局，区域特色明显。[①] 这样，为分类开发和管理提供了基础性依据。

其次，要对旅游资源进行科学分类保护。在国外，大都实行旅游资源的分类管理制度，“美国把379家国家公园分为20类，分别适用于不同的

---

① 参见原吉林省旅游局：《吉林省旅游资源普查 摸清“家底”20719个》，http://www.jlta.gov.cn/lyzy1/6832.jhtml，最后访问日期：2018年7月20日。

法规和标准。日本则根据《自然保护法》划分为荒野区、自然保护区和地区自然保护区三种类型”。[①]我国虽然按照旅游资源统计标准对旅游资源进行了分类，但是从属性和功能上的分类，在旅游资源的保护问题上，还应该按照需要保护的迫切程度进行再分类，建立有关旅游资源的等级开发保护体系。其实在美国这样的法治化发达国家，历史上对旅游资源也经历了从破坏到保护的过程，以加州为例，有资料显示“从 1950 年起，加州丧失了其 1940 年以前建筑中的 40%。根据专家估计，每年被毁坏的考古遗址多达 1400 多处。从县政府到市政府，成千上万的传统文献被毁坏，因为没有存放的地方，也没有必要的鉴赏环节和程序，挑选其中最具有文化价值的文献”[②]。但此后，国家开始逐渐重视对各类旅游资源的维护，如在自然资源保护方面，美国在 1964 年颁布了《荒野法》，建立起国家荒野保护体系（the National Wilderness Preservation System）。著名的黄石国家公园最流行的保护观念是：“大自然知道如何是最好的！（Nature knows best！）”在 1968 年，美国国会通过了《国家荒野和风景河流法》，进一步建立了国家荒野和风景河流保护体系（the National Wild and Scenic Rivers System）。[③]我国现在亟须列出需要重点保护的旅游资源的清单，明确各类资源的开发监管主体，对于一时难以评估的旅游资源应坚持暂缓开发乃至不开发的政策，以防止新的破坏的产生。在综合性的《旅游资源保护法》难以被列入议事日程的情况下，可考虑由最高行政机关——国务院列出禁止任意开发的旅游资源名录，以解决肆意开发造成破坏的燃眉之急，在条件成熟时可通过专门立法形式进一步规定旅游资源开发的具体范围，并将旅游资源开发立法与环境保护立法相协调，以维护优美的生态环境。

---

① 王敏：《旅游监管法律制度研究》，北京交通大学 2007 年硕士学位论文。

② California Heritage Task Force，A Report to the Legislature and the People of California，Sacramento，CA：August 1984（unpublished report），p.6. 转引自张颖：《加州旅游业发展的历史考察（1960—1980）》，东北师范大学 2012 年博士学位论文。

③ 参见张颖：《加州旅游业发展的历史考察（1960—1980）》，东北师范大学 2012 年博士学位论文。

2. 规范规划开发主体

（1）监管主体

目前，在对旅游资源开发的监管上，我国的相关立法并不明确，如对于旅游自然景观资源，我国对于资源性质相近的自然保护区和风景名胜区设定了不同的管理部门。根据《自然保护区条例》第八条的规定："国家对自然保护区实行综合管理与分部门管理相结合的管理体制。国务院环境保护行政主管部门负责全国自然保护区的综合管理。国务院林业、农业、地质矿产、水利、海洋等有关行政主管部门在各自的职责范围内，主管有关的自然保护区。县级以上地方人民政府负责自然保护区管理的部门的设置和职责，由省、自治区、直辖市人民政府根据当地具体情况确定。"可见，我国对自然保护区采取的是环保部门主责、其他部门担责和地方政府参与的管理模式，对于自然保护区的行政监管实际上并没有统一明确的主体。按照《风景名胜区条例》第四条规定："风景名胜区所在地县级以上地方人民政府设置的风景名胜区管理机构，负责风景名胜区的保护、利用和统一管理工作。"第五条规定："国务院建设主管部门负责全国风景名胜区的监督管理工作；国务院其他有关部门按照国务院规定的职责分工，负责风景名胜区的有关监督管理工作。省、自治区人民政府建设主管部门和直辖市人民政府风景名胜区主管部门，负责本行政区域内风景名胜区的监督管理工作。省、自治区、直辖市人民政府其他有关部门按照规定的职责分工，负责风景名胜区的有关监督管理工作。"对于风景名胜区，我国采取的是建设主管部门主责，有关部门担责和名胜区管理机构专责的管理模式。由此看来，我国现行立法对于旅游自然资源的具体监管主体的确定仍处于相对模糊的状态，对于旅游资源的保护，有时只是所涉管理部门众多职能中的一项"副业"，其监管的精心化、科学化和专业化程度都有待提高。

在旅游开发监管的问题上，我们可借鉴国外经验考虑设计统一管理的部门，以进一步明确职责，提升管理水平，强化旅游资源保护力度。例如，在美国，政府建立了相对完善的国家公园管理体系，美国联邦政府设有国家公园管理局，分区管理全国的几百个国家公园，相关管理机构专职承担管理职能，而不进行任何经营活动，使得国家的珍贵自然资源能够抵制住过分的商业开发而得到有效的维护。我国旅游资源管理多元化的现状也进一步制约了管理的效率，尤其是地方政府过于注重商业利益考虑因素的存在使得建立全国性旅游资源统一管理机构显得十分必要。

2015 年 1 月，国家发改委联合中央编办、国土资源部等 13 个部门发布了《建立国家公园体制试点方案》(以下简称《方案》)。2015年12月9日，中央深化改革领导小组第十九次会议审议通过了《中国三江源国家公园体制试点方案》。这标志着我国国家公园管理体制的建立已经逐步开始。《方案》确定了北京、吉林等 9 个国家公园体制试点省（市）并提出了试点的主要内容。根据《方案》，在国家公园管理体制上实现“一个保护地一块牌子、一个管理机构，由省级政府垂直管理”，做到“合理分割并保护所有权、管理权、特许经营权等”。2018 年 4 月我国设立了国家公园管理局，在旅游资源丰富地区设立分支机构，实行系统内的垂直管理，这样在解决管理的条块分割和职责不清问题上已经迈出了第一步。下一步，应细化国家公园管理的运行机制，在资金来源上旅游资源管理应以中央政府拨款为主，门票价格应控制在合理的范围之内，门票收入以维护必要的设施运转为主，不构成公园收入的来源；在工作制度上应建立巡视和问责制度，国家公园管理机构和人员对公园的管理和维护承担法律责任，如有渎职等行为要承担行政乃至刑事法律责任。

（2）参与主体

自然历史文化遗产并非某类群体的私有财产，其作为全民所有的共同财产的产权性质，决定了旅游规划开发一方面要考虑到对全民共有财富的维护，另一方面还需要充分尊重利益相关者的利益。

澳大利亚学者詹姆斯·埃利奥特认为，保护区的利益相关者包括公园规划与管理者、公园志愿者、公园游客、公园的从业人员、当地社区、土著居民、土地所有者、常住居民、资源开发利益相关者、政府部门、存在竞合关系的政府机构、营利性私营业、非政府组织、环境保护组织、经济发展组织、特许权获得者、执照及许可证获得者、服务接待者、旅游经营商、目的地营销组织、教育机构、研究团体和媒体 23 类主体。其中社会群体、公园管理者、旅游经营商、游客和利用者在保护区管理中特别重要，“旅游业公共控制主要涉及五个群体：公共部门、行业、当地人和旅游者、相关利益集团、公众舆论和大众媒体”[①]。利益相关者的多元性决定了对旅游资源的开发和利用应该综合考虑各利益相关者的整体利益，听取来自不同群体的不同声音。目前，在我国的很多地方，旅游规划开发往往是地方政府和经营者一拍即合的决定，当地居民、旅游者、公众舆论的声音很难被听到、被尊重。这样旅游规划开发成为少数群体获利的手段，这种获利是建立在对公共利益的掠夺基础之上的，有违财产分配和使用上应恪守的契约精神。我国《旅游法》规定了“旅游规划与促进”一章，并在第二十一条规定：“对自然资源和文物等人文资源进行旅游利用，必须严格遵守有关法律、法规的规定，符合资源、生态保护和文物安全的要求，尊重和维护当地传统文化和习俗，维护资源的区域整体性、文化代表性和地域特殊性，并考虑军事设施保护的需要。有关主管部门应当加强对资源保护和旅游利用状况的监督检查。”但是，上述规定如果没有具体配套的强制性规则来落实，则旅游规划开发的无序状况就难以得到根本改变。

笔者认为，我国对于重要的旅游资源的规划开发应该引入利益相关者参与机制，在成立专业的旅游资源公共管理机构的基础上，引入第三方评估机构，尤其注重有关考古文博机构和当地居民的意见，因为这二者是最重要的利益相关者，通过事先的论证保证规划开发的科学性，要设定严格的开发进程程序控制，保证开发过程的各个环节不违反规划的初衷。同时，要保证诉讼机制的畅通，对于任何破坏性开发的行为，可以由检察机关通过公益诉讼形式进行纠正，利益相关者提起诉讼维权也应该在各方面得到有力的支持。

3. 规范规划开发限度

在旅游资源利用的问题上，开发与保护的矛盾始终存在，我们目前的旅游规划大都是有关如何开发的规划，而不是如何保护的规划。有学者提

① ［澳］詹姆斯·埃利奥特著，张凌云、杨晶晶译：《旅游政策与公共部门管理》，商务印书馆 2015 年版，第 190 页。

出，“旅游规划不仅仅是发展规划，而且还有很强的空间性，为保护好各类旅游资源，建议应该编制各类控制性和修建性的详细规划。鼓励发展和规范旅游规划设计资质单位资质认定与管理，并探索旅游规划人员资质认定与管理”①。只有建立科学的规划机制，明确具体的开发主体的责权利，才能做到对旅游资源的充分保护和有序开发。

前面曾提到，由于在我国旅游资源开发由不同主体行使，导致开发的外部性问题严重。很多学者也在探讨采取怎样的组织架构才能保证有序开发的问题。有一段时间，乌镇“政府主导，市场运作，公司经营”的开发模式得到很多人推崇，即乌镇景区所在地的桐乡市政府通过对各个部门的资源进行整合，成立乌镇古镇保护与旅游开发管理委员会和乌镇旅游开发有限公司，对景区进行统筹规划。②通过我们实地调研了解到，从商业运作的角度来看，乌镇的模式无疑是成功的，经过大力的开发和宣传，使这个在多年前还不太为人所知的小镇成为中国又一处知名的旅游景点。但是在赚取大量的商业利益的同时，乌镇也失落了更多的东西。在乌镇，景区主要分为东栅和西栅两个部分，西栅景区的原住民已经全部迁出，俨然是一个销售其他景区随处可见的商品、店铺林立的大市场。东栅景区仍保留原住民，但是节假日云涌的游客使这个昔日宁静、淳朴的古镇的原始气息荡然无存。实际上，乌镇没能够逃出如其他古镇景区一样的几乎被现代的商业文化彻底清洗的命运。因此，在旅游开发的问题上，核心的问题其实是要不要开发的问题，而不是如何开发的问题。即使在经过科学的论证决定开发后，也要坚持必要限度原则，即任何开发都要以不改变自然景观的原始风貌为限度。

为了规范无序开发，要设定严格的责任制度，对于任何破坏资源的规划开发行为都依法追究责任。在对名胜古迹保护方面，我国立法将情节严

---

① 石培华：《关于进一步强化〈旅游法（草案）〉中规划内容的思考建议》，载《中国旅游法评论（第三辑）》，旅游教育出版社2014年版，第33页。

② 参见郑世卿、王大悟：《乌镇旅游发展模式解析》，载《地域研究与开发》2012年第10期；李凌：《江南古镇乌镇旅游开发再探》，载《北方经济》2010年第11期。

重的行为界定为犯罪。《刑法》第三百二十四条第二款有如下规定："故意损毁国家保护的名胜古迹，情节严重的，处五年以下有期徒刑或者拘役，并处或者单处罚金。"《刑法》的规定针对的是具有重要历史文化价值的古迹，但是对某些历史文化村、镇、街、区进行文化毁灭式的开发，其危害性比损害单处文物古迹更为恶劣，但是我国立法却没有追究有关人员的法律的规定，法律规定的不足使类似行为的发生无所顾忌。笔者认为，即便不能从刑法的角度进行制裁，也至少应从行政法规的角度规定对有重要价值的旅游资源进行无序开发的法律责任，并设定开发中异议人可申请中止开发的程序，以使优质的旅游资源不再遭到恶意的破坏。

二、清理整顿挂靠承包[①]

（一）历史调控

近年来，我国对挂靠承包的法律调整措施逐步完善。最初，1996 年国务院颁布的《旅行社管理条例》中对旅行社的企业性质和法人资格并没有做出硬性要求。该条例第十五条规定："旅行社每年接待旅游者 10 万人次以上的，可以设立不具有法人资格的分社……" 在旅行社和分社的关系上应当做到"四个统一"，即统一管理、统一财务、统一招徕、统一接待。同年 11 月，国家旅游局颁布的《旅行社管理条例实施细则》第二十七条规定：旅行社根据业务经营和发展的需要，可以设立非法人分社和门市部（包括营业部）等分支机构。第三十一条也提出对"四个统一"的具体要求。2001 年，针对国务院新修订的《旅行社管理条例》，国家旅游局颁布的《旅行社管理条例实施细则》第六十条规定了对挂靠承包行为的处罚措施，即以承包、挂靠或变相承包、挂靠等方式转让部分经营权的，可由旅游行政管理部门责令限期改正；有违法所得的，没收其违法所得；逾期不

① 有关论述可参见拙文：《旅行社承包挂靠问题的诱因分析与法律规制》，载《旅游学刊》2012 年第 4 期，第 109—111 页。

改的，处以十五天至三十天停业整顿，可以并处人民币五千元以上二万元以下的罚款；情节严重的，由旅游行政管理部门吊销其许可证。

国务院 2009 年颁布的《旅行社条例》第十一条第二款规定："旅行社服务网点应当接受旅行社的统一管理，不得从事招徕、咨询以外的活动。"同时将挂靠承包行为表述为"转让、出租、出借旅行社业务经营许可证"。对此类行为，可由"旅游行政管理部门责令停业整顿一个月至三个月，并没收违法所得；情节严重的，吊销旅行社业务经营许可证。受让或者租借旅行社业务经营许可证的，由旅游行政管理部门或者工商行政管理部门责令停止非法经营，没收违法所得，并处十万元以上五十万元以下的罚款"。同年 4 月，国家旅游局颁布了《旅行社条例实施细则》，对相关责任作了进一步的明确，该细则第十八条规定：旅行社分社及旅行社服务网点，不具有法人资格，以设立分社、服务网点的旅行社（以下简称设立社）的名义从事条例规定的经营活动，其经营活动的责任和后果，由设立社承担。第二十五条规定："设立社应当与分社、服务网点的员工，订立劳动合同。设立社应当加强对分社和服务网点的管理，对分社实行统一的人事、财务、招徕、接待制度规范，对服务网点实行统一管理、统一财务、统一招徕和统一咨询服务规范。"第二十七条规定："旅行社业务经营许可证不得转让、出租或者出借。旅行社的下列行为属于转让、出租或者出借旅行社业务经营许可证的行为：（一）除招徕旅游者和符合实施细则第三十四条第一款规定的接待旅游者的情形外，准许或者默许其他企业、团体或者个人，以自己的名义从事旅行社业务经营活动的；（二）准许其他企业、团体或者个人，以部门或者个人承包、挂靠的形式经营旅行社业务的。"由此可见，我国旅游行政主管部门从未放弃对挂靠承包行为的监管，多年来，道和魔谁高一尺，谁高一丈的较量一直在持续。

我国《旅游法》第三十条规定，旅行社不得出租、出借旅行社业务经营许可证，或者以其他形式非法转让旅行社业务经营许可。出租、出借旅行社业务经营许可证，或者以其他方式非法转让旅行社业务经营许可的，除依照规定处罚外，并责令停业整顿；情节严重的，吊销旅行社业务经营许可证；对直接负责的主管人员，处二千元以上二万元以下罚款。可见，我国对于旅行社挂靠承包行为一直采取较为严厉的整治打击态度。近年来，全国各地除贯彻执行国家旅游局的文件精神外，还出台了一系列更具有可操作性的通知和方案，具体措施涉及旅行社和旅行社经理信用档案制度、违规违纪公告制度、导游人员执业过程实行计分制和IC卡管理、旅行社门市部的专门管理制度，如劳动合同、账户、业务联网以及旅行社挂靠承包行为的自查自纠等，但是治理效果仍不尽如人意。

上述现实状况决定了我们对旅行社挂靠承包的整治应该进一步遵循法治精神，熟练运用经济法和商法的规则来查处挂靠承包，并促成对问题的根本解决。

（二）具体措施

1. 认定标准

在实践中，挂靠承包关系具有极强的隐蔽性，在认定上较为棘手。笔者认为，认定行为的属性需要完整考虑行为的各构成要件。从法学的角度来分析，对一个行为定性一般要从四个方面的构成要件来判断，即主体、主观方面、客观方面和客体。在认定挂靠承包问题上，我们应该以这四个要件为标准进行综合评定。

第一，主体标准——无实质上的劳动关系。挂靠承包与正式聘任的本质区别就在于双方是否存在劳动合同关系。但实践中，可能道高一尺魔高一丈，旅行社往往与挂靠承包经营者签订了一份不实际履行的劳动合同。这样，我们在判定是否存在劳动关系问题上就不能单纯以一纸劳动合同为依据，还应分析双方是否存在实质上的劳动关系，如旅行社是否为对方缴纳“三险一金”、是否进行定期的员工培训、是否为对方办理了相应的注册登记手续等。另外，还有一种情况，就是旅行社的营业网点运营资金由旅行社提供，旅行社雇用他人来经营，虽然双方没有签订劳动合同，但实质上的劳动关系是存在的，对于这种情况则不应该认定为挂靠承包。第二，主观方面标准——存在欺诈故意。从主观方面看，挂靠承包经营者存在假借旅行社的商业名称进行营业的故意，相关证据可通过其与旅游者签订的合同以及相关的附属文件资料如电话、电子邮件、收据中体现出来。

当然，人的内心活动还是要通过外在行为来判断的，这里主要关注的是挂靠承包经营者是否发出足以使旅游者误认的意思表示。第三，客观方面标准——实施隐瞒欺诈行为。在认定中，客观方面标准至关重要，它是挂靠承包经营者具体行为的表现形式。对此，我们可以从以下几个方面来判断：强调以分配为核心内容的“四要素”。在《旅行社条例》和国家旅游局的行政规章中，一直强调旅行社与分支机构的“四统一”，这是在挂靠承包问题认定上的重要标准，其中最核心的部分是利润的分配方式和账目的处理。由于挂靠承包经营者要缴纳所谓的“承包费”，这笔费用可以在旅行社与“网点”的往来账目中体现出来。同时，挂靠承包经营者往往通过旅行社代开发票，这样需要将发票金额与旅行社的收入账目相对照检查，只要一查到底，最终必定能够从账目的突破口来确定旅行社与挂靠承包方的真实关系。服务缩水是挂靠的必然结果，由于挂靠承包经营者往往通过低价揽客、拼团、改变行程、降低服务标准、强制购物等方式来获取非法利润，以此来弥补挂靠承包成本，获取利益，因此如果服务网点的经营者无所顾忌地从事类似的行为，就存在挂靠承包经营的可能性。第四，客体标准——损害旅游市场秩序和旅游者权益。挂靠承包是一种严重扰乱旅游市场秩序的行为。在对行为的认定上，我们还需要考虑在具体的行为中，究竟造成了哪些社会危害和不良影响。当然，这种危害也许不是现实的危害，但是必定会对国家所保护的某类社会关系造成损害。

2. 主要方法

笔者认为，对旅游市场挂靠承包行为的整治应该包括多重方式，既要止恶又要扬善，使旅游行业的经营者能够以文明、有序、健康、完善的姿态参与市场竞争，基本做法应该是疏堵结合。

第一，疏——引导旅行社守法经营。

挂靠承包本质上是具有社会危害性的违法行为。对这一问题治理的最终目标是使旅行社放弃这种饮鸩止渴的经营方式，因此从某种角度进行疏导是必要的。具体可采用以下做法：

纳入等级评定否定性指标。以北京市为例，2007 年 4 月北京市颁布实施了《旅行社等级划分与评定》地方标准。虽然该标准在对 3A/4A/5A

级的旅行社评定中提到了“四统一”的要求，但是对于出现诸如挂靠承包问题的旅行社在评级上的影响并不明确。原有标准主要关注的是旅行社的规模、业绩和设施，这些可以称之为硬件，但是要实现旅游产业“质”的提升，也应该同时关注软件即服务质量。因此，应考虑在评定标准上改变过去主要靠接待客流量和营业收入作为标准的做法，将诚信记录也作为主要的评价指标，对于发现存在挂靠承包行为的旅行社降低其质量等级，从而激励旅行社自主规范经营。更严格的做法，甚至可以考虑一票否决。在这种情况下，旅行社搞挂靠承包的风险成本就急剧增加了，使它们再如此行事的时候会心存畏惧。

建立诚信承诺制度。承诺是一种自我约束，虽然承诺本身不能够消除实施违法行为的动机，但是按照契约理念，承诺对不法行为的惩罚增添了筹码。落实诚信承诺制度需要按照层层负责的机制，落实承诺主体，并在一定的范围内予以公示，这样也能够通过社会压力降低实施不法行为的动力，当然承诺的意义更在于在违反承诺情况下责任的承担，这需要执法部门对违反承诺的行为按照规章坚决处理，使承诺不变成儿戏。

建立奖优罚劣制度。实践证明，良好的评价机制会带来很好的示范效应。对于一贯诚信守法经营的旅行社进行表彰，可以进一步鼓励其再接再厉；对于违法经营的旅行社，可通过荣誉减损的方式进一步压缩乃至剥夺其获利的空间。在一定情况下，可以采用“一票否决”的形式，使越雷池的旅行社被逐渐驱逐出市场。

第二，堵——促使挂靠双方无利可图。

治理挂靠承包的有效方式之一是加强信息披露。具体措施包括：

建立旅游交易管理平台。在信息化时代，网络资源为信息的获取提供了巨大的便利，通过网络平台进行缔约可使旅游活动的全部信息有据可查，做到事前监管，并为事后处理提供证据。各地旅游行政主管部门可通过建立相应的网路，要求本区域内的旅行社、导游、车辆、旅游者必须在统一的平台上完成交易。同时建立旅行社门市部与导游员数据库网络管理平台，使旅游者在签订旅游合同时可以了解出团导游的资质和信用等级，对旅游服务的所有要素尤其是履行本次合同的主体信息一览无余，这样既能保证旅行社诚信经营，又能保存以后查处挂靠承包行为的证据，最终使挂靠承包经营者逐渐失去市场客源。在技术处理上，可要求在旅游合同附件中出具本次旅游服务接待人员的工作情况信息确认单，交由旅游者保管和监督，这一单据极大增加了挂靠承包经营者对违法行为隐匿的成本，同时单据可以成为处理日后可能出现的问题的证据。

调整《旅游合同示范文本》中的信息披露内容。2014 年原国家旅游局《团队境内旅游合同（示范文本）》《团队境外旅游合同（示范文本）》都没有关于出具本次合同实际履行人确认的条款要求。对此，可考虑增加信息披露的内容，如可在示范文本第二章合同的订立第二条“旅游行程单”中规定导游人员的信息披露事项，并在示范文本中加入如下内容：“组团社确保亲自履行合同内容，并选派本社具有资质的导游人员从事本次导游服务，承接网点和导游人员身份信息如下……”这样，更便利于旅游行政主管部门和旅游者进行监督。

引导消费者积极举报违法行为。首先，可通过报纸、电视、网络等媒体，向消费者提供各类信息，引导他们正确消费，保护自己的合法权益；其次，建立举报奖励制度。此前，全国各地税务机关推出的发票中奖制度，就在很大程度上推动了消费者索要发票的积极性，从而为打击偷税漏税做出贡献。类似的做法可以借鉴，通过鼓励对挂靠承包行为的举报及时查处违法经营。

三、正确对待“不合理低价”

多年以来，作为中国旅游市场经营顽疾的“零负团费”问题，一直困扰着各级旅游政府主管部门。各级政府主管部门也一直尝试通过各种手段制止这类行为，但效果均不佳。2015 年 4 月 12 日发生的云南省昆明市某旅行社导游陈某某因不满意游客购物消费少，在旅游车上对游客进行辱骂的事件（以下简称“4・12 导游事件”）再一次把这个问题推到了风口浪尖。同期，国家旅游局还针对途牛旅游网和其他旅行社之间的低价竞争纠纷，专门约谈了途牛旅游网。类似的做法林林总总，不一而足。可见，以“零负团费”为表征的不合理低价组团一直是中国旅游市场上一个剪不断、理还乱的问题。

（一）认识视角

此前，很多学者都在研究如何对“零负团费”进行治理的问题，如加大查处力度、健全导游的薪酬机制、改变旅游市场利益分配机制等。有学者提出：“在零负团费问题的治理研究中介入利润转移论，目的就在于通过改变零负团费经营方式的运行条件，切断其利润补偿渠道，使旅行社回归正常接待模式，从而在根本上达到逐步消灭零负团费现象的目的。”[①] 这些研究对于遏制“零负团费”，整顿旅游市场秩序起到了一定的积极作用。但是笔者认为，不合理低价组团问题久治不绝，必定存在其深厚的社会基础，仅仅靠打压是不够的，对此我们既要弄清它在整个旅游市场利益链条中的地位，还要以法治精神进一步明确处理态度和方法。

认清“不合理低价”的本质属性。在某些旅游行政管理部门看来，不合理低价组团使得旅行社对旅游者实施欺诈、强迫等行为在所难免，低价揽团是万恶之源。但实际情况是否如此呢？我们知道，低价揽团及其引发的问题发生在旅游合同订立和履行过程中，这样对不合理低价组团的认识不能脱离合同法的基本视角。按照《旅游法》的表述，低价的不可接受性在于其不合理，但是如何认定不合理，原国家旅游局认为界定标准是“低于接待和服务费用的价格或者行业公认的合理价格提供旅游服务，且无正当理由和充分证据证明”，“低于接待和服务费用的价格”可以看成“零负团费”，但是对“行业公认的合理价格”的认定却会出现歧义。从合同法的角度来看，“不合理低价”是旅行社在缔约过程中提出了不对等的合同条件，即在大多数情况下以低于自己的实际运营成本为条件来缔结合同，从而吸引旅游者缔约并以此抢占市场份额。对于“行业公认的合理价格”，按照合同法的意思自治原则，只要在缔约过程中不存在双方违背自己真实

---

① 马立萍、吴彦勤、何树称：《基于利润转移论介入的旅游零负团费治理新探索》，载《商业时代》2011 年第 17 期，第 120 页。

意思表示，合同的条件只要不违反强行法规定的情况，合同就是有效的，国家公共权力应不予干涉。因此，有学者认为，所谓“‘零负团费’本身是旅行社的市场行为，也是其生存手段。客观上来说，‘零负团费’让消费者出游门槛降低了，同时又以行业默认的购物方式，让旅行社和导游通过收取佣金平衡支出。而在现实生活中，与‘零负团费’模式相匹配的旅游产业‘消费心理’和旅游产业的法律保障却没有跟上”[①]。这种看法是有道理的。从行政法和合同法的角度来看，我们有权力制止“零负团费”产生的根源和旅行社后续的违法行为，但是却没有权力直接取缔“零负团费”的合同本身，因为存在“零负团费”合同其实并没有违反《民法典》的规定，“零负团费”并不具有原罪，这种做法的后续不当行为才是问题的症结所在。我国《旅游法》没有使用“零负团费”字样，而采用不合理低价的表述，但是这不但没有解决问题，反而带来如何认定“低价”是“不合理”的新问题，同时也无法绕开试图通过对合同行为硬性干预而扭转市场秩序混乱局面的固有逻辑。

通过上面的分析可以看出，单纯地制止低价揽团并无法理依据，“‘零负团费’和各种违规经营现象都属于‘标’，关键之‘本’在于建立旅游质量的保障机制，要达到这个目标，仅仅通过整治‘零负团费’是无法实现的”[②]。按照契约观念的要求，在现代市场治理问题上，政府强制的权力应该适度收缩。在任何一个市场经济国家，都需要按照客观经济规律办事，否则会欲速则不达。可以说，对被认定为不合理低价组团的行为的一律简单制止，不仅不是正当的执法活动，而且强行干预了某些正当的营销活动。在很多时候，旅行社的低价揽团很难判定其合理还是不合理，其与欺诈、强迫等行为并无必然联系，即使没有实行低价揽团，旅行社也仍然有可能实施不当行为，我们不要忘了逐利始终是市场主体行为的主要动机。我们

---

① 周蕊、陈爱平：《旅游法草案对“零负团费”说“不”，旅游团消费何去何从》，https://fashion.ifeng.com/a/20120903/17309721_1.shtml，最后访问日期：2020 年 7 月 25 日。

② 高舜礼：《旅游“零负团费”顽疾为何久治不愈》，载《中国经济周刊》2007 年第 38 期，第 34 页。

不当的逐利行为需要制止，但要恰如其分，否则有可能挫伤无辜。从我国《旅游法》第三十五条的规定来看，也没有绝对禁止“零负团费”，而是禁止以“零负团费”为手段组织旅游活动，诱骗旅游者，并通过安排购物或者另行付费旅游项目获取回扣等不正当利益的行为。可见，此前我们一直坚持的打击取缔不合理低价组团的主张在一定程度上是一个伪命题。

（二）具体措施

1. 通过法律的综合治理

那么，我们是否对低价揽团的行为采取放任不管的态度呢？只要我们深刻洞察中国旅游市场运营特有逻辑，我们会得出绝不能听之任之的结论。此前，对待“不合理低价”问题，我们一直认为它是侵害旅游者权益之“因”，只要消除这一“因”就不会有后面欺诈、强迫等行为的“果”，但是迄今为止，这一“因”根本无法杜绝，因此后面的“果”也一直源源不断，这就需要我们换一个视角来考虑问题。在此，我们可以回顾一下“零负团费”模式下从合同订立到履行的全过程，从法律上的因果关系角度，对于旅游者来讲，旅行社一方在旅游合同履行过程中实施的欺诈、强迫行为是旅游者遭受财产乃至人身损害之“果”的各种“因”，如果我们采取更直接、更有力的手段来惩治这些行为，则“不合理低价”的做法早晚会不攻自破，也就是说我们只有让不法经营者自食其“毒树之果”，才能从根本上铲除其“种树之因”。同时，我们不要指望“不合理低价”现象的杜绝会毕其功于一役。相反，我们可以暂且将不法经营者这一不符合常理的缔约行为放到一边，重点通过对后续不法行为的严厉惩处加大其违法成本，从而达到敲山震虎的目的，最终使不法业者逐渐形成“不合理低价”乃不可僭越的高危行为的共识。基于上述考虑，我们的思路应该是通过规范旅游合同履行中的行为，消除“不合理低价”产生的各种诱因，以达到维护旅游者合法权益的目的。对待“不合理低价”行为我们应坚持契约治理的模式，按照法治的精神不折不扣地启动《民法典》《旅游法》《反不正当竞争法》和《劳动法》等不同部门法律分工配合调控的五驾马车，使它们并驾齐驱，最终使“不合理低价”销声匿迹。

第一，从合同法的角度来看，应该大力弘扬旅游者的契约精神，在“4·12导游事件”发生后，社会舆论上有很多言论指责将视频传到网上的旅游者，认为其参加低价团已经占了便宜，不应该再如此对待导游。其实，无论参团费用多么低廉，都是旅行社一方自愿提出的合同条件，按照“契约必须遵守”的合同法原则，旅游者只要不存在违约行为，其要求对方履行自愿订立的不对等合同的行为并不违反《民法典》的规定。因此，我们对旅游者的此类行为应大力提倡，旅游者对于旅行社的任何不法行为都可通过追究其违约责任来实现对自己权利的维护。在“不合理低价”的经营模式下，经营者的利润来源来自安排购物和增加自费项目，按照合同法的理念，对于未在旅游合同中列明的事项，都属于违约行为，因此《民法典》构成了拦阻经营者违法行为的底线。

第二，从《民法典》的角度来看，旅行社一方在“不合理低价”模式下的欺诈、强迫行为构成侵权行为，严重的话还可构成强迫商品交易罪等犯罪行为。我国《消费者权益保护法》第二十七条还规定：“经营者不得对消费者进行侮辱、诽谤，不得搜查消费者的身体及其携带的物品，不得侵犯消费者的人身自由。”在“4·12导游事件”中，导游人员对旅游者使用侮辱性语言已经涉嫌对他人名誉权的侵害，尽管旅游行政主管部门对导游人员和旅行社进行了行政处罚，但这仍不影响旅游者要求其承担侵权责任。

第三，从《旅游法》的角度来看，《旅游法》规定了对违反第三十五条规定行为的处罚。该法第九十八条规定，对于旅行社违反第三十五条规定的，“由旅游主管部门责令改正，没收违法所得，责令停业整顿，并处三万元以上三十万元以下罚款；违法所得三十万元以上的，并处违法所得一倍以上五倍以下罚款；情节严重的，吊销旅行社业务经营许可证；对直接负责的主管人员和其他直接责任人员，没收违法所得，处二千元以上二万元以下罚款，并暂扣或者吊销导游证、领队证。”此外，作为行政法规的《导游人员管理条例》也有相关的规定，该条例第十五条规定：“导游人员进行导游活动，不得向旅游者兜售物品或者购买旅游者的物品，不得以明示或者暗示的方式向旅游者索要小费”；第十六条规定：“导游人员进行导游活动，不得欺骗、胁迫旅游者消费或者与经营者串通欺骗、胁迫旅游者消费。”关于法律责任，该条例第二十四条规定：“导游人员进行导游活动，欺骗、胁迫旅游者消费或者与经营者串通欺骗、胁迫旅游者消费的，由旅游行政部门责令改正，处1000元以上3万元以下的罚款；有违法所得的，并处没收违法所得；情节严重的，由省、自治区、直辖市人民政府旅游行政部门吊销导游证并予以公告；对委派该导游人员的旅行社给予警告直至责令停业整顿；构成犯罪的，依法追究刑事责任。”如果我们在实践中能够严格执行立法的规定，就会取得良好的社会效果。在“4·12导游事件”发生后，旅游行政主管部门能够迅速介入，从严从快处理，对导游陈某某做出吊销导游证的行政处罚，其今后将不得从事导游工作；对涉事的昆明某旅行社予以没收非法所得，并处五万元罚款，停业整顿六个月的行政处罚；并对涉事企业法人、总经理、分管副总经理分别处二万元罚款。这一处理结果在全国起到了极好的示范效应，也对试图以身试法者起到极大的警示作用。此后，原国家旅游局因势利导，开展了面向全国集中受理旅游市场违法违规案件举报的活动，即从2015年5月9日起，任何人都可以采取在线和信函举报两种形式，向原国家旅游局监督管理司提供证据实名举报旅游市场违法违规行为。

第四，从《劳动法》的角度来看，“不合理低价”的产生与现行的导游、领队薪酬机制之间存在一定的关联，由于导游、领队从事导游服务没有基本薪酬保障，就会在很大程度上从安排购物或自费项目的回扣中获取利益。同时，旅游行业经营的季节性和时效性特点决定了在用工方式上与其他行业也存在显著不同，实践中旅行社和导游在很多时候都并不情愿签订固定的劳动合同：对于旅行社来讲，它们不愿意在旅游淡季还要为固定的导游发放工资；对于导游来讲，在旅游旺季他们也不希望被一家旅行社牢牢拴住。因此，强调旅行社均要与导游签订固定期限的劳动合同是不切实际的，在实践中也难以落实。从相关立法来看，我国《旅游法》第三十八条规定：“旅行社应当与其聘用的导游依法订立劳动合同，支付劳动报酬，缴纳社会保险费用。旅行社临时聘用导游为旅游者提供服务的，应当全额向导游支付该法第六十条第三款规定的导游服务费用。旅行社安排导游为团队旅游提供服务的，不得要求导游垫付或者向导游收取任何费用。”《旅游法》第六十条第三款规定：“安排导游为旅游者提供服务的，应当在包价旅游合同中载明导游服务费用。”可见，《旅游法》的规定实际上是将旅行社与导游人员间的劳动关系界定为两种情形：存在固定劳动合同关系的用工和建立临时聘用关系的用工，相应的规定也是契合《劳动法》的规定的。在薪酬问题上，我们所要做的是严格执行《旅游法》的上述规定。2015 年 7 月，原国家旅游局会同人力资源社会保障部、中华全国总工会联合发布了《关于进一步加强导游劳动权益保障的指导意见》，其中一个最重要的举措就是开展导游劳动报酬集体协商和指导性标准制定的试点工作，从而进一步推进了科学的导游薪酬体系的建立，但是正如我国其他立法的实效问题一样，指导意见的立法层级和规范模式本身决定了其实施效果不容乐观，如果没有配套的直接强制性机制和明确的利益引导机制，很多内容最终也会难以落实。

我们应该看到，根据按劳分配的原则，导游人员的利益取得应该和其劳动付出相匹配。在西方国家，服务行业的从业人员取得小费是其劳动所得的重要组成部分，小费体现了服务对象对服务者付出劳动的尊重和认可。在我国，由于没有形成支付小费的文化，很多时候是经营者强索小费，旅游者普遍不愿意付出小费，这种互信和尊重的缺乏在一定程度上对欺诈和强迫行为的产生推波助澜。目前，我国立法对小费基本上持反对态度，《旅游法》第四十一条规定导游和领队不得向旅游者索取小费，不过立法并没有禁止导游和领队接受旅游者主动给付的小费，因此在通过强行法对欺诈、强迫行为进行遏制的基础上，培育服务行业的小费文化在一定程度上符合世界各国服务行业通行的做法，这也应该成为我国旅游商业文化建设的一个发展趋势。

2. 严厉打击非法“回扣”

在对待低价揽团问题上，我们应该改变过去治理的逻辑思路，秉承契约精神，着重规制整个旅游服务过程中存在违法行为的各个环节。我们需要砍去“不合理低价”的毒树之果，这样毒树的存在就会变得毫无意义。因此，“不合理低价”治理的基础在于对其延伸行为——非法“回扣”的治理。

（1）“回扣”的法律属性

在中国旅游市场经营中，旅游经营者通过回扣赚取利益来源已经是公开的秘密，在很多人看来，“回扣”是中国旅游市场经营者利润的主要来源，也是造成中国旅游市场行为失范的罪魁祸首。通常我们所说的回扣，是指旅游经营者基于其他经营者为自己提供的商业机会，从由此所获得的收益中，拿出部分作为回报返还给商业机会提供者。在英文中，常常用“commission”一词来指代我们所说的回扣，它的另一个译法是佣金，《元照英美法词典》将“commission”解释为：“给予销售代表、店员以及其他雇员额外收入（称为销售佣金）的一种支付方法，这种佣金高于正常的工资或薪水，以鼓励他们尽量推销商品。”[①] 基于这样的认识，在国外很多国家的立法中，收取佣金本身并不是违法的，它往往被看成合法的劳动所得，甚至是一种鼓励营销的措施，佣金乃至“回扣”本身也并不具有原罪。从商法的角度来看，提供商业机会本身是一种劳动付出，按照权利和义务相一致的原则，机会提供者获得一定的对价是有法理基础的。从这个意义上来讲，“回扣”本来是个中性的概念，它几乎和消费是一对孪生兄弟，是基于消费而产生的利益再分配方式。在我国当下的旅游活动中，“回扣”在其本意之外还具有某些超乎寻常的意义，“回扣”类型多样：根据其发生的领域，可分为旅游购物“回扣”、组织自费项目“回扣”和参观景点门票“回扣”；根据其获取的形态，可分为入账“回扣”和账外暗中“回扣”；以是否损害雇主（旅游者）利益为标准，可分为欺诈“回扣”和佣金“回扣”。

我国现行立法对于旅游“回扣”采取的是明确反对的态度。《旅游法》第三十五条明确规定了旅行社不得获取“回扣”等不正当利益。对于何谓“回扣等不正当利益”，国家旅游局 2013 年 12 月发布的《关于严格执行旅游法第三十五条有关规定的通知》将其解释为：“旅行社或者其从业人员违反反不正当竞争的有关规定，或者通过诱骗、强迫、变相强迫旅

① 薛波主编：《元照英美法词典》，法律出版社 2003 年版，第 255 页。

游者消费，收受的旅游经营者以回扣、佣金、人头费或者奖励费等各种名义给予的财物或者其他利益，应认定为‘回扣等不正当利益’。”通过国家旅游局的解释我们可以看出，现行立法反对的是以牟取不法利益为基础的“回扣”，即将“回扣”作为从事不法交易的条件，正是有了“回扣”之因，才有强迫、欺诈消费之果。可见，在我国“回扣”已经成为一个贬义词，它常常被和后续的不法行为联系在一起，在旅游主管部门看来，禁止“回扣”就可以遏制住侵害旅游者权益的一系列恶意的强迫、欺诈消费行为。这其实仍然是犯了一个因果关系倒置的错误。综观旅游“回扣”消费的整个环节，我们可以将其概括为“回扣三部曲”：第一步是旅行社与旅游景点或购物场所事先达成一个大多为默示形式的协议；第二步是旅行社一方带领旅游者进行消费；第三步是旅游景点或购物场所向旅行社返还“回扣”金额。“回扣”之所以能够获得，一个基本的前提条件是旅游景点或购物场所能够获取利益，无利益则无“回扣”。这样，如果这种利益是适当合理的利益，则我们根本不需要制止；如果这种利益是不适当的，则我们规范的重点应该是旅游者在消费环节的权利义务是否对等以及旅游者的利益是否受到实际损失，然后通过制止不当利益的获得来保障旅游者的利益。由此看来，不分情况禁止一切形式的“回扣”并不符合社会现实，实际上也很难做到，我们应该制止的是恶意侵害旅游者利益的“回扣”。

（2）非法“回扣”的治理

对于当下的中国旅游市场来说，旅游“回扣”的确在很大程度上成为旅游经营者获利的主要形式，是他们的主要生存之道。对此，我们还可以从合同法的角度来加以分析：首先，合同履行中佣金方式的采用并不必然导致合同的欺诈。在正常情况下，导游人员带领旅游者参观或购物，为旅游服务或商品的提供者带来了商业机会，也为旅游者提供了方便，如果商品本身没有瑕疵，价格也合理，那么给付和收取“回扣”也并无不妥，因为合同的结果是三方互利的。其次，“回扣”之所以变得邪恶，在于这种营销方式被不当利用，即导游人员通过强迫行为或与其他商品或服务经营者共谋欺诈，以质次价高的商品或服务来强制或哄骗旅游者，然后再共同分享由此产生的不正当利益。欺诈或强迫行为本身侵害了旅游者的利益，这是违法“回扣”第一个层面的问题。需要指出的是，有关提供旅游商品或服务环节的违法行为，我国《旅游法》第五十一条还规定：“旅游经营者销售、购买商品或者服务，不得给予或者收受贿赂。”该法条是规制旅游活动中商业贿赂的规定，商业贿赂的本质特征是不正当竞争，即通过给予交易对象额外的交易条件（主要是金钱财产），鼓励对方与自己进行交易，从而进一步占有市场份额，排斥竞争对手。依据这条规定，如果旅游景点或购物场所向旅行社账外暗中返回扣，也属于商业贿赂行为。这是违法“回扣”第二个层面的问题。

非法“回扣”的双重属性决定了我们对其进行惩治的两条路径：第一条是反不正当竞争法的路径，即通过反不正当竞争法打击旅游景点或购物场所的商业贿赂行为，以净化市场环境。但是，在旅游市场上这种行为只有达到了通过给予旅行社“回扣”大量占有市场份额、损害其他旅游景点或购物场所的利益的情况下才能够被认定，而实践中提供“回扣”的旅游景点或购物场所的行为动机往往是对自己的产品进行促销，尤其是通常表现为和旅行社的共谋，其目的是直接获利，通过“回扣”抢占市场份额并不是其行为的最终目标，因此，这并不是我们遏制“回扣”路径的重点。第二条是消费者权益保护法的路径。一方面我们需要强化旅游经营者的责任。按照《消费者权益保护法》第五十五条的规定：经营者提供商品或者服务有欺诈行为的，应当按照消费者的要求增加赔偿其受到的损失，增加赔偿的金额为消费者购买商品的价款或者接受服务的费用的三倍。另一方面可以通过连带责任的规定，扩大责任主体范围，使旅行社承担同样的责任。2014 年原国家旅游局、原国家工商行政管理总局《团队境内旅游合同（示范文本）》（GF–2014–2401）第六章第十七条“旅行社的违约责任”第五项规定：“旅行社有以下情形之一的，旅游者有权在旅游行程结束后 30 日内，要求旅行社为其办理退货并先行垫付退货货款，或者退还另行付费旅游项目的费用：（1）旅行社以不合理的低价组织旅游活动，诱骗旅游者，并通过安排购物或者另行付费旅游项目获取回扣等不正当利益的；（2）未经双方协商一致或者未经旅游者要求，旅行社指定具体购物场所或者安排另行付费旅游项目的。”同时发布的《团队境内旅游合同（示范文本）》（GF-2014-2402）在出境社的违约责任方面也做了同样的规定。不过上述两个范本并非强制采用的合同文本，因此如果旅行社不采用这样的范本，则无从将其作为追究旅行社责任的依据，因此我们还必须将这一问题上升到立法的层面来考量，以消费者权益保护领域的法律法规遏制非法“回扣”。

按照这样的思路，对于非法“回扣”问题的整治就从严厉禁止各种形式的“回扣”转变到规范旅游商品和服务的质量上来，我们需要从源头上规范旅游商品或服务的质量和价格，通过立法强化旅行社与旅游商品或服务提供者共谋的法律责任。相反，如果旅游商品或服务的质量和价格没问题，那么是否收取“回扣”并不影响旅游者的利益，此前我们认为的收取“回扣”就一定会提供质次价高的商品或服务的观点存在有罪推定之嫌。可见，在对待“回扣”的问题上也应该坚持契约精神，判断导游人员的行为合法与否严格以旅游合同作为基础，通过确定其是否存在违约行为来判断是否需要追究其法律责任。以往，我们往往以“回扣”是否入账作为判断其是否合法的标准，如此前有些地方尝试建立通过公对公系统进行结算以防止导游收取账外“回扣”的做法，但都没能从根本上解决问题。笔者认为，即使收取回扣方将“回扣”金额入账，只要能够有证据证明导游和商品或服务的提供者存在共同欺诈的故意，损害了旅游者的利益，那么仍然要追究其违约责任。另外，由于回扣与旅游者的利益密切相关，他们在维护自己的权利问题上本来就存在天然的动力，因此我们还需要通过各种途径引导旅游者积极理性维权。随着旅游市场的进一步发展和旅游消费群体的逐步分化，对于传统旅游产品的需求会发生变化，也会衍生出不同的产品销售渠道，使旅游市场上存在不同经营者的竞争，我们更应该注意到这一新的态势，通过规范竞争秩序来进一步压缩传统的“回扣”式经营模式的生存空间。此外，在国外有些国家，为了防止欺诈行为的产生，政府明确规定的旅游商品经营者销售的商品应该是较少金额的纪念品，这样也能够在源头上遏制巨额欺诈购物行为的产生，类似做法也有一定的借鉴意义。

四、明确规范门票价格

（一）法律依据

2015年3月，原国家旅游局启动了针对旅游景区行业为期三年的创建“全国承诺旅游价格信得过景区”活动，由景区自主选择加入承诺并接受社会监督，同年5月25日原国家旅游局发布首批1801家“全国承诺旅游价格信得过景区”名单，这些景区要在六个方面做出承诺：“一是全面实行一票制；二是景区不存在价格欺诈行为；三是落实对老年人、青少年、学生、军人、残疾人等特殊人群的价格优惠政策；四是对预约门票实行价格优惠；五是自愿公布门票价格真实构成；六是承诺较长时间，如三年内保持门票价格稳定。”这一靠行业自律来维系门票价格的做法能否起到预期的效果我们拭目以待。在一个通过法治来进行社会治理的时代，我们更希望对门票涨价这一与旅游者利益密切的问题上，国家公共权力能够有所作为。

通过对大量的旅游市场失范行为的对比，我们可以看出，如果说大多数旅游市场失范行为存在暗箱操作，在规范上存在一定的难度，那么在对景区门票价格的调控上其实并不复杂。首先，对于景区门票价格行为，对行为的发现和确定一目了然，即使是存在多重售票的情况，由于收取门票行为都是明示的，因此对违规行为的确定不存在任何难度，不像前面提到的“回扣”和挂靠承包等问题在事实发现和证据固定上都存在较大难度。其次，对于门票价格问题相关的立法规定也相对明确，我国《价格法》第十八条规定，重要的公益性服务价格，政府在必要时可以实行政府指导价或者政府定价。该法第二十三条还规定：制定关系群众切身利益的公益性服务价格等政府指导价、政府定价，应当建立听证会制度，由政府价格主管部门主持，征求消费者、经营者和有关方面的意见，论证其必要性、可行性。作为旅游基本法的《旅游法》第四十三条也规定：“利用公共资源建设的景区的门票以及景区内的游览场所、交通工具等另行收费项目，实行政府定价或者政府指导价，严格控制价格上涨。拟收费或者提高价格的，应当举行听证会，征求旅游者、经营者和有关方面的意见，论证其必要性、可行性。利用公共资源建设的景区，不得通过增加另行收费项目等方式变相涨价；另行收费项目已收回投资成本的，应当相应降低价格或者取消收费。公益性的城市公园、博物馆、纪念馆等，除重点文物保护单位和珍贵文物收藏单位外，应当逐步免费开放。”第四十四条还规定，景区提高门票价格应当提前六个月公布。作为行政法规的《风景名胜区条例》第三十七条规定，风景名胜区的门票价格“依照有关价格的法律、法规的规定执行。”第三十八条还要求风景名胜区的门票收入和风景名胜资源有偿使用费，实行收支两条线管理，应当专门用于风景名胜资源的保护和管理以及风景名胜区内财产的所有权人、使用权人损失的补偿。具体管理办法，由国务院财政部门、价格主管部门会同国务院建设主管部门等有关部门制定。通过上述立法可以看出，旅游景区的票价管理从对象上应该分为两类：一类是利用公共资源建设的景区，其门票票价应该由政府管控；另一类是非利用公共资源建设的景区，其门票票价应该实行市场调节。这里我们重点研究的应该是利用公共资源建设的景区，即利用现有的自然和人文遗产资源建设的各类旅游景区的门票价格。与其他商品不同，这些景区门票价格并非景区价格的货币表现，景区的门票收入应主要用于资源保护和对利益相关者的补偿，而不具有营利性，因此通过门票价格来体现景区的价值不具有合理性，对其价格问题需要较为严格的法律规制。

（二）具体措施

实践中，我国景区门票价格一路走高，在于很多决定门票价格的具体问题没有得到很好地解决，在此我们逐一进行分析。

1. 监管主体

关于价格监管的主体，我国《价格法》第三十三条规定：“县级以上各级人民政府价格主管部门，依法对价格活动进行监督检查，并依照本法的规定对价格违法行为实施行政处罚。”该法第三十九条规定：“经营者不执行政府指导价、政府定价以及法定的价格干预措施、紧急措施的，责令改正，没收违法所得，可以并处违法所得五倍以下的罚款；没有违法所得的，可以处以罚款；情节严重的，责令停业整顿。”因此，旅游景区门票价格的监管部门应该是各级价格行政主管部门。文化旅游行政主管部门认为旅游景区存在价格不规范的行为，应该商请价格主管部门出面解决。

2. 监管范围

关于利用公共资源建设的景区的范围，首先，我们要搞清楚什么是公共资源，有学者认为公共资源是指“存在消费的非排他性，但同时又不存在消费的非竞争性的自然资源或由人类与自然之间物质变换转化而来的资源”[①]。就其属性来讲，公共资源具有非排他性和竞争性、使用目的的公益性、公众获得或者利用的平等性和范畴的历史性的特点。[②]笔者认为，公共资源具有公共性，即资源的所有权理论上由全体社会成员共同享有，而不是属于某个组织和个人所有。一般来讲，公共资源由国家通过其代表来行使管理职责。其次，公共资源应该涵盖作为人类社会发展共同基础的自然资源和社会历史文化资源，这些资源能够满足人类的生产、生活等各个方面、不同层次的需要。最后，公共资源的占有和使用应该体现其公益性，其利用应该体现全人类或本民族的共同福祉，而不能为少数人所独有。基于这样的认识，我们可进一步界定用公共资源建设的旅游景区。国务院国发〔2014〕31号《关于促进旅游业改革发展的若干意见》第四条第十五项曾有一个概括性的列举，该意见提到：“利用风景名胜区、自然保护区、文物保护单位等公共资源建设的景区门票以及景区内另行收费的游览场所、交通工具等项目价格要实行政府定价或者政府指导价，体现公益性，严格控制价格上涨……”通过该意见的规定可以看出，公共资源建设的景区至少包括风景名胜区、自然保护区和文物保护单位。在产权关系上，我国《民法典》物权编也明确了自然资源的国家或集体所有权。因此，按照

---

① 唐兵：《公共资源的特性与治理模式分析》，载《重庆邮电大学学报（社会科学版）》2009年第1期，第112页。

② 王舒明：《我国公共资源的法律控制研究》，西南政法大学2009年硕士学位论文。

现行立法，上述资源的产权关系基本是明确的，即均为国家或集体所有。此外，还有一些景区的人员和财产的权属结构比较复杂，对景区的公共资源属性界定上会存在一定的争议，这主要涉及一些历史文化古城、古镇和有人居住的岛屿等人文和自然景观。就我国的一些古城、古镇来讲，其门票的收取方法五花八门，如山西省平遥古城对游客不收取进城费，城内19景点3日有效的通票价格为150元；湖南省凤凰古城对游客收取进城费148元，可游览城内的全部10个景点；云南省丽江古城免门票，但是主要景点要凭80元的古城维护费缴费凭证才能入内；浙江省乌镇东栅景区的门票为100元，西栅景区为120元，联票为150元，仅为当日有效。就岛屿来讲，关于上岛费的规定也各不相同，如山东省蓬莱长岛没有上岛费，北线和南线的景点门票各100元，全线景点门票为150元；广西壮族自治区北海市涠洲岛的上岛费有115元，可游览岛上的全部开放景点；福建省厦门市鼓浪屿将游客上岛往返票价规定为30元、35元和50元三种价格，岛上景点通票为100元。可见，这些产权关系复杂、作为公共资源的古城、古镇、岛屿景区，在一定程度上已经被"私有化"。对于类似的具有相对多元产权关系结构的景区，世界上很少有国家将其由交非利益相关者的第三方占有和收益，并通过收取所谓的"进城费""上岛费"的形式赋予其垄断权力。在我国，历史文化古城和古镇是祖先留下来的历史文化遗产，岛屿则是全民所有的自然财产，也是原住民生活栖息的场所，属于公共资源。对这部分资源，国家应有效承担起管理和维护的职责，原住民的各项生活权利不可被剥夺和干涉，此类旅游景区的定价也应该由政府决定或主导，那种占山为王的管理理念和方式，是与法律规定相违背的，与现代法治精神背道而驰的。从门票收入的去向上看，在主要由传统民居组成的凤凰古城的148元门票中，县政府依法征收的各种税费为33元，剩下的由凤凰古城公司、南华山旅游公司等公司分成，古城的居民没有分到任何收益。地方政府和经营方拿走了全部利益的做法也违反了物权法的规定。在这方面，湖南省2011年颁布的《湖南省风景名胜区条例》第九条规定："风景名胜区内的土地、森林、滩涂、水流等自然资源和建（构）筑物等财产的所有权人、使用权人的合法权益受法律保护。申请设立风景名胜区的人民政府在报请审批前，应当与风景名胜区内的土地、森林、滩涂、水流等自然资源和建（构）筑物等财产的所有权人、使用权人充分协商，并征求同级人民代表大会常务委员会的意见。因设立风景名胜区对风景名胜区内的土地、森林、滩涂、水流等自然资源和建（构）筑物等财产的所有权人、使用权人造成损失的，应当依法给予补偿。"类似的经验和做法应该在国家立法的层面得到确认，各级地方政府更应该依法承担起公共资源利益相关者的权益保护者的角色。

3. 定价基础

在定价问题上，很多景区提出近年来的门票涨价是由于景区运营维护成本的提高、限制游客流量等，其实这种说法是不能完全站住脚的。首先，从限制游客流量角度来看，限制客流有多种方式，客观地说，对于异地旅游来讲，交通、食宿等方面的费用远大于门票的价格，很少有游客因为自己心仪的某一景区门票价格上涨而放弃去参观游览，如西藏布达拉宫的门票为 200 元，但是在旅游旺季可以被人为炒到千元且一票难求，但这仍然不会阻止游客参观的热情。实际上，很多景区的门票价格上涨后，短期内客流会有一定的影响，但是从长期来讲并不会有太大的变化，如果真的因为门票涨价就门可罗雀，那么景区门票涨价的动力就会不足。而且，限制客流有多种方式，如著名的意大利比萨斜塔，就采用每天分批次开放的形式进行限流。2015 年 6 月 13 日，北京故宫博物院开始试行每日限流 8 万人次，同时推广网络预售和实名制售票，以此来保护故宫文化遗产，让公众享受更好的参观环境。可见，限流和涨价之间并没有必然联系。其次，从运营维护成本的角度来看，门票价格与运营成本在理论上无必然联系。前面曾提到，从门票的价格属性来看，票价并非景区价值的货币表现，利用公共资源建设的旅游景区的价值几乎不能用金钱来衡量，景区本身不应该被当作可交易的商品，而是用来满足人们文化消费的公共产品，将门票收入用于维护景区的日常开支在逻辑上是错误的。从产权关系角度来看，对作为公共资源旅游景区的管理维护并非旅游景区的职责，相关的费用应该纳入国家的公共财政开支。因此，如果将景区门票与景区的维护管理费用相挂钩，那么门票涨价必将是一个永远无解的问题。利用公共资源建设的旅游景区门票的定价应该是政府的行政行为，而不能由旅游景区自身说了算；从门票价格的定价依据来看，我国旅游景区门票定价缺乏统一的标准，地方政府各自为政，定价与涨价具有极大的任意性。我们必须明确景区门票的定价基础，才能防止个别景区借管理维护之名浑水摸鱼哄抬门票价格。

4. 程序控制

关于门票涨价的程序，《旅游法》和《价格法》中都提到了听证程序。《旅游法》第四十三条规定："利用公共资源建设的景区的门票以及景区内的游览场所、交通工具等另行收费项目，实行政府定价或者政府指导价，严格控制价格上涨。拟收费或者提高价格的，应当举行听证会，征求旅游者、经营者和有关方面的意见，论证其必要性、可行性……"《价格法》第二十三条规定："制定关系群众切身利益的公用事业价格、公益性服务价格、自然垄断经营的商品价格等政府指导价、政府定价，应当建立听证会制度，由政府价格主管部门主持，征求消费者、经营者和有关方面的意见，论证其必要性、可行性。"上述规定仅设定了听证的程序要求，但是对于听证参与者的确定、听证的具体程序、听证对最终决定的影响等都没有做出明确的规定。这样，旅游景区门票价格调整听证实际上已经流于形式，听证对最终设想的决定的做出也几乎没有影响，经过听证后否定门票涨价的情况更几乎没有。如 2012 年 8 月，峨眉山旅游景区举行听证，拟将门票价格由现行旺季 150 元 / 人次调为旺季 187.5 元 / 人次（方案一）或 185 元 / 人次（方案二），当时参加听证的 21 名代表有 20 名同意涨价，只有 1 位听证会参加人认为景区门票应该调价，但建议暂缓调整，希望将日期推后。在这次听证中，"游山门票扣除各项税费后的 50% 左右要上缴峨眉山管委会，此外还需从门票总收入中提取 1.5% 和 3.5% 作为'景区新农村建设资金'和'景区专项资金'，其余的才计入景区门票收入"[①]。类似的由本地政府主导的、主要由本地人员参加的且没有严格规则的听证程

① 参见罗政、周蕊、张紫赟：《透视多地景区新一轮门票涨价的背后》，http://www.xinhuanet.com/politics/2015-06/22/c_1115684596.htm，最后访问日期：2020 年 7 月 24 日。

序，其结果的客观性和科学性值得怀疑。笔者认为，为了保证听证程序的合理性，应该明确下述听证规则：其一，听证人员的范围。由于门票价格涉及多方利益主体，听证人员在参与范围上可考虑采取三三制原则，即来自外地游客、本地原住民和旅游研究机构的专家人员各占1/3的比例，以保证决策的科学性。其二，听证表决依据。景区管理部门有义务提交由第三方机构作出的包括景区运营资金来源、收支情况、景区门票价格构成及用途的详细报告，接受参加听证人员的质询并予以解释。其三，听证表决的效力。在涨价成为听证程序的主旋律的背景下，听证程序应坚持2/3多数决原则，即赞成票只有达到2/3以上的绝对多数，表决才能通过。表决的结果交由价格主管部门进行审查，价格主管部门进行程序审查，如果听证程序做到了公正公开没有瑕疵，则予以确认。

5. 监管职责

由于立法授予了政府在利用公共资源建设的旅游景区门票价格上的决定权，因此政府应该履行监管的职责，否则就是行政不作为，有违公法契约的要求。在这方面，有以下几个方面的工作要做：首先，要明确政府对旅游景区管理的权限分工。有学者提出要做好公益景区的预备清单制度："一是要保证景区产权明晰；二是要授权地方政府管理；三是确定合理成本加合理利润的门票价格机制；四是要按年度公布第三方审核的财务报表。如此才能确保公益景区良好运转。"[①] 目前，很多学者认为应该明确以地方政府为主导的旅游景区管理权限。但笔者认为，固然由地方政府管理能够提高管理的行政效率，但是在利益结构上，地方政府存在较为强烈的获利冲动，在管理动机和目的上很难站在社会公共利益和以外地游客为主体的旅游者立场上来考虑问题，因此主管部门对景区门票涨价问题不愿意也难以承担有效的监管职责，有时甚至扮演门票涨价的推手的角色。以湖南省张家界景区公布的数据为例，虽然《湖南省风景名胜区条例》规定了产权补偿制度，但是在实际执行中，有学者发现"武陵源核心景区180元的门

① 陈杰、曾威、薄冬梅：《北京将试点景区票价改革》，载《北京商报》2015年1月16日，第4版。

票除了 36.5 元的‘资源有偿使用费’，市、区、国家森林公园管理处三级单位还要提取共计 51 元的‘基础设施建设费’，真正用于景区的‘运营维护成本’仅 71 元，占比不到 40%。此外，市区处三级单位还提取了 8 元的‘价格调节基金’。总计交给政府部门的费用超过了票价的一半”[①]。如果如前面所述国家层面成立国家公园管理局，专门负责对景区管理者的监管，包括对景区门票价格的管控，则乱涨价的问题就会迎刃而解。其次，从方法的层面，要解决遏制门票涨价的关键因素有如下方面：其一，政府进行景区运营成本核算，保证对利用公共资源建设的景区的财政投入，使景区的财政收支平衡。同时，“每个保护区都有自己的特别之处，所以应该诠释和了解各种定价目标的内在价值，以便每一位利益相关者都得到益处”[②]。其二，严格限制旅游景区的商业开发，必要的财政投入以维护景区的安全和环境为基础，防止景区任意扩张增加财政负担。其三，促使景区转变经营理念，从门票经济过渡到产业经济。虽然通过门票获利为最简单的经营方式，但是利用公共资源建设的景区收取过高的门票就相当于对全民的掠夺。实际上，国内外也有很多知名的旅游景区即使取消门票收费，地方的实际收入也并没有受到影响。在国外，英国的大英博物馆、法国的巴黎圣母院、意大利的威尼斯等世界知名景点都是免费的，但并未影响到当地的旅游收入。在我国，杭州的西湖景区、绍兴的鲁迅故里景区也均为免费，但是大量游客的涌入带动了当地交通、餐饮、住宿等其他产业的发展，相应的收入反过来可用来反哺景区的维护成本。

对于景区门票价格的监管问题是各级政府的法定职责，甚至可以说政府在多大程度上的缺位决定了旅游者在多大程度上的受损，政府部门的有效监管不仅决定了政府管理社会行为的公信力，也在很大程度上考验政府践行公法契约的履约率。

---

① 参见罗政、周蕊、张紫赟：《透视多地景区新一轮门票涨价的背后》，http://www.xinhuanet.com/politics/2015-06/22/c_1115684596.htm，最后访问日期：2020 年 7 月 24 日。

② ［加］保罗·伊格尔斯、［美］斯蒂芬·麦库尔、［澳］克里斯·海恩斯著，张朝枝、罗秋菊主译：《保护区旅游规划与管理指南》，中国旅游出版社 2005 年版，第 187 页。

结　语

记得在《旅游法》颁布之前，我国学者在论述中国旅游市场的失范之殇时，几乎无一例外地提到诸多问题的产生与中国欠缺一部旅游基本法不无关联，似乎旅游基本法是一棵万能的救命稻草，它的到来可将中国旅游市场各种问题的解决毕其功于一役。在《旅游法》颁布的前夕，很多人还为此欢呼雀跃。然而，《旅游法》的颁布实施已近七年，我们不得不面对的一个事实是，经历了《旅游法》治理下的旅游市场的“七年之痒”，过去存在的很多问题仍是涛声依旧，可见，那种立法万能的学术想象在冰冷的现实面前并未奏效。如果我们在市场治理问题上重操旧业，没有揳入新的理念和方法，则问题就会一直存在下去。反观旅游产业发达、市场经济成熟的国家，无一不是依法治理下的法治国家。在这样的历史背景下，通过法律的社会治理应该是应对各种社会问题，包括市场秩序整治问题的基本路径。如果我们不能采取法治化的、新常态的旅游市场治理之道，那么无论我们再付出多大的努力，各种失范问题依旧会层出不穷。因此，旅游法治的建立是解决问题的一把不可或缺的钥匙。

我们需要现代化的法律制度，就《旅游法》本身来讲，也没能够实现十分充分的制度供给，立法的有些规定还存在争议，很多重要的制度也没能被吸纳到立法中去，一些立法配套规定还需要进一步出台；我们需要现代化的法律文化，这主要体现在执法者执法方法的改进和执法水平的提高，如果我们不告别“疾风骤雨式”的运动执法，那么就难以向社会传递出现代法治治理的正能量，欺诈和投机就仍会成为人们从事市场活动不愿割舍的选择；我们更需要现代化的法治精神，法治社会是一个契约精神彰显的社会，一个没有契约意识的社会能够实现进步是不可思议的。契约构建了稳定的秩序，增添了人们彼此间行为的预期，养成了稳定生活的习惯，政府的公法契约和私人的民间契约的相得益彰构建了法治化的和谐社会。因此，无论我们的法律规定得多么完美，如果没有践行契约精神的普遍共识，公平和秩序仍会被湮没在欺诈和暴力相混合的异动中。从这个意义上讲，我们所要做的事其实很简单也很复杂。言其简单，是因为路其实早已经准备好，只是我们自己是否愿意在路上；言其复杂，是因为路虽然准备好了，但是仍有那么多人不愿意放弃本应该走不通的路。在旅游市场失范问题上，正如中国其他社会失范问题的解决，我们一直在追问敢问路在何方？我们又何尝不知，其实路就在脚下。

图书在版编目（CIP）数据

旅游市场失范行为的法律调控机制研究 / 孟凡哲著．—北京：中国法制出版社，2020.8

ISBN 978-7-5216-1215-8

Ⅰ．①旅…　Ⅱ．①孟…　Ⅲ．①旅游市场－市场监管－法规－研究－中国　Ⅳ．①D922.296.4

中国版本图书馆CIP数据核字（2020）第134891号

策划编辑：李　佳（amberlee2014@126.com）

责任编辑：李　佳　刘　阳　　封面设计：杨泽江

旅游市场失范行为的法律调控机制研究

LÜYOU SHICHANG SHIFAN XINGWEI DE FALÜ TIAOKONG JIZHI YANJIU

著者 / 孟凡哲

经销 / 新华书店

印刷 / 北京京华虎彩印刷有限公司

开本 / 710毫米×1000毫米　16开　　印张 / 19.5　字数 / 290千

版次 / 2020年8月第1版　　2020年8月第1次印刷

中国法制出版社出版

书号ISBN 978-7-5216-1215-8　　定价：68.00元

北京西单横二条2号　邮政编码100031　　传真：010-66031119

网址： http://www.zgfzs.com　　**编辑部电话：** 010-66054911

市场营销部电话： 010-66033393　　**邮购部电话：** 010-66033288

（如有印装质量问题，请与本社印务部联系调换。电话：010-66032926）